企业财务管理数字化转型研究

李 莹◎著

时代文艺出版社
SHIDAI WENYI CHUBANSHE

图书在版编目（CIP）数据

企业财务管理数字化转型研究 / 李莹著. -- 长春：时代文艺出版社, 2024. 10. -- ISBN 978-7-5387-7597-6

I. F275

中国国家版本馆CIP数据核字第20243TE899号

企业财务管理数字化转型研究
QIYE CAIWU GUANLI SHUZIHUA ZHUANXING YANJIU

李 莹 著

出 品 人：吴　刚
责任编辑：徐　薇
装帧设计：文　树
排版制作：隋淑凤

出版发行：时代文艺出版社
地　　址：长春市福祉大路5788号　龙腾国际大厦A座15层（130118）
电　　话：0431-81629751（总编办）　0431-81629758（发行部）
官方微博：weibo.com/tlapress
开　　本：710mm×1000mm　1/16
印　　张：17.75
字　　数：261千字
印　　刷：廊坊市广阳区九洲印刷厂
版　　次：2024年10月第1版
印　　次：2024年10月第1次印刷
书　　号：ISBN 978-7-5387-7597-6
定　　价：86.00元

图书如有印装错误　请与印厂联系调换　（电话：0316-2910469）

前　言

　　在当今这个信息化、数字化的时代，企业财务管理正面临着前所未有的变革与挑战。传统的财务管理模式已难以满足现代企业对效率、准确性和灵活性的需求，因此，数字化转型成为企业财务管理的必然趋势。

　　随着科技的飞速发展，大数据、云计算、人工智能等先进技术日益成熟，这些技术正在逐步渗透到企业管理的各个领域，财务管理作为企业管理的重要组成部分，其数字化转型的重要性不言而喻。数字化转型不仅能提高财务管理的效率和准确性，还能帮助企业更好地进行风险控制、决策支持以及资源配置。因此，越来越多的企业开始关注并投入到财务管理的数字化转型中。然而，数字化转型并非一蹴而就，它涉及技术、人员、流程等多个方面的整合与优化。企业在转型过程中需要面对诸多挑战，如技术选型、数据安全、人员培训等问题。本研究将针对这些问题进行深入剖析，并提出相应的解决策略。

　　本书首先分析了企业财务管理数字化转型的动因，包括提高管理效率、降低运营成本、优化决策支持等方面的需求。随着企业规模的扩大和业务的复杂化，传统的财务管理方式已难以应对日益增长的数据处理需求。数字化转型能够为企业提供更加高效、准确的数据处理方法，从而帮助企业更好地应对市场竞争。企业财务管理数字化转型是一个复杂而系统的工程，涉及多个方面的整合与优化。本研究旨在为企业提供一份关于财务管理数字化转型的全面指南，帮助企业更好地应对转型过程中的挑战和问题。

目 录

第一章 数字化转型的基本理论

第一节 企业数字化转型概述 …………………………………… 001

第二节 数字化转型与财务管理的关系 ………………………… 007

第三节 数字化转型的关键要素 ………………………………… 017

第四节 数字化转型对企业财务管理的影响 …………………… 027

第二章 企业财务管理现状与问题

第一节 传统财务管理模式分析 ………………………………… 037

第二节 当前企业财务管理存在的问题 ………………………… 046

第三节 行业内数字化转型现状 ………………………………… 056

第四节 企业数字化转型的紧迫性 ……………………………… 061

第五节 对传统财务管理的挑战与机遇 ………………………… 070

第三章 数字化财务管理系统的建设与选择

第一节 数字化财务管理系统的概念和特点 …………………… 080

第二节 系统建设的基本原则 …………………………………… 090

第三节 不同系统的比较与选择标准 …………………………… 100

第四节　系统实施的关键问题与解决方案 …………… 110
第五节　系统建设过程中的风险与应对策略 ………… 118
第六节　数字化财务管理系统的维护与升级 ………… 126

第四章　数字技术在财务管理中的应用

第一节　大数据在财务管理中的应用 ………………… 135
第二节　人工智能在财务决策中的角色 ……………… 144
第三节　区块链技术在财务管理的创新应用 ………… 154
第四节　云计算对财务管理的影响 …………………… 166
第五节　数据分析在财务报告中的运用 ……………… 178
第六节　新兴技术对传统财务流程的改善 …………… 187

第五章　风险管理与合规性

第一节　数字化转型对财务风险的影响 ……………… 198
第二节　合规性要求与数字化转型的平衡 …………… 207
第三节　信息安全与数字财务管理 …………………… 216
第四节　法规和政策变化对数字化转型的影响 ……… 225
第五节　风险管理的工具与方法 ……………………… 234

第六章　经济效益与绩效评估

第一节　数字化转型对企业经济效益的影响 ………… 243
第二节　绩效评估体系的建立 ………………………… 251
第三节　数据驱动的财务决策与绩效改善 …………… 262
第四节　成本效益分析与数字化转型投资回报 ……… 265
第五节　绩效评估的关键指标与方法 ………………… 269

参考文献 ………………………………………………………… 274

第一章　数字化转型的基本理论

第一节　企业数字化转型概述

一、数字化转型的定义和内涵

（一）概述

随着信息技术的迅猛发展，数字化转型已成为全球范围内企业和组织关注的焦点。数字化转型不仅是一场技术革命，更是一场深刻的管理变革和思维模式的转变。它要求企业在业务模式、组织架构、企业文化等各个方面进行全面改革，以适应数字化时代的需求。

（二）数字化转型的定义

数字化转型是指企业利用数字技术，如大数据、云计算、人工智能等，对企业内部运营和外部业务进行全面改革，以提高效率，降低成本，增强竞争力，并创造新的商业模式和价值。数字化转型不仅仅是技术的升级，更是企业思维模式的转变和战略的创新。

（三）数字化转型的内涵

数字化转型的核心是技术的升级和应用。企业需要积极引进先进的信息技术，如云计算、大数据、人工智能等，并将其应用于产品研发、生产、销售等各个环节。通过技术的升级和应用，企业可以实现对数据的实时采集、分析和利用，从而优化业务流程、提高生产效率、降低运营成本。数字化转型要求企业在业务模式上进行创新。传统的业务模式已经无法满足数字化时代的需求，企业需要积极探索新的商业模式和价值创造方式。例如，通过电子商务平台拓展销售渠道、利用大数据分析消费者需求、开发智能化产品和服务等。这些创新举措可以帮助企业更好地满足客户需求，提高市场份额和盈利能力。

数字化转型要求企业对组织架构进行变革。传统的组织架构往往存在信息传递不畅、决策效率低下等问题，无法适应数字化时代的需求。因此，企业需要打破传统的部门壁垒和层级结构，建立更加灵活、高效的组织架构。例如，采用扁平化管理模式、设立跨部门协作团队、鼓励员工自主创新和跨界合作等。这些变革可以提高企业的响应速度和创新能力，从而更好地应对市场变化和客户需求。

数字化转型还需要对企业文化进行重塑。传统的企业文化往往强调稳定、规范和服从，而数字化时代则更加注重创新、灵活和开放。因此，企业需要培育一种积极向上的企业文化氛围，鼓励员工勇于尝试、敢于创新、敢于担当。同时，企业还需要加强与外部环境的互动和交流，积极吸收外部的创新资源和经验，以推动企业的持续发展和创新。

（四）数字化转型对企业和社会的深远影响

数字化转型可以帮助企业提高生产效率和产品质量，降低运营成本和市场风险，从而增强企业的竞争力，提升市场地位。同时，数字化转型还可以帮助企业更好地了解市场需求和客户需求，提供更加精准的产品和服务，提高客户满意度和忠诚度。

数字化转型是推动产业升级和经济发展的重要力量。随着信息技术的不断发展，越来越多的行业开始实现数字化转型，推动了产业的升级和转型。数字化转型不仅可以提高产业的生产效率和创新能力，还可以促进产业的跨界融合和创新发展，为经济发展注入新的动力和活力。

数字化转型还可以促进社会进步和可持续发展。通过数字化技术的应用，可以实现资源的优化配置和高效利用，减少资源的浪费和污染。同时，数字化转型还可以提高社会的智能化水平和生活质量，为人们提供更加便捷、高效、安全的生活方式。此外，数字化转型还可以促进社会的公平和包容性发展，为弱势群体提供更多的机会和资源。

二、数字化转型的驱动因素

（一）概述

随着信息技术的飞速发展和全球经济的深度融合，数字化转型已成为企业乃至整个社会发展的重要趋势。数字化转型是指利用数字技术改变企业运营、管理和服务的方式，以提升企业效率、创造新的商业模式和价值。

（二）技术创新与驱动

云计算技术为企业提供了高效、灵活、安全的信息技术（IT）资源，降低了企业的相关投入成本，提高了资源利用率。通过云计算，企业可以快速构建和部署应用，加速产品上市速度，满足市场快速变化的需求。大数据技术使得企业能够收集、存储、处理和分析海量数据，从而洞察市场趋势，了解客户需求，优化产品设计。大数据分析为企业提供了决策支持，帮助企业实现精准营销和个性化服务。

人工智能和机器学习技术为企业提供了自动化、智能化的解决方案，降低了人工成本和错误率，提高了工作效率。同时，这些技术还能够帮助企业实现预测性维护、智能客服等创新应用。

（三）市场竞争与驱动

随着消费者需求的日益多样化和个性化，企业需要通过数字化转型来快速响应市场需求，提供定制化、差异化的产品和服务。同时，数字化转型还能够提升客户体验，增强客户黏性。新兴科技公司利用数字技术迅速崛起，对传统企业形成了巨大的冲击。为了保持竞争优势，传统企业需要加快数字化转型步伐，利用数字技术提升核心竞争力。

数字化转型促进了产业链的整合与协同，降低了交易成本，提高了供应链效率。企业需要加强与上下游企业的合作，共同构建数字化生态系统，实现资源共享和互利共赢。

（四）政策环境与驱动

企业数字化转型的相关政策包括税收优惠、资金扶持、人才培养等，这些政策为企业提供了良好的发展环境，降低了企业数字化转型的成本和风险。随着数字化转型的深入推进，相关行业标准和规范逐渐完善。这些标准和规范为企业提供了指导方向，降低了企业数字化转型的盲目性和不确定性。

数字化转型涉及数据安全、隐私保护等法律问题。不断完善相关法律法规，为企业数字化转型提供了法律保障。企业需要遵守相关法律法规，确保数字化转型的合规性和安全性。

（五）企业文化与驱动

企业领导层对数字化转型的重视和支持是数字化转型成功的关键。领导层需要树立数字化思维，制定明确的数字化转型战略和目标，为数字化转型提供组织保障和资源支持。数字化转型需要企业具备一支具备数字化技能和素质的员工队伍。企业需要加强员工培训和素质提升工作，提高员工的数字化素养和创新能力。

创新是企业数字化转型的重要驱动力。企业需要培育创新文化，鼓励员工敢于尝试、勇于创新。同时，企业还需要建立创新激励机制，激发员工的创新热情和创造力。

三、数字化转型的历程和发展阶段

（一）概述

数字化转型是近年来企业界广泛讨论和实践的热点话题。它不仅仅是一场技术革命，更是一场深刻的管理和思维方式的变革。随着信息技术的飞速发展和普及，数字化转型已成为企业提升竞争力、实现可持续发展的重要途径。

（二）数字化转型的历程

数字化转型的历程可以概括为从信息化到数字化的演进过程。在这个过程中，企业经历了从简单的信息化建设到全面的数字化转型的转变。

在数字化转型的初期，企业主要关注的是信息化建设。这个阶段，企业主要引入了一些基本的互联网技术和系统，如办公自动化系统（OA）、企业资源规划系统（ERP）等，以提高工作效率和管理水平。虽然这些系统在一定程度上提升了企业的信息化水平，但并未触及企业的核心业务和流程，因此企业并未真正实现数字化转型。

随着信息技术的不断发展和普及，企业开始意识到数字化转型的重要性。在这个阶段，企业开始尝试将数字技术应用于核心业务和流程中，以实现更高效、更灵活、更智能的运营和管理。例如，一些企业开始引入云计算、大数据、人工智能等先进技术，以优化生产流程、提升客户服务质量、降低运营成本等。这个阶段是数字化转型的起步阶段，企业开始探索和实践数字化转型的路径和方法。

在数字化转型的深入阶段，企业已经实现了数字化转型的初步目标，并开始寻求更深入的变革。这个阶段，企业开始将数字技术应用于更广泛的领域，如供应链管理、产品创新、市场营销等。同时，企业也开始注重数字化人才的培养和引进，建立了一支具备数字化技能和素质的员工队伍。

此外，企业还开始加强与外部合作伙伴的合作，共同构建数字化生态系统，实现资源共享和互利共赢。这个阶段是数字化转型的关键时期，企业需要不断创新和突破，以实现数字化转型的深入发展。

（三）数字化转型的发展阶段

在数字化转型的初期，企业首先需要认识到数字化转型的重要性和紧迫性。这个阶段，企业需要进行市场调研和分析，了解行业趋势和竞争态势，明确自身的数字化转型目标和战略方向。同时，企业还需要加强内部沟通和培训，提高员工的数字化素养和意识。在认知阶段的基础上，企业需要制定详细的数字化转型规划。这个规划应该包括数字化转型的目标、路径、时间表、资源投入等方面。同时，企业还需要对现有的业务流程和组织架构进行评估和优化，为数字化转型的实施做好准备。

在规划阶段完成后，企业需要开始实施数字化转型。这个阶段，企业需要按照规划的要求和步骤，逐步引入数字技术、优化业务流程、改进组织架构等。同时，企业还需要加强项目管理和风险控制，确保数字化转型的顺利进行。在数字化转型实施一段时间后，企业需要对数字化转型的成果进行评估。这个阶段，企业可以通过对比数字化转型前后的业务指标、客户满意度、员工满意度等方面来评估数字化转型的成效。同时，企业还需要总结数字化转型的经验和教训，为后续的数字化转型提供参考和借鉴。

数字化转型是一个持续不断的过程，企业需要不断优化和改进数字化转型的成果。这个阶段，企业可以通过引入新的数字技术、优化业务流程、提升员工素质等方式来不断提升数字化转型的水平和效果。同时，企业还需要关注外部环境的变化和市场需求的变化，不断调整和优化数字化转型的战略和方向。

第二节 数字化转型与财务管理的关系

一、财务管理在数字化转型中的地位

(一) 概述

随着科技的飞速发展和全球经济的深度融合，数字化转型已成为企业提升竞争力，实现可持续发展的必经之路。财务管理作为企业管理的核心领域之一，在数字化转型中扮演着举足轻重的角色。

(二) 财务管理在数字化转型中的价值

数字化转型通过引入大数据、人工智能等先进技术，使得财务管理能够实时收集、处理和分析海量数据，为企业管理层提供准确、及时的财务信息。这不仅有助于企业快速响应市场变化，还能提高决策效率和决策质量，降低经营风险。数字化转型使得财务管理者能够更精确地预测和评估企业的资金需求、成本结构以及盈利能力。在此基础上，企业可以更加合理地配置资源，提高资源利用效率，降低成本，增强企业竞争力。

数字化转型有助于企业建立全面的风险管理体系，通过实时监测、预警和应对各类风险，降低企业的财务风险和经营风险。同时，数字化转型还能提升企业的内部控制水平，确保财务信息的真实性和准确性。

(三) 财务管理在数字化转型中的作用

数字化转型打破了传统财务管理与业务管理之间的壁垒，通过引入财务共享服务、业财一体化等理念和技术，企业可以实现财务与业务之间的无缝对接，提高整体运营效率。数字化转型为财务管理提供了更多的创新空间和可能性。企业可以通过引入新的财务管理理念、方法和工具，如区块链、数字货币等，推动财务管理的创新和发展。同时，数字化转型还能

为企业的产品创新、市场创新等提供有力支持。

数字化转型有助于企业提升财务管理水平，进而提升企业整体价值。通过优化财务流程、提高财务效率、降低财务成本等方式，企业可以创造更多的经济效益和社会价值。同时，数字化转型还能提升企业的品牌形象和市场影响力，为企业的发展奠定坚实基础。

（四）财务管理在数字化转型中面临的挑战

数字化转型对财务管理的技术要求越来越高，企业需要不断学习和掌握新的技术和工具。然而，许多企业在技术方面存在短板，难以适应数字化转型的需求。数字化转型使得企业面临海量的数据挑战。如何有效地收集、处理和分析这些数据，提取有价值的信息，为企业决策提供支持，是财务管理在数字化转型中需要解决的重要问题。

数字化转型对财务管理人才提出了更高的要求。企业需要具备数字化技能和素质的财务管理人才来推动数字化转型的实施。然而，目前市场上符合这一要求的人才相对稀缺，企业需要加强人才培养和引进。

（五）应对策略

企业需要加大对技术的投入和研发力度，引进和掌握先进的财务管理技术和工具。同时，企业还需要加强与其他企业的合作和交流，共同推动财务管理技术的创新和发展。企业需要建立完善的数据管理体系，包括数据采集、存储、处理和分析等方面。同时，企业还需要加强数据安全和隐私保护方面的工作，确保数据的真实性和准确性。企业需要加强财务管理人才的培养和引进工作，提高员工的数字化素养和创新能力。同时，企业还需要建立激励机制和晋升渠道，吸引和留住优秀的财务管理人才。

二、数字化转型对财务管理的重塑

（一）概述

随着信息技术的迅猛发展和全球经济的深度融合，数字化转型已成为企业不可避免的趋势。财务管理作为企业的核心职能之一，也在这场数字化转型的浪潮中迎来了前所未有的挑战与机遇。

（二）财务管理流程的重塑

数字化转型通过引入自动化和智能化技术，极大地改变了财务管理的流程。传统的财务管理流程往往依赖于人工操作和纸质文档，效率低下且容易出错。而数字化转型使得财务管理流程实现自动化和智能化，如自动记账、自动报表生成、智能数据分析等，大大提高了财务管理的效率和准确性。数字化转型使得财务管理具有更强的实时性和动态性。传统财务管理往往只能事后分析和总结，而数字化转型使得企业能够实时获取财务数据，进行动态分析和预测。这使得企业能够更快速地响应市场变化，做出更准确的决策。

数字化转型推动了财务管理的云端化和移动化。通过云计算技术，企业可以将财务数据存储在云端，实现数据的集中管理和共享。同时，移动设备的普及使得财务管理人员可以随时随地访问和处理财务数据，提高了财务管理的灵活性和便捷性。

（三）决策方式的重塑

数字化转型使得企业能够获取和处理海量的数据，这些数据成为企业决策的重要依据。通过数据挖掘、分析等技术，企业可以从海量数据中提取有价值的信息，为决策提供有力支持。这使得企业的决策更加科学、准确和及时。数字化转型使得财务管理具有更强的预测性。通过引入人工智能、机器学习等技术，企业可以对未来进行预测和分析，提前制定应对策略。这使得企业的决策更具前瞻性和主动性。

数字化转型打破了传统财务管理与其他部门之间的壁垒，促进了跨部门的协同决策。通过数字化平台，不同部门可以共享数据和信息，共同制定决策方案。这使得企业的决策更加全面、合理和有效。

（四）风险管理的重塑

数字化转型使得企业的风险来源更加多样化和复杂化，企业需要实施全面的风险管理。数字化转型要求企业不仅要关注传统的财务风险，还要关注技术风险、数据安全风险、合规风险等。企业需要建立完善的风险管理体系，对各种风险进行全面识别、评估和控制。数字化转型使得企业能够实时监控和预警风险。通过引入大数据、人工智能等技术，企业可以实时监测财务数据、市场变化、政策动态等，及时发现潜在风险并发出预警。这使得企业能够更快速地应对风险，降低损失。

数字化转型使得企业能够采取更加智能化的风险应对策略。通过引入机器学习、深度学习等技术，企业可以对风险进行智能分析和预测，制定更加精准和有效的风险应对方案。这使得企业的风险应对更加科学、合理和高效。

（五）人才培养的重塑

数字化转型要求财务管理人员具备数字化技能。企业需要加强财务管理人员的数字化技能培训，提高他们的数字化素养和创新能力。同时，企业还需要积极引进具备数字化技能和素质的人才，为财务管理团队注入新的活力。数字化转型使得财务管理与其他学科之间的交叉融合越来越紧密。企业需要培养具备跨学科知识背景的财务管理人才，如金融、计算机、数据分析等。这些人才能够更好地理解业务需求和技术趋势，为企业的财务管理提供更加全面和深入的支持。

数字化转型要求财务管理人员具备创新思维。企业需要鼓励财务管理人员敢于尝试新的理念、方法和工具，勇于挑战传统的管理模式。同时，企业还需要为财务管理人员提供创新平台和机会,激发他们的创新热情和创造力。

三、财务管理如何促进数字化转型

(一)概述

在信息化、网络化、智能化的时代背景下,数字化转型已成为企业提升竞争力、实现创新发展的关键所在。财务管理作为企业运营的核心部分,其在数字化转型中的角色愈发重要。

(二)优化财务流程,实现自动化与智能化

数字化转型的首要任务是对传统财务流程进行优化,实现自动化与智能化。传统的财务流程往往烦琐、耗时,且容易出错,而数字化转型通过引入先进的信息技术,可以极大地简化流程,提高效率。

企业可以引入自动化工具,如财务软件和机器人流程自动化(RPA)技术,实现记账、凭证录入、报表生成等工作的自动化处理。这不仅可以减少人工操作的错误率,还能提高财务数据的准确性和一致性。

借助大数据、人工智能等技术,企业可以对财务数据进行智能化分析,发现数据中的规律和趋势,为决策提供有力支持。例如,通过预测性分析,企业可以提前预测未来的销售趋势和资金需求,从而制定更加精准的财务计划。

(三)提升数据分析能力,实现数据驱动决策

数字化转型的核心在于数据,而财务管理的核心也在于数据。因此,提升数据分析能力,实现数据驱动决策,是财务管理促进数字化转型的关键。

企业可以建立统一的数据仓库,将各个业务系统的数据集中起来,形成统一的数据视图。这不仅可以提高数据的准确性和一致性,还能为财务分析提供全面的数据支持。企业可以引入数据分析工具，如数据挖掘、数据可视化等，对财务数据进行深入分析。通过挖掘数据中的价值，企业可以发现业务中的机会和风险，为决策提供有力支持。企业需要在全员范围内推广数据驱动决策的理念，让员工意识到数据在决策中的重要性。同时，企业还需要建立相应的决策机制和流程，确保决策能够基于数据进行科学、合理的制定。

（四）强化风险管控，提高财务安全性

数字化转型过程中，企业面临的风险也日益增多。财务管理需要强化风险管控，提高财务安全性，确保数字化转型的顺利进行。

企业需要建立完善的风险管理体系，对可能面临的风险进行全面识别、评估和控制，这包括财务风险、技术风险、数据安全风险等方面。企业可以引入风险管理工具和技术，如风险评估模型、风险预警系统等，对风险进行实时监控和预警。这有助于企业及时发现潜在风险并采取措施进行应对。企业需要加强内部控制和合规性管理，确保财务数据的真实性和准确性。同时，企业还需要遵守相关法律法规和行业标准，确保财务活动的合法合规性。

（五）加强人才培养，提升团队数字化素养

数字化转型对财务管理人员的素质和能力提出了更高的要求。因此，企业需要加强人才培养，提升团队的数字化素养。

企业可以积极引入具备数字化技能和素质的人才，为财务管理团队注入新的活力。这些人才不仅可以为团队带来新的思维和方法，还能帮助企业更好地应对数字化转型中的挑战。企业需要为财务管理人员提供数字化技能培训，提高他们的数字化素养和创新能力。这包括数据分析、数据挖掘、数据可视化等方面的技能。

企业需要建立激励机制和晋升通道，鼓励财务管理人员积极学习新技术和新知识。同时，企业还需要为优秀的人才提供晋升机会和更好的待遇，

以留住和吸引更多的人才。

四、财务管理与数字化转型的互动关系

（一）概述

随着信息技术的飞速发展，数字化转型已成为企业实现持续增长、优化运营和提升竞争力的必经之路。财务管理作为企业的核心管理职能之一，与数字化转型之间存在着密切的互动关系。

（二）数字化转型对财务管理的推动作用

数字化转型通过引入自动化、智能化技术，可以显著提升财务管理的效率和准确性。自动化工具能够处理大量烦琐的财务工作，如凭证录入、报表生成等，减少人工错误，提高数据处理速度。同时，智能化分析技术能够对财务数据进行深入挖掘和分析，为决策提供有力支持。数字化转型使得财务数据能够实现实时获取和共享。通过云计算、大数据等技术，企业可以随时随地访问财务数据，实现跨部门、跨地域的协同工作。这有助于企业更快地响应市场变化，做出更准确的决策。

数字化转型强调数据的重要性，推动了财务管理向数据驱动的转变。企业可以通过数据分析技术，发现业务中的机会和风险，为决策提供有力支持。同时，数据驱动的管理方式也有助于企业更好地预测未来趋势，制定更科学的财务计划。

（三）财务管理对数字化转型的支撑作用

数字化转型需要大量的资金投入，而财务管理者正是企业资金的主要管理者。财务管理部门可以通过制定科学的预算方案，合理分配资金，确保数字化转型的顺利进行。同时，财务管理部门还可以对数字化转型的进度和效果进行监督和评估，及时调整预算方案，确保资金的有效利用。数字化转型过程中，企业面临着诸多风险，如技术风险、数据安全风险等。

财务管理部门可以通过建立风险评估体系，对数字化转型中的风险进行全面识别、评估和控制。同时，财务管理部门还可以制定风险应对策略，为企业应对风险提供有力支持。

数字化转型需要企业优化资源配置，实现更高效、更智能的运营。财务管理部门可以通过分析财务数据，发现资源利用中存在的问题，提出优化建议。同时，财务管理部门还可以利用数据分析技术，为企业的战略决策提供有力支持，推动企业实现可持续发展。

（四）财务管理与数字化转型的互动关系

财务管理与数字化转型之间存在着相互促进的关系。数字化转型为财务管理提供了更多的技术支持和手段，使得财务管理更加高效、智能。同时，财务管理也为数字化转型提供了必要的资金支持和风险管理，确保了数字化转型的顺利进行。这种互动关系推动了财务管理和数字化转型的共同发展。财务管理与数字化转型之间存在着相互依赖的关系。数字化转型需要财务管理的支持和配合，而财务管理也需要数字化转型的推动和引领。如果企业只关注数字化转型而忽视了财务管理的作用，那么数字化转型可能会面临资金不足、风险失控等问题；反之，如果企业只关注财务管理而忽视了数字化转型的重要性，那么财务管理可能会陷入传统模式的困境，无法适应市场变化。因此，财务管理与数字化转型是相互依赖、不可分割的。

财务管理与数字化转型的互动关系要求企业不断优化和创新。随着技术的不断进步和市场环境的变化，企业需要不断调整财务管理策略和数字化转型方案，以适应新的挑战和机遇。同时，企业还需要加强人才培养和团队建设，提高财务管理和数字化转型的专业水平和实践能力。这种持续优化和不断创新的精神是推动财务管理与数字化转型互动关系不断向前发展的动力源泉。

五、数字化转型中财务管理的创新模式

（一）概述

随着科技的飞速发展和数字化转型的深入推进，企业正面临着一场深刻的变革。在这场变革中，财务管理作为企业管理的核心职能之一，也必须适应新的发展，不断创新管理模式，以支持企业的战略转型和持续发展。

（二）数字化转型给财务管理带来的挑战与机遇

数字化转型带来了企业运营模式的深刻变革，给财务管理也带来了新的挑战和机遇。一方面，数字化转型要求财务管理实现更高效、更智能的数据处理和分析，以满足企业快速决策和精细化管理的需求；另一方面，数字化转型也为财务管理提供了更多的技术工具和手段，使得财务管理能够突破传统模式的限制，实现更大的创新和发展。

（三）财务管理创新模式的特点

传统的财务管理往往依赖于经验和直觉进行决策，而数字化转型则要求财务管理实现数据驱动决策。这意味着企业需要建立完善的数据采集、处理和分析体系，通过数据分析技术发现业务中的机会和风险，为决策提供有力支持。数字化转型推动了财务管理的智能化发展。通过引入人工智能、机器学习等先进技术，财务管理可以实现自动化处理、智能预测和智能优化等功能，提高管理效率和准确性。

数字化转型打破了部门之间的壁垒，促进了跨部门协同工作。财务管理部门需要与其他部门密切合作，共同制定和执行企业的财务计划和战略。同时，财务管理部门还需要关注业务变化和市场动态，为其他部门提供及时的财务支持和服务。数字化转型使得企业面临的风险更加复杂和多变。因此，财务管理需要将风险管理前置，通过建立完善的风险评估体系、制定风险应对策略和建立风险预警机制等措施，降低企业面临的风险。

（四）财务管理创新模式的优势

财务管理创新模式在数字化转型中展现出明显的优势，这些优势有助于企业提升竞争力、优化运营和实现可持续发展。

数据驱动决策和智能化管理使得财务管理能够更快速、更准确地处理和分析数据，为企业提供有力支持。这有助于企业更快速地响应市场变化，更精准地把握机会和更科学地制定战略。财务管理创新模式通过跨部门协同和风险管理前置等措施，优化了资源配置和降低了成本。这使得企业能够更好地利用有限的资源，提高运营效率并降低不必要的浪费。

财务管理创新模式不仅提升了企业的竞争力，还促进了企业的创新能力。通过引入新技术、新方法和新思维，财务管理部门能够为企业带来更多的创新机会和竞争优势。

（五）财务管理创新模式的实施路径

企业需要建立完善的数据采集、处理和分析体系，确保数据的准确性和一致性。同时，企业还需要关注数据的质量和价值，通过数据分析技术发现数据中的规律和趋势。企业需要积极引入先进的信息技术，如人工智能、大数据、云计算等，以支持财务管理的创新发展。这些技术能够帮助企业实现自动化处理、智能预测和智能优化等功能。

企业需要加强财务管理人才的培养和团队建设，提高财务管理人员的专业素养和实践能力。同时，企业还需要鼓励员工积极参与创新活动，为财务管理创新提供源源不断的动力。企业需要营造创新氛围和文化，鼓励员工敢于尝试新事物、挑战传统模式。同时，企业还需要建立激励机制和容错机制，为财务管理创新提供有力保障。

第三节　数字化转型的关键要素

一、数字化转型的战略规划与领导力

（一）概述

在当今信息化、智能化的时代背景下，数字化转型已成为企业持续发展和保持竞争力的必然选择。然而，数字化转型并非一蹴而就的简单过程，而是需要企业从战略规划到领导力层面进行全面、深入的变革。

（二）数字化转型战略规划的重要性

数字化转型战略规划的首要任务是明确企业的目标方向。通过深入分析市场趋势、客户需求和竞争态势，企业可以确定数字化转型的愿景、使命和短期、中期、长期目标。明确的目标方向能够为企业全体员工提供清晰的工作方向，确保数字化转型的顺利进行。数字化转型需要企业整合内部和外部的资源优势。战略规划能够帮助企业识别自身的优势、劣势、机会和威胁，进而确定需要投入的资源、人才和技术。通过整合优势资源，企业能够形成强大的数字化转型能力，为转型成功提供有力保障。

战略规划还包括制订具体的行动计划。这些计划应该涵盖数字化转型的各个方面，如组织架构调整、业务流程优化、技术应用和人才培养等。详细的行动计划有助于企业系统地推进数字化转型工作，确保各项任务的有序进行。数字化转型过程中充满了不确定性和风险。战略规划需要对这些风险进行全面评估，并制定相应的应对策略。同时，战略规划还需要对数字化转型的效益进行预测和评估，确保转型成果符合预期目标。

（三）数字化转型中的领导力

数字化转型需要企业领导层具备清晰的愿景和坚定的信念。愿景能够

激发员工的积极性和创造力，使全体员工对数字化转型充满信心并积极参与其中。企业领导层应该通过宣传、教育和激励等手段，将数字化转型的愿景和理念传递给全体员工。数字化转型是一场深刻的变革，需要企业领导层具备强大的变革管理能力。这包括制定变革策略、组织变革团队、推动变革实施和监控变革进度等方面。企业领导层应该积极应对变革中的挑战和困难，确保变革的顺利进行并达到预期目标。

数字化转型需要企业领导层具备创新意识和创新能力。创新驱动能够推动企业不断探索新的业务模式、技术应用和管理方法，以适应不断变化的市场环境。企业领导层应该鼓励员工提出创新想法和建议，并为其提供必要的支持和资源。数字化转型需要企业各部门的密切合作和有效沟通。企业领导层应该加强团队建设，促进部门之间的协作和交流。同时，企业领导层还应该建立有效的沟通机制，确保信息的及时传递和共享。这有助于企业形成合力，共同推动数字化转型的成功实施。

（四）战略规划与领导力的协同作用

战略规划为企业领导层提供了明确的目标、方向和行动计划。企业领导层可以根据战略规划的要求制定相应的变革策略、创新措施和团队建设方案等。这有助于企业领导层更好地发挥领导作用，推动数字化转型的顺利进行。企业领导层在数字化转型过程中发挥着至关重要的作用。他们通过愿景领导、变革管理、创新驱动和团队合作等手段，确保战略规划的有效实施。同时，企业领导层还需要不断调整和完善战略规划以适应市场环境的变化和企业发展的需要。

战略规划与领导力在数字化转型过程中相互依存、相互促进。战略规划为企业领导层提供了明确的目标方向和行动计划，而企业领导层则通过发挥其领导作用确保战略规划的有效实施，两者共同推动数字化转型的成功实施，并为企业的发展提供有力支持。

二、数字化转型的技术与数据基础

（一）概述

随着信息技术的迅猛发展，数字化转型已成为企业提升竞争力、实现可持续发展的重要战略。数字化转型的核心在于利用先进的信息技术和数据分析能力，对企业的业务、运营和管理进行全面优化和升级。

（二）数字化转型的关键技术

数字化转型需要依赖一系列先进的信息技术，这些技术为企业提供了强大的数据处理、分析和应用方法。以下是数字化转型中常见的关键技术：

云计算技术为数字化转型提供了灵活、可扩展的信息技术基础设施。通过云计算，企业可以按需获取计算、存储和网络资源，实现快速部署和扩展应用。同时，云计算还提供了强大的数据处理和分析能力，支持企业进行大数据分析、人工智能等应用。大数据技术是企业数字化转型的重要支撑。大数据技术可以帮助企业收集、存储、处理和分析海量数据，发现数据中的规律和趋势，为企业的决策提供支持。在数字化转型过程中，大数据技术可以帮助企业优化业务流程，提高运营效率，降低成本等。

人工智能（AI）和机器学习技术是数字化转型的重要驱动力。这些技术可以帮助企业自动化处理烦琐的任务、优化决策过程、提高预测准确性等。通过引入人工智能和机器学习技术，企业可以实现智能化运营和管理，提高生产力和竞争力。

物联网（IoT）技术通过将各种设备、传感器和网络连接起来，实现数据的实时采集、传输和分析。在数字化转型中，物联网技术可以帮助企业实现设备的远程监控、故障预警和智能维护等功能，提高设备的运行效率和可靠性。

区块链技术以其去中心化、不可篡改和透明可追溯的特性，在数字化转型中展现出巨大的潜力。区块链技术可以应用于供应链管理、智能合约、数据共享等领域，提高交易的安全性和效率，降低欺诈风险。

（三）数字化转型的数据基础

数据是数字化转型的核心驱动力。在数字化转型过程中，企业需要充分利用数据资源，挖掘数据价值，以支持企业的决策和业务优化。数字化转型要求企业实现数据驱动决策。这意味着企业需要收集和分析大量数据，以发现市场趋势、客户需求和竞争态势等信息。通过数据驱动决策，企业可以更加准确地制定战略、优化业务流程和提高运营效率。

数字化转型要求企业实现数据的整合与共享。企业需要将不同来源、不同格式的数据进行整合，形成一个统一的数据平台。同时，企业还需要实现数据的共享和协同，以促进不同部门之间的合作和沟通。通过数据整合与共享，企业可以打破信息孤岛，提高数据利用率和协同效率。在数字化转型过程中，企业需要高度重视数据的安全与隐私保护。企业需要建立完善的数据安全管理制度和技术防护措施，确保数据不被非法获取、篡改或泄露。同时，企业还需要遵守相关法律法规和行业规范，保护用户隐私和权益。

数据治理和质量管理是数字化转型中的重要环节。企业需要建立完善的数据治理体系和数据质量标准，确保数据的准确性、完整性和一致性。通过数据治理和质量管理，企业可以提高数据质量和可信度，为决策和业务优化提供有力支持。

（四）技术与数据基础在数字化转型中的协同作用

技术与数据基础在数字化转型中相互依存，相互促进。一方面，先进的技术为企业提供了强大的数据处理、分析和应用能力；另一方面，高质量的数据资源为技术的发挥提供了有力支撑。两者共同推动数字化转型的成功实施，并为企业的发展提供有力支持。

在数字化转型过程中，企业需要注重技术与数据基础的协同发展。企业需要不断引进和更新先进技术，提高数据处理和分析能力；同时，企业还需要加强数据管理和治理工作，提高数据质量和可信度。只有实现技术与数据基础的协同发展，企业才能在数字化转型中取得更好的成果。

三、数字化转型的人才与组织文化

（一）概述

数字化转型已成为企业提升竞争力、实现可持续发展的必由之路。在这一过程中，人才和组织文化的作用不可忽视。人才是数字化转型的核心驱动力，而组织文化则是保障数字化转型顺利推进的重要基石。

（二）数字化转型中的人才战略

数字化转型对人才的需求具有多样性和专业性。企业需要培养具备数字化技能、创新思维和跨界合作能力的人才。首先，企业可以通过内部培训、外部学习等方式提升员工的数字化技能；其次，企业可以积极引进具备数字化技能的专业人才，以弥补内部人才的不足。在数字化转型过程中，企业需要关注员工的激励与保留问题。首先，企业可以通过提供具有竞争力的薪酬和福利待遇来吸引和留住人才；其次，企业可以建立明确的晋升通道和职业发展路径，为员工提供更多的发展机会；最后，企业可以关注员工的工作环境和心理健康，提高员工的幸福感和归属感。

数字化转型需要企业各部门之间的紧密协作和团队支持。因此，企业需要建立跨部门协作机制，促进不同部门之间的信息交流和资源共享。同时，企业还需要加强团队建设，提高团队的凝聚力和执行力，确保数字化转型的顺利推进。

（三）数字化转型中的组织文化

数字化转型是一场深刻的变革，需要企业具备创新精神和变革意识。因此，企业需要营造一种鼓励创新、敢于变革的文化氛围。在这种文化氛围下，员工可以积极参与创新活动，提出新的想法和建议，为企业的发展注入新的活力。数字化转型的目的是为了更好地满足客户需求，因此，企业需要建立一种以客户为中心的文化氛围。在这种文化氛围下，员工可以更加关注客户的需求和反馈，不断优化产品和服务，提高客户满意度和忠诚度。

数字化转型需要企业各部门之间的紧密协作和资源共享。因此，企业需要建立一种协作与共享的文化氛围。在这种文化氛围下，员工可以更加积极地参与团队合作，分享知识和经验，共同解决问题和应对挑战。数字化转型需要企业不断学习和吸收外部的新知识、新技术和新思想。因此，企业需要建立一种开放与包容的文化氛围。在这种文化氛围下，员工可以更加积极地与外部进行交流合作，吸收外部的优秀经验和成果，为企业的发展注入新的动力。

（四）人才与组织文化在数字化转型中的协同作用

在数字化转型中，人才不仅是技术的执行者，更是组织文化的传播者和践行者。通过引进和培养具备数字化技能、创新思维和跨界合作能力的人才，企业可以推动组织文化的变革和创新。同时，这些人才也可以在实践中不断传承和发扬组织文化，为企业的可持续发展提供有力支持。组织文化对人才的激励和保留具有重要作用。一个积极、开放、包容的组织文化可以激发员工的创新精神和积极性，提高员工的归属感和忠诚度。在这样的组织文化下，员工可以更加主动地参与数字化转型工作，为企业的发展贡献自己的智慧和力量。

在数字化转型中，人才和组织文化相互依存，相互促进。企业需要不断引进和培养具备数字化技能的人才，同时建立积极、开放、包容的组织文化。两者共同推动数字化转型的顺利推进，提高企业的竞争力和可持续发展能力。

（五）构建适合数字化转型的人才队伍和组织文化的策略

企业需要制订明确的人才发展规划，明确数字化转型对人才的需求和目标。通过制定详细的人才招聘、培训、晋升等计划，确保企业能够引进和培养具备数字化技能的人才。企业需要加强组织文化建设，营造积极、开放、包容的文化氛围。通过制定明确的组织文化理念和价值观，加强员工对组织文化的认同感和归属感。同时，企业还需要建立相应的制度和机制来保障组织文化的落地和执行。

企业需要建立明确的人才激励机制，通过提供具有竞争力的薪酬和福利待遇、明确的晋升通道和职业发展路径等方式来吸引和留住人才。同时，企业还需要关注员工的工作环境和心理健康，提高员工的幸福感和归属感。企业需要加强团队建设和协作，建立跨部门协作机制，促进不同部门之间的信息交流和资源共享。同时，企业还需要注重团队建设活动的开展，提高团队的凝聚力和执行力。

四、数字化转型的流程与制度优化

（一）概述

数字化转型已经成为企业提升竞争力、实现持续发展的关键战略。在数字化转型的过程中，流程和制度的优化是不可或缺的环节。通过优化流程和制度，企业可以提高工作效率，降低成本，增强创新能力，从而更好地适应市场变化和客户需求。

（二）数字化转型中流程与制度优化的重要性

优化流程和制度可以消除冗余环节，减少无效劳动，从而提高工作效率。通过引入自动化、智能化的技术手段，企业可以实现流程的快速响应和高效执行，提高整体运营效率。优化流程和制度可以降低企业的运营成本。通过减少人力、物力、财力的浪费，企业可以节省大量资源，提高盈利能力。同时，优化流程和制度还可以降低企业的管理成本和风险成本，提高企业的整体竞争力。

优化流程和制度可以激发企业的创新能力。通过打破传统的思维模式和工作方式，企业可以探索新的业务模式、产品和服务，以满足客户的需求和期望。同时，优化流程和制度还可以提高企业的灵活性和适应性，使企业能够更快地响应市场变化和客户需求。

（三）数字化转型中流程优化的方法

在数字化转型的过程中，企业需要对现有流程进行全面梳理和诊断。通过深入了解每个环节的运作情况、存在的问题和瓶颈，企业可以明确优化方向和重点。同时，企业还可以借助专业的流程管理工具和方法，对流程进行可视化、量化的分析和评估。

在明确了优化方向和重点后，企业需要对现有流程进行优化和再设计。这包括消除冗余环节、简化流程步骤、引入自动化和智能化技术等手段。通过优化和再设计，企业可以建立更加高效、灵活、适应性的流程体系，提高整体运营效率。

在完成了流程优化和再设计后，企业需要对新的流程进行标准化和固化。这包括制定详细的流程操作规范、建立流程监控和评估机制等。通过标准化和固化，企业可以确保新流程的稳定运行和持续改进，提高流程的可靠性和可维护性。

（四）数字化转型中制度优化的方法

在数字化转型的过程中，企业需要对现有制度进行全面评估和诊断。通过深入了解制度的执行情况、存在的问题和瓶颈，企业可以明确制度优化的方向和重点。同时，企业还可以借助专业的制度管理工具和方法，对制度进行量化分析和评估。在明确了优化方向和重点后，企业需要对现有制度进行完善和更新。这包括修订不适应市场变化和客户需求的部分、增加新的制度条款等。通过完善和更新制度，企业可以建立更加科学、合理、有效的制度体系，提高企业的管理水平和竞争力。

在完成了制度完善和更新后，企业需要对新的制度进行宣传和培训。这包括向员工介绍新制度的内容、目的和意义等，以及组织员工参加相关的培训和学习活动。通过宣传和培训，企业可以提高员工对新制度的认识和理解程度，增强员工的制度意识和执行力。

（五）数字化转型中流程与制度优化的实施策略

在数字化转型的过程中，企业需要进行顶层设计和规划。这包括明确数字化转型的目标、战略和路径等，以及制定详细的流程和制度优化计划。通过顶层设计和规划，企业可以确保数字化转型的顺利进行和有效实施。在流程和制度优化的过程中，企业需要加强跨部门之间的协同和沟通。这包括建立跨部门协作机制、加强信息共享和沟通等。通过跨部门协同和沟通，企业可以确保流程和制度优化的全面性和协调性。

在数字化转型的过程中，企业需要持续改进和优化流程和制度。这包括收集和分析流程和制度运行的数据和反馈信息、及时发现和解决问题等。通过持续改进和优化，企业可以确保流程和制度的适应性和竞争力。

五、数字化转型的客户体验与商业模式创新

（一）概述

随着信息技术的迅猛发展和数字化浪潮的兴起，企业纷纷进行数字化转型以适应日益激烈的市场竞争。在数字化转型过程中，优化客户体验与实现商业模式创新成为企业关注的焦点。

（二）数字化转型对客户体验的影响

数字化转型使企业能够利用先进的信息技术收集和分析客户数据，从而更深入地了解客户的需求和偏好。通过个性化服务、精准营销等手段，企业可以提供更加符合客户期望的产品和服务，从而提升客户体验水平。

数字化转型打破了传统服务渠道的局限，企业可以通过互联网、移动应用等多种渠道与客户进行交流互动，这不仅方便了客户获取信息、咨询问题和进行购买等操作，还使得企业能够随时随地为客户提供服务，提高了服务的便捷性和效率。

数字化转型使得客户能够更加便捷地参与到企业的产品和服务中。通过社交媒体、在线社区等渠道，客户可以分享使用经验、提出改进建议等，从而增强客户与企业的互动和联系。这种参与感能够提升客户的忠诚度，促进客户与企业的长期合作。

（三）商业模式创新的重要性

随着市场竞争的加剧，企业需要不断创新以获取竞争优势。商业模式创新能够打破传统行业的界限，创造新的价值主张和盈利方式，从而帮助企业应对市场竞争的压力。客户需求的多样化对企业的商业模式提出了新的要求。通过商业模式创新，企业可以更加灵活地调整产品和服务组合，满足客户的不同需求。这种灵活性有助于企业提高客户满意度和忠诚度。

商业模式创新有助于企业实现可持续发展。通过探索新的价值创造和传递方式，企业可以降低成本，提高效率，减少对环境的影响等，从而实现经济效益和社会效益的双赢。

（四）数字化转型中实现客户体验优化与商业模式创新的策略

在数字化转型过程中，企业需要深入了解客户需求和偏好。通过收集和分析客户数据，企业可以发现客户的痛点和需求点，为产品和服务的优化提供有力支持。同时，企业还需要关注市场动态和竞争对手的动向，以便及时调整策略。基于深入了解客户需求的基础上，企业需要不断创新产品和服务。通过引入新技术、新设计等手段，企业可以打造更加符合客户需求的产品和服务，提升客户体验水平。同时，企业还需要关注产品的生命周期管理，确保产品能够持续满足客户需求。

数字化营销是提升客户体验和实现商业模式创新的重要手段。企业需要拓展数字化营销渠道，利用社交媒体、搜索引擎、电子邮件等多种方式与客户进行交流互动。通过精准营销、内容营销等手段，企业可以吸引更多潜在客户并转化为实际客户。数字化生态系统是企业实现商业模式创新的重要平台。企业需要与合作伙伴、供应商等共同打造数字化生态系统，实现资源共享、互利共赢。通过数字化生态系统，企业可以拓展业务范围、提高运营效率并降低风险。

数字化转型需要一支具备数字化技能和思维的人才队伍。企业需要积极引进和培养数字化人才，为数字化转型提供有力支持。同时，企业还需要加强员工的数字化培训和教育，提高员工的数字化素养和创新能力。

第四节　数字化转型对企业财务管理的影响

一、数字化转型可以提高财务决策效率

（一）概述

在当今信息化、网络化的时代背景下，数字化转型已成为企业提升竞争力的关键战略之一。财务作为企业运营的核心部门，其决策效率的高低直接关系到企业的经济效益和未来发展。数字化转型通过引入先进的信息技术和管理理念，可以显著提高财务决策的效率，为企业的发展提供有力支持。

（二）数字化转型对财务决策的影响

数字化转型使得财务数据的收集、存储、处理和分析更加便捷高效。通过采用大数据、云计算等先进技术，企业可以实时获取财务数据，进行多维度的分析，预测市场趋势和企业发展趋势，为财务决策提供有力支持。这种实时数据分析与预测的能力，使得财务决策更加准确、及时，有助于

企业把握市场机遇，降低经营风险。

数字化转型通过引入自动化和智能化技术，可以优化财务流程，减少人为干预，降低操作错误和成本。例如，自动化报销系统、智能化财务分析软件等工具的应用，可以大幅提高财务处理的效率和质量。同时，智能化决策支持系统能够根据历史数据和实时数据，为财务决策者提供智能化的决策建议，提高决策效率和准确性。

数字化转型有助于打破部门壁垒，实现跨部门协作和信息共享。通过构建统一的信息平台，企业可以实现财务、采购、销售、生产等部门之间的数据互通和协同工作。这种跨部门协作和信息共享的方式，有助于企业全面了解业务运营情况，为财务决策提供全面、准确的信息支持。

（三）提高财务决策效率的重要性

提高财务决策效率可以加快决策速度，使企业能够迅速响应市场变化和客户需求。在竞争激烈的市场环境中，企业需要快速做出决策以抓住市场机遇或应对风险，通过数字化转型提高财务决策效率，企业可以更快地制定和调整财务策略，提高企业的灵活性和竞争力。

提高财务决策效率可以降低决策风险。在数字化转型的过程中，企业可以收集和分析更多的数据和信息，为决策提供更为全面、准确的支持。这种基于数据的决策方式可以降低人为因素对决策结果的影响，提高决策的准确性和可靠性。同时，通过实时数据分析与预测，企业可以及时发现潜在的风险和机遇，为决策提供更为准确的判断依据。

提高财务决策效率有助于提升企业价值。通过优化财务流程、降低操作成本和提高决策效率，企业可以降低经营成本，提高盈利能力。同时，通过更加准确的决策和更快的响应速度，企业可以抓住更多的市场机遇，实现业务增长和市场份额的提升。这些都将有助于提升企业的竞争力和市场地位，为企业创造更大的价值。

（四）数字化转型提高财务决策效率的实施策略

企业需要制定明确的数字化转型战略，明确数字化转型的目标、路径和重点任务。在战略制定过程中，企业需要充分考虑自身的业务特点、市场需求和技术发展趋势等因素，确保数字化转型能够真正为企业带来实际效益。企业需要积极引入先进的信息技术和管理理念，如大数据、云计算、人工智能等。这些技术和管理理念的应用将有助于企业实现财务数据的实时收集、处理和分析，提高决策效率和准确性。同时，企业还需要加强信息技术人才的培养和引进，为数字化转型提供有力支持。

企业需要优化财务流程和管理制度，减少不必要的环节和烦琐的手续。通过引入自动化和智能化技术，企业可以实现财务流程的自动化和智能化处理，提高处理效率和准确性。同时，企业还需要完善财务管理制度，确保财务决策的合规性和规范性。企业需要加强跨部门协作和信息共享，打破部门壁垒和信息孤岛。通过构建统一的信息平台，企业可以实现财务、采购、销售、生产等部门之间的数据互通和协同工作。这种跨部门协作和信息共享的方式有助于企业全面了解业务运营情况，为财务决策提供全面、准确的信息支持。

企业需要持续改进机制，不断优化财务决策流程和制度。通过收集和分析财务决策的实际效果和问题反馈，企业可以及时发现并解决问题，提高财务决策的质量和效率。同时，企业还需要关注市场变化和客户需求的变化，及时调整财务决策策略以适应市场变化。

二、数字化转型可以优化资源配置

（一）概述

随着科技的迅猛发展，数字化转型已经成为各行各业不可逆转的趋势。数字化转型不仅仅是技术层面的变革，更是对传统业务模式、组织结构和企业文化的全面革新。在这个过程中，优化资源配置是数字化转型的核心目标之一。

（二）优化资源配置的重要性

优化资源配置是企业实现可持续发展的关键。在资源有限的情况下，如何通过合理配置资源，使资源发挥最大效益，成为企业面临的重要问题。数字化转型为优化资源配置提供了有力支持，通过数字化手段可以更准确地掌握资源信息，实现资源的精准配置。

（三）数字化转型如何优化资源配置

数字化转型通过引入物联网、射频识别（RFID）等技术，实现了对资源信息的实时采集和监控。企业可以实时了解资源的数量、状态、位置等信息，为资源配置提供准确的数据支持。此外，大数据技术的应用还可以对资源信息进行深度挖掘和分析，为企业制定更科学的资源配置策略提供依据。在数字化转型过程中，企业可以建立智能化的资源调度系统，该系统可以根据企业的生产计划和资源需求，自动进行资源的调度和分配。通过智能调度系统，企业可以实现对资源的精准控制，减少资源的浪费和闲置，提高资源的利用率。

数字化转型打破了传统的组织边界，使得资源的共享和协同成为可能。企业可以通过建立数字化平台，实现资源的共享和协同。例如，企业可以将闲置的设备、人才等资源共享给其他企业或部门使用，实现资源的最大化利用。同时，数字化转型还可以促进企业内部各部门之间的协同合作，提高整体运营效率。数字化转型使得资源配置更加灵活。企业可以根据市场变化和客户需求，快速调整资源配置策略。例如，当市场需求增加时，企业可以快速增加生产线和人员投入；当市场需求减少时，企业可以减少生产线和人员投入以降低成本。此外，数字化转型还可以帮助企业实现多品种、小批量的生产方式，满足客户的个性化需求。

数字化转型通过提高资源利用率和降低浪费率来降低资源配置成本。

通过智能调度系统和共享协同平台等数字化手段的应用,企业可以实现对资源的精准控制和高效利用,减少资源的浪费和闲置。同时,数字化转型还可以降低企业的运营成本和管理成本,进一步提高企业的竞争力。

(四)案例分析

以某制造业企业为例,该企业在数字化转型过程中引入了物联网、大数据和人工智能等技术手段,实现了对生产设备的实时监控和智能调度。通过数字化平台的建设,该企业实现了设备、人才等资源的共享和协同。数字化转型后,该企业的生产效率提高了30%,运营成本降低了20%,资源配置的灵活性和准确性也得到了显著提升。

三、数字化转型可以增强风险管理能力

(一)概述

在当今这个快速变化且充满不确定性的商业环境中,风险管理成为企业运营中不可或缺的一部分。随着技术的不断发展和数字化转型的深入,越来越多的企业开始意识到数字化转型在增强风险管理能力方面的重要性。

(二)数字化转型增强风险管理能力的机制

数字化转型使企业能够收集、整合和分析大量的数据,从而更准确地识别潜在的风险。通过对历史数据、实时数据以及外部数据的分析,企业可以发现业务运营中的风险点,并对其进行量化评估。此外,数据驱动的风险评估还能够帮助企业预测未来可能出现的风险,从而提前制定应对策略。数字化转型使得企业能够建立智能化的风险监控与预警系统,这些系统可以实时监控企业的业务运营情况,一旦发现异常情况或潜在风险,系统将立即发出预警,提醒企业采取相应的措施。智能化的风险监控与预警系统能够显著提高企业对风险的反应速度和应对能力,降低风险事件对企业的影响。

数字化转型使企业管理者能够更高效地应对风险事件并做出决策。通过数字化的手段，企业可以迅速收集相关信息、分析风险事件的影响以及评估不同应对策略的效果。这使得企业能够在短时间内做出明智的决策，以最大限度地减少风险事件对企业的影响。此外，数字化转型还能够帮助企业建立跨部门的协作机制，提高风险应对的协同性和效率。数字化转型有助于企业建立全面的风险管理体系。通过整合企业内部的各个部门、流程和系统，企业可以构建一个统一的风险管理平台。这个平台能够全面覆盖企业的各类风险，包括市场风险、信用风险、操作风险等。通过集中管理和统一监控，企业可以更好地掌握风险状况，制定更有效的风险管理策略。

（三）数字化转型在风险管理中的优势

数字化转型通过引入先进的技术手段和方法，使得风险管理的各个环节都能够实现自动化和智能化。这不仅可以提高风险管理的效率，还可以减少人为错误和疏忽导致的风险。同时，数字化转型还能够提供准确的数据支持和分析结果，帮助企业更准确地识别、评估和应对风险。

数字化转型可以降低企业在风险管理方面的成本。通过智能化的风险监控和预警系统，企业可以及时发现潜在的风险并采取相应的措施进行防范。这可以避免风险事件的发生或降低其对企业的影响程度，从而减少企业的损失。此外，数字化转型还可以优化企业的资源配置和业务流程，进一步降低成本并提高运营效率。

数字化转型可以增强企业的风险管理能力，提高企业的竞争力和可持续发展能力。在数字化时代，企业需要具备快速响应市场变化、灵活调整业务模式和不断创新的能力，通过数字化转型，企业可以建立更加高效、灵活和智能的风险管理体系，以应对日益复杂多变的市场环境。这将有助于企业保持领先地位并实现可持续发展。

四、数字化转型可以提升财务报告质量

(一) 概述

随着信息技术的飞速发展和普及,数字化转型已成为企业发展的重要趋势。数字化转型不仅改变了企业的运营模式和业务流程,也对财务报告的编制、披露和管理产生了深远的影响。

(二) 数字化转型对财务报告质量的影响

数字化转型使得企业能够更高效地收集、整合和处理财务数据。通过自动化和智能化的数据处理系统,企业可以确保财务数据的准确性和可靠性,减少人为错误和疏忽。此外,数字化转型还可以实现数据的实时更新和监控,确保财务报告的及时性和准确性。数字化转型推动了财务报告的标准化和规范化。通过采用国际通用的会计准则和财务报告标准,企业可以确保财务报告的透明度和可比性。数字化转型还使得企业能够更便捷地发布财务报告,方便投资者和其他利益相关者获取和使用。

数字化转型使得企业可以根据投资者的需求和市场变化,灵活调整财务报告的内容和结构。通过引入新的财务指标和分析工具,企业可以更全面地展示企业的财务状况和经营成果。此外,数字化转型还可以实现财务报告的多媒体化、互动化,提高阅读体验和理解度。数字化转型推动了企业内部控制和风险管理的数字化。通过引入内部控制系统和风险管理工具,企业可以实现对财务数据和业务流程的全面监控和管理,这有助于企业及时发现和纠正潜在的风险和问题,确保财务报告的真实性和完整性。

数字化转型使得财务报告更加具有有用性。通过深入分析和挖掘财务数据,企业可以发现业务运营中的问题和机会,为管理层提供有价值的决策支持。此外,数字化转型还可以帮助企业预测未来的市场趋势和竞争态势,为企业的战略规划提供重要参考。

（三）数字化转型在提升财务报告质量中的挑战

数字化转型需要企业具备先进的技术和人才支持。然而，在实际应用中，许多企业面临着技术更新和人才储备的挑战。企业需要不断投入资金和资源来更新技术设备和培训员工，以适应数字化转型的需求。数字化转型使得企业的财务数据更加集中和数字化。然而，这也增加了数据安全和隐私保护的风险，企业需要采取一系列措施来保护财务数据的安全和隐私，防止数据泄露和滥用。

数字化转型推动了财务报告的标准化和规范化。然而，在实际应用中，不同国家和地区的财务报告标准和规范存在差异，企业需要了解和遵守当地的财务报告标准和规范，以确保财务报告的合规性和可比性。

五、数字化转型可以促进财务与其他部门的协同

（一）概述

在当今数字化浪潮席卷全球的背景下，数字化转型已成为企业实现可持续发展的重要战略之一。对于任何企业来说，财务部门都扮演着至关重要的角色，它是企业决策的信息枢纽，也是连接企业与外部世界的桥梁。数字化转型不仅可以优化财务流程，提升数据处理效率，更能推动财务部门与其他部门之间的紧密协同，从而实现企业整体运营效率的提升。

（二）数字化转型对财务与其他部门协同的促进

数字化转型使得财务与其他部门之间的信息共享成为可能。通过建立统一的数据平台，企业可以实现财务数据的实时更新和共享，让其他部门的员工随时了解企业的财务状况。同时，财务部门也可以更加便捷地获取其他部门的业务数据，为财务分析提供更为全面、准确的数据支持。这种信息共享和数据整合的方式，有助于打破部门之间的信息壁垒，促进部门之间的协同合作。

数字化转型可以推动财务流程的优化和自动化。通过引入先进的财务管理软件和技术，企业可以实现财务流程的自动化处理，减少人工干预和错误率。同时，数字化转型还可以优化财务流程，使其更加符合企业的实际需求和业务流程。这种流程优化和自动化的方式，不仅可以提高财务部门的工作效率，还可以为其他部门提供更加高效、准确的财务服务，从而促进部门之间的协同合作。

数字化转型可以为管理层提供更为全面、准确的决策支持。通过深入分析财务数据和其他业务数据，财务部门可以为管理层提供有关企业运营状况、市场趋势、竞争态势等方面的分析报告和建议。同时，财务部门还可以协助其他部门进行风险评估和预警，帮助企业更好地应对潜在的风险和挑战。这种决策支持和风险管理的方式，有助于增强企业内部的凝聚力和协同性，促进部门之间的紧密合作。

数字化转型可以推动财务部门与其他部门之间的跨部门沟通和协作。通过建立跨部门协作机制，企业可以加强财务部门与其他部门之间的沟通和联系，共同解决企业运营中遇到的问题和挑战。同时，数字化转型还可以为财务部门提供更为便捷、高效的沟通工具和技术支持，如视频会议、在线协作等，使得部门之间的沟通更加顺畅、高效。这种跨部门沟通和协作的方式，有助于加强企业内部的团队协作和合作精神，提高整体运营效率。

（三）数字化转型在促进财务与其他部门协同中的挑战与对策

数字化转型需要企业具备先进的技术支持。然而，在实际应用中，许多企业面临着技术挑战，如技术更新不及时、系统兼容性差等问题。为了应对这些挑战，企业需要加大技术投入，积极引进先进的财务管理软件和技术，同时加强技术培训和人才培养，提高员工的技术水平和应用能力。

数字化转型使得企业的财务数据更加集中和数字化。企业需要采取一系列措施，如加强数据加密和备份、设置访问权限和审计机制、制定数据安全管理制度等。同时，企业还需要加强员工的数据安全意识培训，提高员工对数据安全和隐私保护的重视程度。

数字化转型需要企业具备开放、协作的组织文化和制度支持。然而，在实际应用中，许多企业面临着组织文化与制度挑战，如部门之间的壁垒、沟通不畅等问题。为了应对这些挑战，企业需要加强组织文化建设，推动部门之间的沟通和协作。同时，企业还需要制定相关的制度和规范，明确各部门的职责和协作机制，确保数字化转型的顺利推进。

第二章　企业财务管理现状与问题

第一节　传统财务管理模式分析

一、传统财务管理模式

（一）概述

财务管理是企业运营中不可或缺的一部分，它涉及资金筹措、投资、收益分配以及财务分析等多个方面。

传统财务管理模式主要侧重于对企业财务活动的计划、组织、指挥、协调和控制，以实现企业价值的最大化。这一模式强调财务数据的准确性和规范性，通过严格的财务管理制度和流程，确保企业资金的安全和有效使用。传统财务管理模式作为企业财务管理的基础，经历了长时间的发展和完善，形成了一套独特的管理体系。

（二）传统财务管理模式的特点

传统财务管理模式注重规范性，强调按照既定的财务管理制度和流程进行操作。这种规范性体现在以下几个方面：首先，财务管理制度明确规定了各项财务活动的流程和标准，使得财务人员在进行工作时能够有章可循；其次，财务管理流程严格遵循内部控制原则，通过设立审批、复核等环节，确保财务活动的合规性和准确；最后，财务管理报表和记录需要遵循会计准则和法规要求，保证财务信息的真实性和完整性。

传统财务管理模式追求稳健，强调风险控制和资金安全。在投资决策方面，传统财务管理模式倾向于选择低风险、稳健的投资项目，避免过度追求高收益而带来的风险。在资金筹措方面，传统财务管理模式注重保持合理的负债比例和偿债能力，避免过度依赖外部融资带来的财务风险。此外，传统财务管理模式还强调对企业资产的保护和增值，通过严格的资产管理措施，确保企业资产的安全和有效利用。

传统财务管理模式具有一定的静态性，主要关注企业过去的财务状况和经营成果。这种静态性体现在以下几个方面：首先，传统财务管理模式通常以历史成本为基础进行财务分析，难以反映企业当前和未来的价值变化；其次，传统财务管理模式在预算编制和计划制定时，往往基于过去的经验和数据，缺乏对市场变化和未来发展的充分考虑；最后，传统财务管理模式在财务控制和评价方面，主要关注企业是否遵循既定的财务管理制度和流程，缺乏对财务活动效果的深入分析和评价。

在传统财务管理模式中，财务数据的处理主要依赖手工操作和纸质记录。这种操作方式虽然在一定程度上保证了财务数据的准确性和可靠性，但也存在诸多局限性。首先，手工操作效率低下，难以满足企业快速发展的需要；其次，纸质记录易于损坏和丢失，给企业财务管理带来一定的风险；最后，手工操作和纸质记录难以适应大数据和云计算等现代信息技术的发展要求。

在传统财务管理模式中，财务部门与其他部门之间相对独立。财务部门主要负责财务数据的收集、处理和分析工作，而其他部门则主要负责各自的业务活动。这种相对独立的状态使得财务部门难以深入了解其他部门的业务需求和运营状况，导致财务管理决策与实际业务脱节。同时，其他部门也缺乏对财务管理的认识和了解，难以配合财务部门的工作。

(三)传统财务管理模式的局限性

虽然传统财务管理模式具有以上特点,但在现代企业运营中,其局限性也逐渐显现。首先,传统财务管理模式难以适应快速变化的市场环境和企业发展需求;其次,传统财务管理模式缺乏灵活性和创新性;最后,传统财务管理模式在数据处理和分析方面存在效率低、准确性不足等问题。

二、传统财务管理模式的局限性

(一)概述

随着全球化、信息化和市场竞争的加剧,企业财务管理面临着前所未有的挑战。传统财务管理模式作为长期以来企业运营的核心部分,虽然在过去的经营活动中发挥了重要作用,但在当前快速变化的市场环境中,其局限性逐渐暴露出来。

(二)传统财务管理模式概述

传统财务管理模式主要关注企业的资金筹措、投资、收益分配以及财务分析等方面,通过严格的财务管理制度和流程,确保企业资金的安全和有效使用。这一模式强调财务数据的准确性和规范性,以及对企业财务活动的严格控制。

(三)传统财务管理模式的局限性

传统财务管理模式通常遵循既定的流程和制度,注重规范性和稳健性,但这种模式往往缺乏灵活性。在快速变化的市场环境中,企业需要快速响应市场变化,调整经营策略。然而,传统财务管理模式由于流程烦琐、决策周期长,往往难以适应这种变化,这可能导致企业错失市场机遇,甚至面临经营风险。传统财务管理模式注重的是对企业财务活动的严格控制和规范管理,而忽视了对财务管理的创新。在数字化、信息化和智能化的时代背景下,财务管理模式需要不断创新,以适应新的市场环境和经营需求。

然而，传统财务管理模式往往缺乏创新意识，难以引入新的财务管理理念和技术，导致企业财务管理水平难以提升。

传统财务管理模式主要关注历史数据和静态分析，难以提供有效的决策支持。在现代企业中，管理者需要了解企业的财务状况、市场趋势、竞争态势等多方面信息，以做出正确的决策。然而，传统财务管理模式由于数据收集和处理能力的限制，往往只能提供有限的决策支持，这可能导致管理者在做出决策时缺乏全面、准确的信息支持，增加决策风险。在现代企业中，财务管理与业务活动紧密相连，需要与其他部门紧密合作，共同推动企业的发展。然而，传统财务管理模式由于与其他部门的沟通不畅、协作困难，往往难以发挥财务管理的协同作用，这可能导致财务管理与业务活动脱节，影响企业的整体运营效率。

传统财务管理模式在风险管理方面存在局限性。传统财务管理模式往往注重事后控制，而对风险的预测和防范不够全面。在快速变化的市场环境中，企业需要面临各种不确定性因素，如市场风险、信用风险、操作风险等。然而，传统财务管理模式由于风险管理机制不够完善，往往难以应对这些风险，这可能导致企业面临较大的经营风险，甚至影响企业的生存和发展。随着大数据和人工智能等技术的发展，企业财务管理需要处理和分析大量的数据。然而，传统财务管理模式在数据分析能力方面存在局限性。传统财务管理模式主要依赖于手工操作和纸质记录，难以处理和分析大量数据。同时，传统财务管理模式在数据分析方法和工具方面也相对落后，难以更快速地提供准确、深入的分析结果，这可能导致企业无法及时、充分地利用数据资源，优化财务管理决策。

随着全球化的深入发展，企业需要在全球范围内开展经营活动。然而，传统财务管理模式往往难以适应全球化经营的需求。传统财务管理模式主要关注本土市场和企业内部运营，相对缺乏全球视野和跨国经营经验，这可能导致企业在全球化经营中面临诸多挑战，如跨文化管理、汇率风险、税收政策等。

三、传统财务管理模式在现代企业中的表现

（一）概述

随着全球经济一体化和信息技术的迅猛发展，现代企业面临着日益复杂的经营环境和激烈的市场竞争。财务管理作为企业管理的重要组成部分，其模式与方法的适应性直接关系到企业的生存与发展。传统财务管理模式作为长期以来企业管理的基石，在现代企业中仍然扮演着重要角色，但同时也面临着诸多挑战和变革的需求。

（二）传统财务管理模式在现代企业中的表现

传统财务管理模式在现代企业中仍然表现出较强的稳定性和可靠性。它通过严格的财务管理制度和流程，确保企业财务活动的规范性和合规性，在一定程度上有效防范了财务风险。同时，传统财务管理模式注重财务数据的准确性和可靠性，为企业的决策提供了有力支持。这种稳定性和可靠性使得传统财务管理模式在现代企业中仍然具有广泛的应用价值。

然而，随着市场环境和企业经营环境的变化，传统财务管理模式也面临着诸多局限性和挑战。首先，传统财务管理模式往往过于注重历史数据和静态分析，难以适应快速变化的市场环境。现代企业需要更加灵活和快速地响应市场变化，而传统财务管理模式在这方面显得力不从心。其次，传统财务管理模式在跨部门协作和资源整合方面存在不足。现代企业需要各部门之间的紧密协作和资源整合，以实现整体效益的最大化，而传统财务管理模式往往局限于财务部门内部，难以与其他部门形成有效协同。此外，传统财务管理模式在风险管理方面也表现出一定的局限性。随着市场竞争的加剧和企业经营风险的增加，传统财务管理模式在风险预测和防范方面显得捉襟见肘。

面对这些局限性和挑战，传统财务管理模式在现代企业中正经历着转型与变革。首先，企业开始引入信息化、数字化技术，提升财务管理效率。通过采用先进的财务管理软件和系统，企业可以更加快速、准确地处理和分析财务数据，提高财务管理水平。其次，企业开始注重跨部门协作和资源整合。财务部门需要与其他部门加强沟通和协作，共同推动企业的发展。同时，企业也需要整合内外部资源，优化资源配置，提高整体效益。此外，企业还开始加强风险管理意识，建立完善的风险管理机制。通过加强风险预测和防范工作，企业可以更好地应对市场变化和经营风险。

在转型与变革的过程中，传统财务管理模式也在不断创新和发展。一方面，企业开始引入新的财务管理理念和方法，如财务共享、财务智能等，这些新的理念和方法有助于企业更好地适应市场变化和经营需求，提高财务管理水平。另一方面，企业也开始注重财务管理人才的培养和引进。通过加强财务管理人才队伍建设，企业可以培养出一批具备高素质、高技能、高创新能力的财务管理人才，为企业的发展提供有力支持。

（三）案例分析

为了更好地说明传统财务管理模式在现代企业中的表现及其转型与变革的过程，我们选取了一家具有代表性的现代企业作为案例进行分析。该企业是一家跨国企业，在财务管理方面一直采用传统模式。然而，随着市场环境的变化和企业经营规模的扩大，该企业开始面临诸多财务管理问题。为了解决这些问题，该企业开始引入信息化、数字化技术，提升财务管理效率。同时，该企业还加强了与其他部门的协作和资源整合工作，建立了完善的风险管理机制。经过一系列的改革和创新措施的实施，该企业的财务管理水平得到了显著提升，为企业的快速发展提供了有力支持。

四、传统财务管理模式对企业发展的影响

（一）概述

财务管理作为企业管理的核心组成部分，对企业的运营、发展以及战略实施具有至关重要的影响。传统财务管理模式，以其特有的理论框架和实践经验，在企业管理中发挥了长期而稳定的作用。然而，随着市场环境的不断变化和企业经营模式的创新，传统财务管理模式对企业发展的影响也日益复杂和多元。

（二）传统财务管理模式对企业发展的积极影响

传统财务管理模式注重财务数据的准确性和规范性，通过严格的财务管理制度和流程，确保企业资金的安全和有效使用。这种稳定性和可靠性为企业的发展提供了坚实的基础，有助于企业在复杂多变的市场环境中保持稳健的经营态势。

传统财务管理模式强调对企业财务活动的严格控制，通过建立健全的内部控制体系，有效防范和降低财务风险。这种风险控制能力有助于企业在面临市场波动和经营风险时保持冷静和理性，做出正确的决策。

传统财务管理模式通过财务分析、预测和规划等手段，为企业决策提供了有力支持。通过对企业财务数据的深入分析和研究，传统财务管理模式能够帮助企业了解自身的经营状况、市场地位和发展潜力，为企业制定合理的发展战略和规划提供参考。

（三）传统财务管理模式对企业发展的消极影响

传统财务管理模式往往过于注重规范性和稳健性，导致在快速变化的市场环境中，缺乏足够的灵活性。现代企业需要更加快速和灵活地响应市场变化，调整经营策略。然而，传统财务管理模式的严格制度和流程可能会阻碍企业的灵活性和创新能力。传统财务管理模式注重的是对企业财务

活动的严格控制和管理,而忽视了对财务管理的创新。在数字化、信息化和智能化的时代背景下,财务管理模式需要不断创新,以适应新的市场环境和经营需求。然而,传统财务管理模式往往缺乏创新意识,难以引入新的财务管理理念和技术,导致企业财务管理水平难以提升。

传统财务管理模式往往与其他部门相对独立,缺乏跨部门协作。在现代企业中,财务管理与业务活动紧密相连,需要与其他部门紧密合作,共同推动企业的发展。传统财务管理模式往往局限于本土市场和企业内部运营,缺乏全球视野和跨国经营经验,这可能导致企业在全球化经营中面临诸多挑战,如跨文化管理、汇率风险、税收政策等。

(四)传统财务管理模式的变革与适应

面对市场环境和经营模式的不断变化,传统财务管理模式需要不断进行变革和适应。首先,企业需要引入信息化、数字化技术,提升财务管理效率。通过采用先进的财务管理软件和系统,企业可以更加快速、准确地处理和分析财务数据,提高财务管理水平。其次,企业需要注重财务管理的创新和灵活性。通过引入新的财务管理理念和技术,如财务共享、财务智能等,企业可以更好地适应市场变化,提升财务管理的创新能力和灵活性。此外,企业还需要加强与其他部门的协作和资源整合,共同推动企业的发展。

五、传统财务管理模式的改进方向

(一)概述

随着全球经济一体化和信息技术的迅猛发展,企业面临的市场环境日益复杂多变,竞争也愈发激烈。在这样的背景下,传统财务管理模式因其固有的局限性和不足,已难以满足现代企业的管理需求。因此,对传统财务管理模式进行改进和创新,成为现代企业提升管理效率、增强竞争力的关键。

（二）传统财务管理模式的局限性

在探讨改进方向之前，我们需要先了解传统财务管理模式的局限性。传统财务管理模式的局限性主要有：过于注重历史数据和静态分析，难以适应快速变化的市场环境；跨部门协作困难，难以实现资源的优化配置；风险管理能力有限，难以有效应对各种财务风险；缺乏创新意识和创新能力，难以应对日益复杂的经营需求。

（三）改进方向一：引入信息化、数字化技术

随着信息技术的不断发展，财务管理信息化已成为改进传统财务管理模式的重要方向。通过引入先进的财务管理软件和系统，实现财务数据的自动化处理和分析，提高财务管理效率。同时，财务管理信息化还可以实现财务数据的实时共享和监控，使企业管理者能够随时了解企业的财务状况和经营成果。

数字化财务决策通过利用大数据、人工智能等先进技术，对财务数据进行深入分析和挖掘，为企业的战略决策提供支持。通过数字化财务决策，企业可以更加准确地把握市场趋势和客户需求，制定更加科学合理的经营策略。

（四）改进方向二：加强跨部门协作与资源整合

传统财务管理模式往往局限于财务部门内部，与其他部门之间的协作不够紧密。为了改进这一状况，企业需要建立跨部门协作机制，加强财务部门与其他部门之间的沟通和协作。通过跨部门协作，企业可以更加全面地了解企业的运营状况和需求，实现资源的优化配置和高效利用。

进行资源整合，优化资源配置是改进传统财务管理模式的另一个重要方向。企业需要根据自身的经营战略和市场环境，合理调配资源，确保资源的有效利用。同时，企业还需要加强与其他企业的合作和联盟，实现资源的共享和互补，提升企业的整体竞争力。

(五)改进方向三:提升风险管理能力

风险管理是财务管理的重要组成部分。为了提升风险管理能力,企业需要建立健全的风险管理机制,明确风险管理的职责和流程,确保风险管理的有效实施。同时,企业还需要加强对市场环境和经营风险的监测和分析,及时发现和应对潜在风险。

内部控制是防范财务风险的重要手段。企业需要加强内部控制建设,完善内部控制制度和流程,确保企业财务活动的规范性和合规性。同时,企业还需要加强对内部控制的监督和评估,及时发现和纠正内部控制存在的问题。

(六)改进方向四:培养创新意识和创新能力

为了培养创新意识和创新能力,企业需要积极引入新的财务管理理念和方法。例如,引入财务共享、财务智能等先进的财务管理理念和技术,推动企业财务管理的创新和发展。企业还需要加强对财务管理人员的培训和教育,提高他们的专业素养和创新能力。企业需要鼓励员工在财务管理领域进行创新思维和行动,通过设立创新奖励机制、举办创新竞赛等方式,激发员工的创新热情和积极性。同时,企业还需要加强对创新成果的评估和应用,确保创新成果能够转化为企业的实际效益。

第二节 当前企业财务管理存在的问题

一、企业财务管理中的信息不对称与决策失误

(一)概述

在复杂多变的市场环境中,企业财务管理的决策过程至关重要。有效的财务管理不仅关乎企业的资金安全和运营效率,更直接影响到企业的整

体发展和竞争力。然而，在实际操作中，由于信息不对称现象的存在，企业往往面临决策失误的风险。

（二）信息不对称在企业财务管理中的表现形式

企业内部信息不对称主要表现在管理层与基层员工之间、不同部门之间以及企业与股东之间。管理层可能出于自身利益考虑，对基层员工隐瞒或歪曲部分财务信息，导致基层员工无法全面、准确地了解企业财务状况。同时，不同部门之间也可能存在信息壁垒，导致部门间信息传递不畅，影响决策效率。企业与股东之间也可能存在信息不对称，如管理层故意隐瞒或误导股东，损害股东利益。

企业外部信息不对称主要表现在企业与供应商、客户、投资者以及政府监管机构之间。企业与供应商和客户之间的信息不对称可能导致采购和销售成本的增加，影响企业盈利。同时，企业与投资者之间的信息不对称可能导致投资者无法准确评估企业价值，影响企业融资成本。此外，企业与政府监管机构之间的信息不对称可能导致企业面临法律风险和监管处罚。

（三）信息不对称的成因分析

企业内部管理制度不完善是导致信息不对称的主要原因之一。如果企业缺乏有效的内部沟通机制和信息披露制度，或者管理层故意隐瞒或歪曲财务信息，就容易导致内部信息不对称。企业内部各部门之间也可能存在利益冲突和沟通障碍，导致部门间信息传递不畅。市场环境复杂多变也是导致信息不对称的重要原因。随着市场竞争的加剧和经济全球化的深入发展，企业面临的市场环境日益复杂多变，在这种情况下，企业难以全面掌握市场信息和竞争对手动态，容易导致外部信息不对称。法律法规不完善也可能导致信息不对称。如果法律法规对企业信息披露的要求不够严格或者执行力度不够，就容易导致企业故意隐瞒或误导财务信息。此外，法律法规对不同类型的企业和行业的监管标准也可能存在差异，导致企业面临不同的信息披露压力。

（四）信息不对称对企业决策失误的影响

信息不对称可能误导企业的决策方向。如果企业无法全面、准确地了解市场和竞争对手的动态以及自身的财务状况和经营成果，就难以做出正确的决策。例如，在投资决策中，如果企业无法准确评估项目的风险和收益，就可能导致投资失败或资金浪费。

信息不对称还可能降低企业的决策效率。由于信息的不完整和不准确，企业需要花费更多的时间和精力去收集和分析信息，这会增加决策的成本和时间。同时，由于部门间信息传递不畅和沟通障碍，也可能导致决策过程中的延误和失误。

信息不对称还可能损害企业的利益。如果企业无法准确评估自身的价值和潜力，就可能面临融资难、投资回报率低等问题。同时，如果企业与供应商、客户或投资者之间的信息不对称，也可能导致企业面临信任危机和声誉损失。

（五）对策与建议

企业应加强内部管理制度建设，建立有效的内部沟通机制和信息披露制度。同时，企业应加强对管理层的监督和管理，防止管理层故意隐瞒或歪曲财务信息。此外，企业还应加强部门间的协调和沟通，打破部门间信息壁垒。企业应加强对市场和竞争对手的调研和信息收集工作，全面了解市场和竞争对手的动态以及自身的财务状况和经营成果。同时，企业还应加强对客户和供应商的管理和沟通，建立稳定的合作关系。

政府应加强对企业财务信息披露的监管力度，完善相关法律法规和监管机制。同时，政府还应加强对不同类型的企业和行业的监管标准制定和执行力度，确保企业能够全面、准确地披露财务信息。企业应加强对财务人员的培训和教育，提高他们的专业素养和综合能力。财务人员应具备扎实的财务知识和分析能力，能够全面、准确地分析企业的财务状况和经营成果。同时，财务人员还应具备良好的沟通能力和团队协作精神，能够与其他部门进行有效的沟通和协作。

二、企业财务管理中的成本控制与预算超支

（一）概述

在竞争激烈的市场环境中，企业财务管理的重要性日益凸显。其中，成本控制和预算超支管理是企业财务管理的两大核心要素。成本控制关乎企业的盈利能力和市场竞争力，而预算超支则直接影响企业的资金流动和长期发展。因此，深入探讨企业财务管理中的成本控制与预算超支问题，对于企业的可持续发展具有重要意义。

（二）成本控制的定义与重要性

成本控制是指企业在生产经营过程中对各项成本进行预测、计划、调节和监督，以保证成本目标的实现。有效的成本控制可以降低企业生产成本，提升产品的价格竞争力，进而提升企业的盈利能力。通过成本控制，企业可以更加精确地掌握各项资源的消耗情况，从而优化资源配置，提高资源利用效率。成本控制需要企业各部门之间的密切配合，有助于提高企业的管理水平和协作能力。

（三）预算超支的原因分析

预算超支是指企业在实际运营过程中，实际支出超过预算的情况。企业在编制预算的过程中未能充分考虑市场变化、企业实际情况等因素，导致预算与实际支出存在较大偏差，或在预算执行过程中缺乏有效的监督和控制机制，导致预算超支现象的发生。突发事件如自然灾害、政策调整等不可预见因素，也可能导致企业实际支出超出预算。

（四）成本控制与预算超支的关系

成本控制与预算超支之间存在着密切的关系。一方面，有效的成本控制可以降低企业实际支出，从而降低预算超支的风险。另一方面，预算超

支问题的存在也会反过来影响成本控制的效果。当企业实际支出超出预算时，为了保证生产经营的正常进行，企业可能会采取一些临时性的成本控制措施，但这些措施往往难以持久且效果有限。因此，企业在财务管理中应同时关注成本控制和预算超支问题，以实现二者的良性互动。

（五）加强成本控制的策略

企业应建立完善的成本控制制度，明确成本控制的目标、责任和方法，确保成本控制工作的有序进行。企业应加强对各项成本的核算和分析，了解成本构成的特点和变化规律，为成本控制提供有力支持。企业应通过优化生产流程、提高生产效率等方式降低生产成本，实现成本控制的目标。企业应积极引入先进的生产技术和管理技术，提高生产自动化水平和管理效率，降低生产成本。

（六）防范预算超支的措施

为了防范预算超支，企业可以采取以下措施：企业在编制预算时应充分考虑市场变化、企业实际情况等因素，提高预算的准确性和合理性。企业应建立完善的预算执行管理机制，确保预算的有效执行。同时，加强对预算执行的监督和考核，及时发现和纠正预算超支问题。企业应建立风险预警机制，对可能导致预算超支的风险因素进行预测和评估，及时采取措施防范风险的发生。

三、财务风险管理与应对不足

（一）概述

在复杂多变的经济环境中，企业财务管理面临着诸多风险。财务风险是企业经营过程中不可避免的一部分，它可能源于市场环境的变化、内部管理不善、投资决策失误等多种因素。有效的财务风险管理对于企业的稳健发展至关重要。然而，许多企业在财务风险管理与应对方面存在不足，

第二章 企业财务管理现状与问题

这些不足可能导致企业遭受严重的经济损失,甚至威胁到企业的生存。

(二)财务风险管理的定义与重要性

财务风险管理是指企业在识别、评估、控制和应对财务风险的过程中,通过制定和实施一系列策略和措施,以最小的成本实现财务目标的过程。通过有效的财务风险管理,企业可以及时发现并应对潜在的财务风险,避免或减少经济损失,从而保障企业的稳健经营。财务风险管理有助于企业更准确地预测资金需求,优化资源配置,提高资金使用效率。良好的财务风险管理能够增强企业的信誉和声誉,提升企业的市场地位和价值。

(三)财务风险管理与应对不足的表现

许多企业在财务风险识别方面存在不足,未能及时发现和识别潜在的财务风险。这可能是由于企业缺乏完善的风险识别机制,或者风险识别人员缺乏足够的专业知识和经验。在风险评估过程中,一些企业采用的方法不科学,导致评估结果不准确。例如,过度依赖历史数据而忽视市场变化的影响,或者未能充分考虑不同风险因素之间的相互作用。

一些企业在风险控制方面存在不足,未能制定有效的风险控制措施。这可能是由于企业缺乏完善的风险控制制度,或者风险控制措施的执行力度不够。当财务风险发生时,一些企业缺乏足够的应对能力,无法及时有效地应对风险。这可能是由于企业缺乏应急预案,或者应对风险的人员和资源不足。

(四)财务风险管理与应对不足的原因分析

一些企业的管理层对财务风险的重视程度不够,缺乏足够的风险意识,这导致企业在财务风险管理方面投入不足,难以形成有效的风险管理机制。企业的内部控制制度对于财务风险管理至关重要,然而,一些企业的内部控制制度存在缺陷,如制度不完善、执行不力等,导致财务风险管理的效果大打折扣。财务风险管理需要专业的风险管理人才。然而,一些企业缺乏足够的风险管理人才,导致风险管理水平难以提升。

信息披露不透明也是导致财务风险管理与应对不足的原因之一。一些企业在信息披露方面存在不足,导致外部投资者难以了解企业的真实财务状况和风险状况,从而影响企业的融资和投资决策。

(五)改进财务风险管理与应对不足的措施

企业应加强对管理层的风险教育,提高管理层对财务风险的重视程度。同时,建立风险管理委员会或类似机构,负责全面协调和监督企业的财务风险管理工作。企业应建立完善的内部控制制度,确保各项财务管理活动符合规范和要求。同时,加强对内部控制制度的执行情况的监督和检查,及时发现和纠正问题。企业应加强对风险管理人才的培养和引进工作,提高风险管理人员的专业素养和综合能力;建立风险管理人才库,为企业财务风险管理提供有力的人才支持。企业应加强对信息披露的管理和监督,确保信息披露的真实、准确、完整和及时。同时,加强与外部投资者的沟通和交流,提高外部投资者对企业的信任度和认可度。

四、财务报告质量与透明度问题

(一)概述

财务报告是企业向外界展示其财务状况、经营成果和现金流量的重要工具。高质量的财务报告能够真实、准确地反映企业的经济活动和财务状况,为投资者、债权人、政府监管机构等利益相关者提供有价值的信息。然而,在现实中,财务报告的质量与透明度问题常常成为公众关注的焦点。

(二)财务报告质量与透明度的重要性

高质量的财务报告能够为投资者和其他利益相关者提供准确、及时的信息,帮助他们做出明智的决策。透明度高的财务报告能够减少信息不对称,降低投资风险。财务报告的透明度和质量直接影响资本市场的效率。当财务报告清晰、准确时,市场价格能更迅速地反映公司的真实价值,从而提高市场效率。透明的财务报告有助于加强公司治理，防止内部人控制和利益输送等问题。它还可以增强外部监督，促使管理层更加负责任地运营公司。高质量的财务报告能够提升公司的信誉和声誉，吸引更多的投资者和客户。

（三）财务报告质量与透明度存在的问题

有些企业为了粉饰业绩或掩盖真实问题，可能会故意操纵财务数据，导致财务报告信息失真。部分企业在财务报告中披露的信息不够充分，特别是对于关键业务、风险因素和未来发展等方面的披露较为模糊，使得投资者难以全面了解公司的真实状况。有些企业不能及时发布财务报告，导致投资者无法及时获取公司的最新财务信息，影响决策效果。由于会计准则和政策的差异，以及企业间会计处理方法的不同，导致财务报告的可比性受到影响，使得投资者难以进行跨公司比较。

（四）问题产生的原因分析

现行的会计准则可能存在一定的漏洞或模糊地带，为企业提供了操纵财务报告的空间。部分企业管理层为了个人利益或公司业绩考核等目的，可能会选择性地披露信息或进行财务造假。政府和相关监管机构在财务报告的监管方面可能存在一定的疏忽或不足，导致部分企业敢于铤而走险。部分审计机构在审计过程中可能未能严格履行职责，导致财务报告的质量问题未被及时发现和纠正。

（五）提高财务报告质量与透明度的措施

政府和相关机构应不断完善会计准则和政策，减少漏洞和模糊地带，为企业提供更加明确、规范的指导。企业应建立健全内部控制体系，确保财务报告的编制和披露过程符合规范和要求。同时，加强对财务人员的培训和教育，提高他们的专业素养和职业道德水平。

政府和相关监管机构应加大对财务报告的监管力度，定期开展检查和审计活动，及时发现并纠正财务报告中的问题。对于违法行为，应依法予以严惩。审计机构应严格履行职责,确保审计过程的独立性和客观性。对于发现的财务报告问题,应及时向企业和监管机构报告。

政府和相关机构应加强对投资者的教育和引导,帮助他们提高识别财务报告质量的能力。同时,鼓励投资者积极参与公司治理,对财务报告进行监督和质疑。

五、财务与其他部门协同不畅

(一)概述

在现代企业的运营管理中,财务部门作为核心职能部门之一,其工作不仅仅局限于会计核算和报表编制,更重要的是参与企业的战略规划、决策支持以及风险管理等方面。然而,在实际操作中,财务部门与其他部门之间的协同往往存在不畅的问题,这不仅影响了企业的运营效率,还可能对企业的长期发展造成负面影响。

(二)财务与其他部门协同不畅的表现

财务部门与其他部门之间缺乏有效的信息沟通机制,导致信息传递不及时、不准确,影响了决策的及时性和准确性。由于各部门的工作职责和利益诉求不同,往往导致在财务目标设定和执行过程中存在分歧和冲突,影响了协同效果。

企业内部各部门之间的业务流程存在重叠、交叉或断裂,导致财务部门在处理相关业务时面临困难,降低了协同效率。企业内部各部门之间的权责划分不明确,导致在出现问题时相互推诿、扯皮,影响了协同的顺利进行。

(三)财务与其他部门协同不畅的原因

企业内部各部门之间在沟通和协同过程中存在障碍。企业的组织结构可能过于复杂或僵化,导致部门之间的沟通和协同受到阻碍。企业内部的信息系统可能不完善或存在缺陷，导致信息无法及时、准确地传递和共享。企业可能缺乏有效的协同机制或制度，导致部门之间的协同缺乏规范性和系统性。

（四）解决财务与其他部门协同不畅的策略

加强企业文化建设：企业应注重培养统一的企业文化和价值观，增强各部门之间的认同感和归属感，为协同工作创造良好的氛围。

优化组织结构：企业应根据自身的发展需要和业务特点，合理调整和优化组织结构，减少不必要的层级和部门，提高组织的灵活性和适应性。

完善信息系统：企业应加强对信息系统的投入和建设，提高信息系统的稳定性和可靠性，确保信息能够及时、准确地传递和共享。同时，企业还可以利用信息技术手段，如企业资源计划系统（ERP）、财务共享中心等，实现财务与其他部门之间的无缝对接和高效协同。

建立有效的协同机制：企业应建立有效的协同机制和制度，明确各部门之间的职责和权利，规范协同流程和操作方式。此外，企业还可以通过定期的沟通和交流会议，加强部门之间的沟通和了解，及时解决问题和矛盾。

加强培训和引导：企业应加强对财务和其他部门员工的培训和引导，提高他们的专业素养和协同意识。通过培训和教育，使员工了解财务在企业管理中的重要作用和价值，增强他们的责任感和使命感。

设立跨部门协作小组：为了更好地推进财务与其他部门协同工作，企业可以设立跨部门协作小组或委员会。该小组或委员会由各部门代表组成，负责协调和处理部门之间的协同问题，推动协同工作的顺利进行。

强化激励和约束机制：企业可以通过建立激励机制和约束机制，促进财务与其他部门之间的协同工作。例如，设立协同工作奖励制度，对在协同工作中表现突出的员工进行表彰和奖励；同时，对于在协同工作中推诿扯皮、影响协同效果的员工进行相应的惩罚和约束。

第三节　行业内数字化转型现状

一、行业内数字化转型的进展

（一）概述

随着信息技术的飞速发展，数字化转型已成为各行各业不可避免的趋势。数字化转型不仅涉及技术的升级换代，更涉及企业业务模式、组织架构、企业文化等多方面的深刻变革。

（二）数字化转型的驱动力

市场需求变化：随着消费者需求的日益个性化和多样化，传统业务模式已难以满足市场需求。数字化转型能够帮助企业更加精准地把握市场动态，灵活调整业务策略，满足消费者的多样化需求。

技术创新推动：云计算、大数据、人工智能、物联网等新一代信息技术的迅猛发展，为企业数字化转型提供了强有力的技术支持。这些技术的应用不仅提高了企业的运营效率，还为企业带来了全新的业务模式和服务方式。

竞争格局演变：在数字化时代，企业之间的竞争已经不再是简单的产品竞争，而是转变为基于数据、技术和创新能力的全方位竞争。数字化转型成为企业保持竞争力的关键手段。

（三）行业内数字化转型的进展

电子行业作为全球分工最深化的产业之一，其数字化转型进程也备受关注。面对跨国多工厂、多语音、多时区、多币种结算等挑战，电子行业企业通过数字化手段实现了统一作业标准、技术标准、质量标准。同时，电子行业企业还积极引入各种信息系统以适应行业发展，如MES、WMS、SRM、QMS等系统，实现了数据的互联互通和高效协同。然而，电子行业企业在数字化转型过程中也面临诸多挑战。例如，大多电子制造企业重视战术而忽略战略，导致信息化发展滞后；投入资源建设信息系统但缺乏集成整合；信息化响应速度及企业对变革响应速度无法迎合时代变化等。为了解决这些问题，电子行业企业需要制定明确的数字化转型战略，加强信息系统的集成整合，提高信息化响应速度和变革响应能力。

中小企业作为国民经济的重要组成部分，其数字化转型也具有重要意义。然而，由于资源有限、技术能力不足等原因，中小企业在数字化转型过程中面临诸多困难。为了推动中小企业数字化转型，政府和相关机构出台了一系列政策措施，如提供财政支持、建立数字化服务平台等。同时，一些领先的数字化服务商也积极为中小企业提供数字化转型解决方案和服务，帮助中小企业实现提质降本增效。

（四）数字化转型的挑战与对策

数字化转型虽然为企业带来了诸多机遇，但也面临着诸多挑战。例如，数据安全、隐私保护、技术更新迭代等问题都需要企业加强关注和应对。为了克服这些挑战，企业需要提升自身的技术创新和研发能力，同时与合作伙伴、供应商等建立紧密的合作关系，共同推动数字化转型的深入发展。

二、行业内数字化转型的难点与挑战

（一）概述

随着信息技术的飞速发展，数字化转型已成为全球各行业发展的必然趋势。然而，在数字化转型的道路上，企业并非一帆风顺，面临着诸多难点与挑战。

（二）数字化转型的难点

数字化转型的首要难点在于技术。企业需要引入云计算、大数据、人工智能、物联网等新一代信息技术，并对其进行深度整合和应用。然而，这些技术的复杂性和高要求使得许多企业在技术选型、实施和维护方面面临巨大挑战。同时，随着技术的不断更新换代，企业还需要持续投入资源进行技术升级和改造，以保持竞争力。数字化转型的核心在于数据。然而，企业在数据收集、处理、分析和应用等方面面临着诸多挑战。首先，企业数据往往分散在各个部门和系统中，难以实现统一管理和有效利用。其次，数据质量参差不齐，存在大量冗余、错误和缺失数据，影响数据分析的准确性和可靠性。此外，数据安全和隐私保护问题也是企业在数字化转型过程中需要重点关注的难点。

数字化转型不仅是技术层面的变革，更是组织层面的深刻变革。企业需要打破传统的组织架构和业务流程，建立适应数字化时代的新型组织结构和业务流程。然而，这一过程中往往面临着来自员工、管理层和股东等多方面的阻力和压力。同时，新型组织结构对员工的技能和素质提出了更高要求，企业需要通过培训和人才引进等方式加强员工能力建设。数字化转型需要企业树立全新的价值观和思维方式。然而，在传统的企业文化中，往往存在着保守、僵化等不利因素，这些因素阻碍了企业的数字化转型进程。企业需要通过宣传、教育和示范等方式引导员工树立正确的价值观和思维方式，同时建立有利于数字化转型的激励机制和考核体系。

（三）数字化转型的挑战

许多企业在数字化转型过程中缺乏明确的战略定位，导致转型方向不明确，目标不清晰，使企业在转型过程中迷失方向，浪费大量资源和时间。因此，企业在数字化转型前需要明确自身的战略定位和发展目标，确保转型方向与战略目标保持一致。数字化转型需要企业各部门之间的紧密协同和配合。然而，在实际操作中，由于部门利益、职责划分和沟通机制等方面的原因，企业往往面临着跨部门协同困难的挑战，这可能导致企业在转型过程中出现信息孤岛、流程断裂等问题，影响转型效果。因此，企业需要加强部门之间的沟通和协作，建立有效的协同机制，确保转型工作的顺利进行。

数字化转型需要大量的资金投入，包括技术引进、人才培养、设备购置等方面的费用。然而，许多企业在数字化转型过程中面临着资金短缺的问题，导致转型工作难以顺利进行。因此，企业需要根据自身的实际情况制定合理的数字化转型预算，并积极寻求外部资金支持，确保转型工作的顺利进行。在数字化时代，企业之间的竞争已经转变为基于数据、技术和创新能力的全方位竞争。数字化转型成为企业保持竞争力的关键手段。然而，在数字化转型过程中，企业往往面临着来自竞争对手的压力和挑战。因此，企业需要密切关注市场动态和竞争对手的动向，及时调整自身的战略和业务模式，确保在激烈的市场竞争中立于不败之地。

（四）应对策略

企业需要明确自身的战略定位和发展目标，并据此制定明确的数字化转型战略，这有助于企业明确转型方向和目标，确保转型工作的顺利进行。企业需要加强组织建设和人才培养工作，建立适应数字化时代的新型组织结构和业务流程，并加强员工的能力建设，这有助于企业提高组织效率和员工素质，为数字化转型提供有力支持。

企业需要加强部门之间的沟通和协作，建立有效的协同机制，这有助于企业打破信息孤岛和流程断裂等问题，提高协同效率和工作质量。企业需要加大资金投入和寻求外部支持，确保数字化转型工作的顺利进行。同时，企业还需要注重成本控制和风险管理，确保数字化转型的可持续发展。

三、行业内数字化转型对企业财务管理的影响

（一）概述

随着信息技术的飞速发展，数字化转型已成为全球各行业发展的必然趋势。在这一浪潮中，企业财务管理作为企业的核心管理活动之一，也受到了深远的影响。数字化转型不仅改变了企业财务管理的手段和方法，更

重塑了财务管理的理念和模式。

（二）数字化转型对企业财务管理的直接影响

　　数字化转型使得企业能够收集和处理大量的数据，为决策制定提供了更加准确和实时的信息。在财务管理中，数字化转型的影响主要体现在实时数据分析、预测分析和风险管理等方面。通过大数据分析，财务人员能够实时掌握企业的财务状况，预测未来的财务趋势，为企业的战略决策提供有力支持。同时，数字化技术还能帮助企业更好地识别和管理风险，降低潜在的财务风险。例如，某大型制造业企业在数字化转型过程中，建立了完善的数据分析系统，实现了对财务数据的实时监控和预警。通过该系统，企业能够及时发现财务异常和风险点，并采取相应的措施进行防范和应对，不仅提高了企业的财务管理效率，也增强了企业的风险抵御能力。

　　数字化转型使得财务管理的许多重复性工作可以通过自动化和智能化的方式完成，提高了工作效率和准确性。自动化会计处理、智能审计和自动化税务处理等应用，使得财务人员能够从烦琐的工作中解脱出来，专注于更有价值的财务分析和管理活动。据IDC的数据显示，全球企业数字化转型的支出金额预计将在2021年达到2.5万亿美元。其中，财务管理作为数字化转型的重要领域之一，也获得了大量的投资。这些投资不仅推动了财务管理技术的升级换代，也促进了财务管理模式的创新和变革。

　　数字化转型推动了电子支付和数字货币的发展，对财务管理产生了重要影响。企业可以通过电子支付方式快速、安全地完成交易，提高资金流动性。同时，数字货币的使用也为企业带来了新的机遇和挑战。数字货币的匿名性、去中心化等特点使得企业在进行跨境支付和资金转移时更加便捷和高效。然而，数字货币的波动性和监管风险也要求企业在使用时需要谨慎评估和应对。

（三）数字化转型对企业财务管理的间接影响

　　数字化转型要求企业打破传统的组织架构和业务流程，建立适应数字化时代的新型组织结构和业务流程，这要求企业重新设计财务管理流程和岗位设置，以适应数字化技术的应用和发展。通过优化组织架构和业务流程，企业能够提高财务管理的效率和准确性，降低运营成本。数字化转型不仅改变了企业的技术手段和管理方法，更重塑了企业的文化和价值观。在数字化时代，企业需要树立以客户为中心、以数据为驱动的经营理念，注重创新和协作。这种变革要求财务人员不仅要具备专业的财务知识，还需要具备数字化技术和创新思维。因此，企业需要加强员工的培训和人才引进工作，以适应数字化转型的要求。

（四）应对策略和建议

面对数字化转型的挑战和机遇，企业需要采取积极的应对策略。首先，企业需要明确自身的战略定位和发展目标，并据此制定明确的数字化转型战略。其次，企业需要加强组织建设和人才培养工作，建立适应数字化时代的新型组织结构和业务流程。同时，企业还需要注重数据安全和隐私保护问题，确保数字化转型的可持续发展。

此外，企业还可以借助外部力量来推动数字化转型的进程。例如，企业可以与数字化服务商合作，共同开发适应企业需求的财务管理系统和解决方案。同时，企业还可以参加行业内的数字化转型研讨会和交流活动，了解最新的技术趋势和行业动态。

第四节　企业数字化转型的紧迫性

一、市场环境的变化要求企业加快数字化转型

（一）概述

在全球化与信息化的双重推动下，市场环境正经历着前所未有的变革。

技术进步、消费者需求多样化、竞争加剧等因素共同作用于市场，使得企业必须快速适应这些变化以保持竞争力。数字化转型作为应对市场环境变化的重要手段，已成为企业实现持续发展的重要战略选择。

（二）市场环境变化的特点

随着人工智能、大数据、云计算等新一代信息技术的迅猛发展，技术进步已成为推动市场环境变化的关键因素。这些技术不仅提高了企业的生产效率，也改变了消费者的生活方式和消费习惯。企业需要紧跟技术发展的步伐，通过数字化转型提升自身竞争力。

在信息技术高度发达的今天，消费者获取信息更加便捷，需求也呈现出多样化、个性化的特点。企业需要更加关注消费者的需求变化，通过数字化转型优化产品和服务，满足消费者的个性化需求。

全球化使得企业面临更加激烈的竞争。国内外企业纷纷加大投入，提高产品和服务质量，降低成本，以争夺市场份额。在这种背景下，企业需要加快数字化转型，提高运营效率和管理水平，以应对竞争压力。

（三）数字化转型的必要性

数字化转型可以优化企业的业务流程和管理模式，实现数据的实时共享和分析，提高决策效率和准确性。通过自动化和智能化技术的应用，企业可以降低成本，提高生产效率和产品质量。数字化转型可以帮助企业更好地了解消费者需求和市场趋势，优化产品和服务，提高客户满意度。通过数据分析和挖掘，企业可以发现新的市场机会和增长点，实现业务创新和升级。

数字化转型可以提高企业的竞争力和适应能力，使企业在面对市场变化和竞争压力时更加从容应对。通过数字化转型，企业可以建立更加紧密的供应链和客户关系，实现资源的优化配置和共享。

（四）数字化转型的实施策略

企业在实施数字化转型前，需要明确转型的目标和愿景。这包括确定数字化转型的战略方向、目标市场和目标客户等。通过明确转型目标，企业可以确保数字化转型的方向正确，避免盲目跟风或偏离自身发展实际。企业需要制订详细的数字化转型计划，包括时间表、预算、人员配置等。计划应该具有可操作性和可衡量性，以确保数字化转型的顺利进行和取得实效。同时，企业还需要对计划进行定期评估和调整，以适应市场环境的变化和企业发展的需求。

数字化转型需要专业的团队来推动和实施。企业需要组建一支具备数字化技能和业务知识的专业团队，负责数字化转型的规划、实施和管理。同时，企业还需要加强员工的培训和教育，提高员工的数字化素养和业务能力。企业需要积极引入先进的数字化技术，包括人工智能、大数据、云计算等。这些技术可以帮助企业提高运营效率和管理水平，优化产品和服务，增强企业的竞争力和适应能力。同时，企业还需要关注技术的发展趋势和前沿动态，不断更新和优化自身的技术体系。

数字化转型需要企业与其他企业和机构建立紧密的合作关系，共同推动数字化转型的进程。企业可以通过与供应商、客户、合作伙伴等建立数字化生态链，实现资源的共享和优化配置。同时，企业还可以与高校、研究机构等建立产学研合作关系，共同开展数字化技术的研发和应用。

二、客户需求的变化要求企业提升数字化能力

（一）概述

在数字化时代，客户需求的变化呈现出多样化和个性化的特点，这对企业的运营模式和管理能力提出了新的挑战。为了满足客户需求的变化，企业必须提升数字化能力，以更好地捕捉市场机遇，优化产品与服务，提高客户满意度。

（二）客户需求变化的特点

随着市场竞争的加剧和消费者需求的多样化，客户对产品和服务的要

求越来越高。他们不再满足于单一的产品功能或服务内容，而是追求更加个性化、定制化的体验，这就要求企业能够深入了解客户需求，提供符合其个性化需求的产品和服务。在数字化时代，客户的需求变化速度越来越快。新技术、新应用、新模式的不断涌现，使得客户对产品和服务的需求也在不断变化，这就要求企业能够紧跟市场趋势，及时调整产品和服务，以满足客户快速变化的需求。

客户对产品和服务的互动需求越来越高，他们不仅关注产品和服务的功能和性能，还关注在购买和使用过程中的体验和感受，这就要求企业能够提供更加便捷、高效、互动的购买和使用体验，增强客户与企业的联系和互动。

（三）提升数字化能力的必要性

提升数字化能力可以帮助企业更深入地了解客户需求，提供更加个性化、定制化的产品和服务。通过数字化手段，企业可以收集和分析客户数据，了解客户的行为和偏好，从而为客户提供更加精准的产品推荐和服务方案。数字化能力可以帮助企业优化业务流程和管理模式，提高运营效率。通过引入先进的数字化技术，企业可以实现自动化、智能化的生产和管理，降低成本、提高生产效率。同时，数字化能力还可以帮助企业实现数据的实时共享和分析，提高决策效率和准确性。

提升数字化能力是企业在市场竞争中保持优势的重要手段。随着市场竞争的加剧和客户需求的变化，企业必须不断提升自身的数字化能力，以更好地适应市场变化、满足客户需求。只有具备强大的数字化能力，企业才能在激烈的市场竞争中立于不败之地。

（四）提升数字化能力的实施策略

提升数字化能力首先需要企业树立数字化思维。数字化思维是指将数字化技术融入企业运营和管理的全过程，从战略、组织、文化等方面全面推动数字化转型。企业需要引导员工树立数字化思维，积极拥抱数字化技术，形成全员参与、共同推动数字化转型的良好氛围。企业需要制定明确的数字化战略，明确数字化转型的目标、路径和重点。数字化战略应该与企业的发展战略紧密结合，确保数字化转型与企业整体战略保持一致。同时，数字化战略还需要具有可操作性和可衡量性，以便在实施过程中进行监测和评估。

提升数字化能力需要企业加强人才培养和引进。企业需要积极引进具备数字化技能和业务知识的专业人才，为数字化转型提供有力的人才支持。同时，企业还需要加强员工的培训和教育，提高员工的数字化素养和业务能力，使员工能够更好地适应数字化转型的要求。

企业需要积极引入先进的数字化技术，包括大数据、人工智能、云计算等，这些技术可以帮助企业更好地了解客户需求、优化产品和服务、提高运营效率。同时，企业还需要关注技术的发展趋势和前沿动态，不断更新和优化自身的技术体系。

提升数字化能力需要企业优化业务流程和管理模式。企业需要利用数字化技术实现业务流程的自动化和智能化，提高生产效率和质量。同时，企业还需要优化管理模式，建立更加灵活、高效的管理体系，以适应市场变化和客户需求的变化。企业需要加强客户互动和体验，提高客户满意度。通过数字化手段，企业可以建立更加便捷、高效、互动的购买和使用体验，增强客户与企业的联系和互动。同时，企业还需要关注客户反馈和意见，及时改进产品和服务，提高客户满意度和忠诚度。

三、竞争压力迫使企业加快数字化转型步伐

（一）概述

在全球化、信息化和网络化的背景下，企业面临着前所未有的竞争压力。技术的飞速发展、市场的快速变化以及消费者需求的日益个性化，都

使得企业必须迅速适应新的市场环境，以保持其竞争力。数字化转型作为应对这些挑战的重要手段，正被越来越多的企业所重视。

（二）竞争压力的特点

随着人工智能、大数据、云计算等新一代信息技术的迅猛发展，技术进步已经成为推动市场竞争的关键因素。新技术的出现不仅改变了企业的生产方式，也重塑了市场结构和竞争格局。企业如果不能跟上技术发展的步伐，就很可能在竞争中落后。市场环境的变化速度越来越快，新产品、新服务、新模式的不断涌现，使得企业必须不断调整自身的战略和业务模式，以适应市场的变化，这种快速变化的市场环境要求企业具备更高的灵活性和适应性。

消费者需求的个性化使得企业面临更大的挑战。消费者不再满足于千篇一律的产品和服务，而是追求更加符合自己需求和喜好的定制化产品。企业需要深入了解消费者的需求，提供更加个性化的产品和服务，以赢得消费者的青睐。

（三）数字化转型的必要性

数字化转型可以帮助企业优化业务流程、提高生产效率、降低成本，从而提高企业的竞争力。通过引入先进的数字化技术，企业可以实现自动化、智能化的生产和管理，提高决策效率和准确性，这些优势将使企业在市场竞争中占据更有利的位置。数字化转型可以帮助企业更好地了解市场需求和消费者偏好，从而提供更加符合市场需求的产品和服务。通过数据分析和挖掘，企业可以发现新的市场机会和增长点，为企业的持续发展提供有力支持。

数字化转型可以提升客户体验，增强客户忠诚度。通过数字化手段，企业可以提供更加便捷、高效、个性化的服务，提高客户满意度。同时，数字化技术还可以帮助企业建立更加紧密的客户关系，实现与客户的实时互动和反馈。

（四）数字化转型的实施策略

企业需要制定明确的数字化转型战略，明确转型的目标、路径和重点，数字化转型战略应该与企业的整体战略保持一致，确保转型过程与企业的发展目标相契合。同时，战略还需要具有可操作性和可衡量性，以便在实施过程中进行监测和评估。数字化转型需要企业领导层的坚定支持和推动。企业需要成立专门的数字化转型领导小组，负责统筹协调转型过程中的各项工作。同时，企业还需要加强人才队伍建设，引进和培养具备数字化技能和业务知识的专业人才，为数字化转型提供有力的人才保障。

企业需要积极引入先进的数字化技术，包括大数据、人工智能、云计算等，这些技术可以帮助企业更好地了解客户需求、优化产品和服务、提高运营效率。在引入技术的同时，企业还需要关注技术的安全性和稳定性，确保数字化转型的顺利进行。

数字化转型需要企业优化业务流程和管理模式。企业需要利用数字化技术实现业务流程的自动化和智能化，提高生产效率和质量。同时，企业还需要优化管理模式，建立更加灵活、高效的管理体系，以适应市场变化和客户需求的变化。

数字化转型过程中，企业需要加强数据治理和信息安全工作。企业需要建立完善的数据管理制度和信息安全体系，确保数据的准确性和安全性。同时，企业还需要加强员工的数据安全意识教育，提高员工对数据安全的重视程度。

（五）预期效果

通过加快数字化转型步伐，企业可以取得以下预期效果：提高生产效率和质量，降低生产成本；更好地满足市场需求和消费者需求，提高客户满意度；优化业务流程和管理模式，提高管理效率；提升企业的竞争力和市场地位；为企业的持续发展和创新提供有力支持。

四、技术发展的推动促使企业积极拥抱数字化

（一）概述

随着科技的飞速发展，技术革新已经成为推动社会进步和企业发展的核心动力。特别是近年来，以互联网、大数据、人工智能、云计算等为代表的新兴技术不断涌现，深刻改变了人们的生产生活方式，同时也对企业的经营模式和管理方式产生了深远的影响。技术发展的推动，使得越来越多的企业开始积极拥抱数字化，以适应新技术带来的变革和挑战。

（二）技术发展的特点

技术发展具有显著的创新性。新技术、新应用、新模式的不断涌现，使得企业能够不断探索新的业务领域和增长点。创新性的技术发展为企业提供了更多的可能性，使得企业能够在激烈的市场竞争中脱颖而出。新技术发展呈现出融合性的特点。互联网、大数据、人工智能、云计算等技术的融合，使得企业可以更加灵活地运用各种技术，实现业务模式的创新和优化。同时，各项技术的融合也促进了不同行业之间的跨界合作和共赢。

技术发展的普惠性使得更多的企业能够享受到技术带来的红利。随着技术的不断普及和成本的降低，中小企业也能够利用先进技术提升自身竞争力，实现跨越式发展。

（三）企业拥抱数字化的必要性

数字化技术可以帮助企业实现业务流程的自动化和智能化，提高生产效率和质量。通过引入先进的数字化技术，企业可以优化生产流程、降低生产成本、提高产品质量，从而提升企业的竞争力。

数字化技术为企业提供了更多的市场渠道和营销手段。通过电子商务、社交媒体等数字化平台，企业可以更加便捷地与消费者进行互动和交流，拓展市场份额和提升品牌影响力。随着消费者需求的日益个性化，企业需要提

供更加精准、个性化的产品和服务，数字化技术可以帮助企业收集和分析客户数据，了解客户需求和偏好，从而提供更加符合客户需求的产品和服务。

市场环境的快速变化要求企业必须具备高度的灵活性和适应性。数字化技术可以帮助企业实时监测市场动态和竞争态势，及时调整战略和业务模式，以适应市场的变化。

（四）企业拥抱数字化的实施策略

企业需要制定明确的数字化战略，明确数字化转型的目标、路径和重点。数字化战略应该与企业的整体战略保持一致，确保数字化转型与企业的发展目标相契合。同时，战略还需要具有可操作性和可衡量性，以便在实施过程中进行监测和评估。数字化转型需要企业领导层的坚定支持和推动。企业需要成立专门的数字化转型领导小组，负责统筹协调转型过程中的各项工作。同时，企业还需要加强人才队伍建设，引进和培养具备数字化技能和业务知识的专业人才，为数字化转型提供有力的人才保障。

企业需要积极引入先进的数字化技术，包括大数据、人工智能、云计算等。这些技术可以帮助企业更好地了解客户需求，优化产品和服务，提高运营效率。在引入技术的同时，企业还需要关注技术的安全性和稳定性，确保数字化转型的顺利进行。数字化转型需要企业优化业务流程和管理模式。企业需要利用数字化技术实现业务流程的自动化和智能化，提高生产效率和质量。同时，企业还需要优化管理模式，建立更加灵活、高效的管理体系，以适应市场变化和客户需求的变化。

数字化转型过程中，企业需要加强数据治理和信息安全工作。企业需要建立完善的数据管理制度和信息安全体系，确保数据的准确性和安全性。同时，企业还需要加强员工的数据安全意识教育，提高员工对数据安全的重视程度。

（五）预期效果

企业积极拥抱数字化将带来以下预期效果：提高生产效率和质量，降低生产成本；拓展市场渠道，提升品牌影响力；满足客户个性化需求，提高客户满意度；应对市场变化，增强企业的灵活性和适应性；为企业的持续发展和创新提供有力支持。

第五节　对传统财务管理的挑战与机遇

一、数字化对传统财务管理模式的冲击

（一）概述

随着信息技术的飞速发展，数字化已经成为当今时代的重要特征。数字化不仅改变了人们的日常生活方式，也深刻影响着企业的运营模式和管理方式。财务管理作为企业管理的核心环节，也面临着数字化带来的巨大冲击。

（二）数字化与财务管理的关系

在数字化时代，企业的运营数据呈现出爆炸式增长态势，而数字化技术则为这些数据的收集、处理和分析提供了强大的支持。财务管理作为处理和分析企业经济数据的核心部门，自然与数字化技术密不可分。数字化技术的应用使得财务管理更加高效、准确和便捷，同时也为财务管理模式的创新提供了可能。

（三）数字化对传统财务管理模式的冲击

传统财务管理模式主要依赖于手工操作和纸质文档，数据处理效率相对低下且容易出错，而数字化技术的应用使得财务数据可以实时、自动地收集、整理和分析，大大提高了数据处理的效率和准确性。此外，数字化技术还可以实现数据的可视化展示，使得财务数据更加直观易懂。传统财务管理模式在决策支持方面存在诸多局限性，如数据收集不全、分析不准确等，而数字化技术可以为企业提供更全面、更准确的数据支持，使得财

务决策更加科学、合理。此外，数字化技术还可以利用大数据分析等技术手段，预测市场趋势和潜在风险，为企业制定更加精准的财务策略提供支持。

传统财务管理模式在业务流程方面存在诸多烦琐的环节和冗余的步骤，导致工作效率低下。而数字化技术可以通过自动化、智能化的手段，优化财务业务流程，减少人工干预和错误率。例如，数字化技术可以实现电子发票的自动识别和报销、财务审批流程的自动化等，大大提高了财务工作的效率和准确性。传统财务管理模式在风险管理方面主要依赖于经验和直觉，缺乏科学的方法和手段。而数字化技术可以利用大数据、人工智能等技术手段，对企业面临的各种风险进行量化分析和预测，为风险管理提供更加科学、精准的支持。此外，数字化技术还可以实现风险信息的实时监控和预警，帮助企业及时发现和应对潜在风险。

传统财务管理模式通常采用层级分明的组织架构，导致信息传递不畅、决策效率低下，而数字化技术的应用使得财务管理部门可以更加灵活地与其他部门协作和沟通，打破了传统的组织界限。此外，数字化技术还可以实现远程办公和移动办公等新型工作模式，使得财务管理人员可以更加灵活地安排工作时间和地点，提高了工作的灵活性和便捷性。

（四）数字化对财务管理模式的深远影响

随着数字化技术的不断发展和应用，财务管理将逐渐实现智能化、自动化。例如，利用人工智能技术进行财务预测和决策支持、利用区块链技术实现财务数据的去中心化存储和传输等。这些智能化、自动化的技术手段将进一步提高财务管理的效率和准确性，降低企业的运营成本。数字化技术的应用使得财务管理与业务管理之间的界限越来越模糊。财务管理部门可以更加深入地了解企业的业务运营情况，为业务决策提供有力支持；同时，业务部门也可以更加关注财务数据和指标，为财务管理提供更加丰富、准确的数据支持。这种深度融合将促进企业的整体运营效率和管理水平的提升。

财务管理作为企业管理的核心环节之一，其数字化转型将推动企业整体向数字化转型。随着财务管理模式的变革和创新，企业的其他部门和业务也将逐渐实现数字化转型。这种数字化转型将使得企业更加适应数字化时代的需求和挑战，提高企业的竞争力和市场地位。

二、数字化为财务管理带来的创新空间

（一）概述

随着信息技术的迅猛发展，数字化已成为推动社会进步和企业发展的重要力量。在财务管理领域，数字化技术的应用不仅极大地提高了数据处理效率和准确性，还为财务管理带来了前所未有的创新空间。

（二）技术革新：数字化技术的广泛应用

云计算技术为财务管理提供了强大的数据存储和处理能力。企业可以通过云计算平台实现财务数据的集中存储和高效处理，降低信息技术成本，提高数据安全性。同时，大数据技术使得企业能够深入挖掘财务数据中的价值，为财务决策提供有力支持。人工智能（AI）和机器学习技术在财务管理中的应用日益广泛。这些技术可以自动化处理大量重复性任务，如发票识别、数据录入等，减轻财务人员的工作负担。此外，人工智能技术还可以通过分析历史财务数据，预测未来财务趋势和风险，为企业的财务规划提供有力支持。

区块链技术以其去中心化、透明、可追溯的特点，为财务管理提供了新的解决方案。通过区块链技术，企业可以实现财务数据的实时共享和验证，提高财务数据的安全性和可信度。同时，区块链技术还可以用于智能合约的编写和执行，降低合同执行成本和风险。

（三）管理创新：优化财务流程与决策支持

数字化技术的应用使得财务流程自动化成为可能。通过引入先进的财务管理软件和系统，企业可以实现发票审批、报销、付款等流程的自动化处理，提高财务工作的效率和准确性。同时，自动化处理还可以减少人为错误和欺诈行为的发生。数字化技术使得企业可以实时监控财务状况并生成报告。通过财务管理系统和数据分析工具，企业可以实时查看财务数据、分析财务趋势并预测未来变化，这种实时监控和报告能力有助于企业及时发现问题并采取相应措施，降低财务风险。

数字化技术为财务决策提供了强大的支持。通过引入先进的财务决策支持系统（DSS），企业可以利用大数据、人工智能等技术手段进行财务预测、风险评估和方案优化等决策支持工作，这些系统可以根据企业的实际情况和需求进行定制开发，为企业提供更加科学、合理的财务决策支持。

（四）服务升级：提升客户体验与满意度

数字化技术使得企业能够为客户提供更加个性化的财务服务。通过收集和分析客户数据，企业可以了解客户的需求和偏好，并为客户提供定制化的财务解决方案，这种个性化服务有助于提升客户满意度和忠诚度。数字化技术还使得客户可以更加便捷地获取财务信息和服务。通过引入自助式财务服务平台和移动应用程序等渠道，客户可以随时随地查询账户信息、进行交易和支付等操作，这种自助式服务不仅提高了客户的便捷性和满意度，还降低了企业的服务成本。

人工智能技术的应用使得企业可以提供更加智能的客服和咨询服务。通过智能客服系统和在线聊天机器人等工具，企业可以为客户提供24小时不间断的财务咨询和解答服务，这些智能工具可以快速响应客户需求并提供专业建议，提高客户满意度和信任度。

三、挑战与机遇并存下的财务管理应对策略

（一）概述

在数字化浪潮的推动下，财务管理领域正经历着前所未有的变革。随

着技术的快速发展，财务管理面临着诸多挑战，如数据安全、技术更新、人才短缺等。然而，这些挑战也孕育着巨大的机遇，如效率提升、决策优化、服务创新等。因此，如何在挑战与机遇并存的环境下制定有效的财务管理应对策略，成为企业亟待解决的问题。

（二）挑战分析

随着数字化程度的加深，企业财务数据面临着日益严重的安全风险。网络攻击、数据泄露等事件时有发生，给企业的财务安全带来严重威胁。如何确保财务数据的安全性和完整性，成为财务管理面临的重要挑战。财务管理技术的不断更新换代，要求企业不断跟进和学习新技术。然而，新技术的引入往往伴随着高昂的成本和复杂的操作流程，这对企业的财务投入和管理能力提出了较高要求。如何在技术更新与成本控制之间找到平衡点，是财务管理面临的又一挑战。

随着数字化技术的发展，对财务管理人才的要求也在不断提高。然而，目前市场上具备数字化技能和财务管理知识的复合型人才相对匮乏，这给企业的财务管理带来了人才短缺的挑战。如何培养和引进优秀人才，成为企业应对挑战的关键。

（三）机遇识别

数字化技术的应用使得财务管理流程更加自动化和智能化，从而提高了工作效率。通过引入先进的财务管理软件和系统，企业可以实现财务数据的快速处理和分析，降低人为错误率，提高财务决策的准确性和时效性。这种效率提升有助于企业更好地应对市场变化和竞争挑战。

数字化技术为财务管理提供了丰富的数据支持和分析工具，使得企业能够更加准确地预测市场趋势和评估风险。通过大数据分析、人工智能等技术手段，企业可以对海量财务数据进行深入挖掘和分析，发现潜在的商业机会和风险点，为企业的财务决策提供有力支持，这种决策优化有助于企业制定更加科学、合理的财务策略，提高企业的竞争力和市场地位。

数字化技术的应用还为企业提供了创新服务的机会。通过引入自助式财务服务平台、移动应用程序等渠道，企业可以为客户提供更加便捷、个性化的财务服务体验，这种服务创新有助于提升客户满意度和忠诚度，增强企业的品牌影响力和市场竞争力。

（四）应对策略

为了应对数据安全挑战，企业应加强数据安全防护工作。首先，建立健全的数据安全管理制度和流程，明确数据安全管理责任和要求；其次，采用先进的数据加密、备份和恢复技术，确保财务数据的安全性和完整性；最后，加强员工的数据安全意识培训和教育，提高员工对数据安全的重视程度和防范能力。为了应对技术更新挑战并抓住技术带来的机遇，企业应加大技术投入和创新力度。首先，关注财务管理技术的最新动态和发展趋势，及时引进和应用新技术；其次，加强技术研发和创新能力建设，推动财务管理技术的不断创新和升级；最后，建立技术人才培养和引进机制，为企业的技术创新提供有力的人才保障。

为了应对人才短缺挑战并抓住人才带来的机遇，企业应加强人才培养和引进工作。首先，加强内部人才培养和选拔机制建设，鼓励员工不断学习和提升数字化技能和财务管理知识；其次，积极引进外部优秀人才，特别是具备数字化技能和财务管理知识的复合型人才；最后，建立良好的企业文化和激励机制，为人才的发展和成长提供有力的支持和保障。为了全面应对挑战并抓住机遇，企业应积极推动财务管理的数字化转型。首先，明确数字化转型的目标和路径规划，制定详细的实施方案和时间表；其次，加强数字化基础设施建设和应用推广，确保数字化转型的顺利实施；最后，建立数字化财务管理团队和机制，为数字化转型提供有力的组织保障和人才支持。

四、如何利用数字化机遇提升财务管理水平

（一）概述

在信息化、数字化快速发展的时代背景下，财务管理作为企业管理的核心部分，正面临着前所未有的变革机遇。数字化技术的广泛应用，不仅为企业提供了更高效的数据处理能力，也为财务管理带来了更为精准、便捷的决策支持工具。因此，如何利用数字化机遇提升财务管理水平，成为企业亟须解决的问题。

（二）数字化对财务管理的影响

数字化技术的应用使得财务数据能够快速、准确地被收集、整理和分析。传统的纸质单据和手工录入方式被电子化的数据管理系统所取代，大大提高了数据处理效率，减少了人为错误和重复劳动。

数字化技术可以优化财务流程，实现自动化处理。例如，通过电子发票、电子支付等方式，可以简化交易流程，提高资金周转效率。同时，自动化的审批和报告系统可以加速决策过程，提高管理效率。

数字化技术可以加强财务风险防控能力。通过大数据分析，企业可以实时监控财务状况，发现潜在风险并及时采取措施。此外，区块链技术的应用也可以提高财务数据的透明度和可信度，降低欺诈风险。

（三）数字化财务管理的优势

数字化财务管理系统可以为企业提供丰富的数据支持和分析工具，帮助企业更加准确地预测市场趋势，评估投资风险并优化财务决策有助于企业制定更加科学、合理的财务策略，提高企业的竞争力和市场地位。数字化财务管理系统可以为客户提供更加便捷、个性化的服务体验。通过自助式财务服务平台和移动应用程序等渠道，客户可以随时随地查询账户信息、进行交易和支付等操作，这种便捷性不仅提高了客户满意度和忠诚度，也

为企业赢得了更多的客户资源。

数字化技术的应用可以降低企业的财务成本。通过自动化处理和数据分析工具的应用，企业可以减少人工干预和纸质单据的使用量，降低运营成本。同时，精准决策也有助于企业优化资源配置，提高资金使用效率。

（四）实施数字化财务管理的策略

企业在实施数字化财务管理之前，应制定明确的战略规划。明确数字化财务管理的目标、任务和实施路径，为实施过程提供指导。同时，应充分考虑企业的实际情况和市场需求，确保战略规划的可行性和有效性。企业应积极引进先进的数字化技术，包括云计算、大数据、人工智能、区块链等，这些技术可以为财务管理提供强大的支持，提高数据处理效率和准确性，优化财务流程和决策支持能力。

企业应建立完善的数字化财务管理系统，包括财务管理软件、数据分析工具、风险防控系统等。这些系统应能够覆盖企业的所有财务活动，实现数据的实时共享和监控，确保财务数据的准确性和完整性。

企业应加强数字化财务管理人才的培养和引进工作。通过内部培训和外部招聘等方式，为企业培养一支具备数字化技能和财务管理知识的复合型人才队伍。同时，企业应建立激励机制和晋升通道，鼓励员工不断学习和提升数字化技能。

在实施数字化财务管理过程中，企业应注重数据安全和隐私保护。加强数据加密、备份和恢复技术的应用，确保财务数据的安全性和完整性。同时，应遵守相关法律法规和行业标准，保护客户隐私和信息安全。

五、传统财务管理如何适应数字化转型的要求

（一）概述

随着信息技术的迅猛发展，数字化转型已成为企业提升竞争力、实现持续发展的必然选择。财务管理作为企业管理的重要组成部分，也面临着数字化转型的迫切要求。传统财务管理模式在数据处理、流程管理、决策支持等方面存在诸多局限性，难以适应数字化时代的需求。因此，如何使传统财务管理适应数字化转型的要求，成为当前企业财务管理面临的重要课题。

（二）传统财务管理的局限性

在传统财务管理模式下，数据处理主要依赖于人工操作，导致处理效率低下、错误率高。同时，纸质单据的存储和查询也带来了诸多不便，无法满足快速响应市场需求的要求。传统财务管理流程复杂烦琐，涉及多个环节和部门，导致审批周期长、决策效率低。同时，由于流程的不透明性，容易导致信息不对称和沟通障碍。

传统财务管理模式缺乏先进的数据分析工具和方法，难以对海量数据进行深入挖掘和分析，导致决策支持能力不足。此外，由于缺乏对市场趋势的准确预测能力，企业难以制定有效的财务策略。

（三）数字化转型对财务管理的要求

数字化转型要求财务管理以数据为核心，通过大数据、人工智能等技术手段，实现数据的实时收集、处理和分析，为决策提供有力支持。数字化转型要求财务管理流程实现自动化和智能化，通过引入先进的财务管理软件和系统，简化流程、提高审批效率，降低人为错误率。数字化转型要求财务管理与其他部门实现跨部门协同和信息共享，打破信息孤岛，提高管理效率和响应速度。

（四）传统财务管理适应数字化转型的策略

首先，传统财务管理需要更新管理理念，树立以数据为核心的管理思想。要认识到数据在财务管理中的重要作用，通过数据分析来优化财务决策，提高管理效率。同时，要关注市场变化和技术发展趋势，及时调整财务管理策略。加强信息化建设是传统财务管理适应数字化转型的关键。要引进先进的财务管理软件和系统,实现财务数据的电子化、自动化处理。同时,要加强与业务部门的沟通协作,实现跨部门数据共享和协同工作。此外,还要关注信息安全问题,加强数据保护和风险防范措施。

  数字化转型对财务管理人才提出了更高的要求。企业需要加强数字化人才的培养和引进工作,培养一支具备数字化技能和财务管理知识的复合型人才队伍。同时,要建立激励机制和晋升通道,鼓励员工不断学习和提升数字化技能。优化财务管理流程是提高管理效率的关键。企业要对现有财务管理流程进行梳理和分析,找出存在的问题和瓶颈,然后通过引入先进的财务管理软件和系统,简化流程、提高审批效率。同时,要加强流程监控和风险控制,确保财务管理流程的规范性和有效性。

  为了提高决策支持能力,企业需要引入先进的数据分析工具和方法。通过大数据分析、人工智能等技术手段,对海量数据进行深入挖掘和分析,发现潜在的商业机会和风险点。同时,要关注市场趋势和行业发展动态,为企业的财务决策提供有力支持。数字化转型过程中,企业需要建立风险管理机制,确保财务管理的稳健性和安全性。要对财务风险进行全面评估和分析,制定相应的风险防控措施。同时,要加强内部控制和审计监督,确保财务管理活动的合规性和有效性。

第三章　数字化财务管理系统的建设与选择

第一节　数字化财务管理系统的概念和特点

一、数字化财务管理系统的定义及其基本组成

（一）概述

随着信息技术的飞速发展，数字化已成为各行各业转型升级的重要驱动力。财务管理作为企业管理的核心部分，也在数字化浪潮中迎来了深刻的变革。数字化财务管理系统作为这一变革的产物，不仅改变了传统财务管理的模式，也为企业带来了更高效、准确、智能的财务管理体验。

（二）数字化财务管理系统的定义

数字化财务管理系统，是指利用现代科技手段，如计算机技术、网络技术、数据库技术等，对企业财务管理过程进行全流程自动化管理，以达到提高效率、降低成本、减少风险等目的的软件系统。该系统以财务数据为核心，通过数据的实时收集、处理、分析和应用，为企业提供决策支持，优化资源配置，助力企业实现可持续发展。

（三）数字化财务管理系统的基本组成

数字化财务管理系统是一个复杂的系统，其基本组成包括硬件设备、

软件平台、数据库和数据采集手段等多个部分。这些部分相互协作，共同实现对企业财务的全方位数字化管理。

1. 硬件设备

硬件设备是数字化财务管理系统的基础，主要包括计算机、服务器、存储设备、网络设备等。这些设备为系统的运行提供了必要的硬件支持，保证了系统的稳定性和可靠性。

2. 软件平台

软件平台是数字化财务管理系统的核心，主要包括以下几个部分：

（1）财务管理软件：财务管理软件是数字化财务管理系统的主体部分，负责实现财务数据的录入、处理、分析和输出等功能。该软件通常包括会计核算、税务管理、预算管理、资金管理、财务分析等模块，能够满足企业日常财务管理的各种需求。

（2）数据处理软件：数据处理软件负责接收、处理和存储从硬件设备中采集到的数据。这些软件通常包括数据库管理系统、数据挖掘工具等，能够对海量数据进行高效处理和分析，为企业提供决策支持。

（3）可视化界面：可视化界面是数字化财务管理系统的重要组成部分，它提供了用户友好的操作界面，通过图形化展示实时数据、报告和分析结果，使用户能够直观地了解企业的财务状况和经营成果。

3. 数据库

数据库是数字化财务管理系统的数据存储中心，主要包括资产数据库和操作记录数据库等。资产数据库存储了企业的所有资产信息，包括资产的唯一标识、位置、状态、使用记录等；操作记录数据库则记录了用户和系统操作的详细日志，便于追溯和分析，提高管理的透明度和可追溯性。

4. 数据采集手段

数据采集手段是数字化财务管理系统获取数据的重要途径，主要包括以下几种方式：

（1）射频识别技术（RFID技术）：企业可利用射频识别技术实现对资产的自动化采集和监控。通过为每个资产附上一个唯一的射频识别（RFID）标签，系统可以实时读取和更新标签上的信息，实现对资产位置、状态等实时数据的追踪。

（2）条形码扫描：条形码扫描是一种常见的数据采集方式，通过扫描条形码实现对资产信息的手动采集。这种方式适用于无法贴附射频识别标签的情况。

（3）传感器监测：传感器用于监测资产的环境条件，如温度、湿度、振动等。这些数据有助于预测资产的健康状况，提前进行维护，防止损坏。

（四）各部分的功能及协作

数字化财务管理系统的各个部分相互协作，共同实现对企业财务的全方位数字化管理。硬件设备为系统的运行提供硬件支持；软件平台实现财务数据的录入、处理、分析和输出等功能；数据库存储企业的所有资产信息和操作记录；数据采集手段为系统提供实时的财务数据。这些部分共同构成了数字化财务管理系统的基本框架，为企业提供了高效、准确、智能的财务管理体验。

二、数字化财务管理系统提供实时财务数据更新的能力

（一）概述

在当今日益竞争激烈的市场环境中，企业对于财务数据的准确性和实时性要求越来越高。传统的财务管理方式往往依赖于人工操作，数据更新周期长，效率低下，难以满足现代企业的管理需求。随着数字化技术的快速发展，数字化财务管理系统应运而生，其提供实时财务数据更新的能力，为企业带来了革命性的变革。

（二）数字化财务管理系统提供实时财务数据更新的能力

数字化财务管理系统通过集成各种数据采集设备和技术，如射频识别、传感器、条形码扫描等，能够实时收集企业的财务数据。同时，系统利用先进的数据处理技术，对这些数据进行快速处理和分析，确保数据的准确性和完整性。通过实时数据收集与处理，数字化财务管理系统能够为企业提供最新、最准确的财务数据，为决策提供有力支持。

数字化财务管理系统通过自动化和标准化的财务流程，减少了人工干预和错误发生的可能性。系统中的各个模块之间实现了无缝对接和协同工作，确保了财务数据的实时更新和同步。例如，在会计核算模块中，系统能够自动完成凭证录入、审核、记账等操作；在资金管理模块中，系统能够实时监控企业资金的流动情况，确保资金的安全和有效利用。这些自动化和标准化的操作不仅提高了工作效率，也确保了财务数据的实时性和准确性。

数字化财务管理系统具备强大的数据分析功能，能够对实时收集到的财务数据进行深入挖掘和分析。通过数据分析工具和方法，系统能够为企业提供各种财务报表和分析报告，如利润表、资产负债表、现金流量表等，这些报表和报告能够直观地展示企业的财务状况和经营成果，帮助企业管理层了解企业的运营情况和潜在风险。同时，系统还能够根据历史数据和市场趋势进行预测和分析，为企业的财务决策提供有力支持。

数字化财务管理系统能够与企业的其他管理系统进行集成和对接，实现数据的共享和协同工作。例如，系统可以与 ERP 系统、CRM 系统、供应链管理系统等进行集成，实现订单、采购、库存等信息的实时共享和协同处理。这种多系统集成的方式打破了信息孤岛的问题，提高了信息的传递效率和准确性。同时，系统还能够为企业的不同部门提供统一的数据视图和分析工具，促进了部门之间的沟通和协作。

数字化财务管理系统注重数据的安全性和合规性。系统通过权限控制、数据加密等手段确保财务数据的安全性和保密性；同时，系统也遵循相关的财务法规和会计准则，确保企业的财务管理活动符合法律法规的要求。这种注重数据安全和合规性的设计保障了企业财务数据的可靠性和合规性。

（三）实时财务数据更新的重要性

实时财务数据更新对于企业的经营管理具有重要意义。首先，实时更新的财务数据能够为企业提供最新、最准确的决策支持信息；其次，实时更新的财务数据有助于企业及时发现和解决潜在的风险和问题；最后，实时更新的财务数据能够提高企业的管理效率和响应速度，使企业能够更好地应对市场变化和竞争压力。

三、数字化财务管理系统与其他企业系统的无缝集成能力

（一）概述

在当今企业信息化建设的浪潮中，数字化财务管理系统作为企业管理的重要组成部分，与其他企业系统之间的无缝集成能力显得尤为关键。无缝集成能够实现企业资源的高效整合、数据信息的共享互通以及业务流程的协同优化，从而提升企业整体运营效率和竞争力。

（二）数字化财务管理系统与其他企业系统集成的必要性

通过数字化财务管理系统与其他企业系统的无缝集成，企业可以实现财务数据与业务数据的实时同步和共享，避免了数据重复录入和人为错误，提高了数据处理效率。同时，集成系统能够自动化处理跨部门的业务流程，减少了人工干预和等待时间，提高了整体运营效率。无缝集成有助于企业全面掌握资源使用情况，包括人力资源、物料资源、设备资源等。通过对资源的实时监控和数据分析，企业可以更加精准地预测资源需求，优化资源配置计划，避免资源浪费和短缺。

数字化财务管理系统与其他企业系统的集成，使得企业能够实时监控

财务状况和业务运营情况，及时发现潜在的风险和问题。同时，集成系统还可以实现跨部门的风险信息共享和协同处理，提高风险应对能力和效果。通过与其他企业系统的集成，数字化财务管理系统可以为企业提供更加全面、准确的数据支持。这些数据不仅包括财务数据，还包括业务数据、市场数据等。企业可以基于这些数据进行深入分析和挖掘，为决策制定提供更加有力的依据。

（三）数字化财务管理系统与其他企业系统的集成方式

应用程序编程接口（API）是一种常用的集成方式。数字化财务管理系统通过提供 API 接口，与其他企业系统进行数据交换和业务流程协同。API 接口具有灵活性高、可扩展性强等优点，能够满足不同系统的集成需求。中间件是一种独立的软件服务程序，用于连接两个或多个独立的应用程序或系统。数字化财务管理系统可以通过中间件与其他企业系统进行集成，实现数据的共享和交换，中间件具有易于部署、维护和管理等优点，能够降低集成成本和风险。

云平台提供了强大的计算能力和存储能力，为数字化财务管理系统与其他企业系统的集成提供了有力支持。通过云平台，企业可以实现跨地域、跨部门的系统集成，提高系统的可扩展性和可维护性。同时，云平台还提供了丰富的数据分析和挖掘工具，有助于企业更好地利用集成数据。

（四）数字化财务管理系统与其他企业系统集成的效果

通过无缝集成，数字化财务管理系统能够与其他企业系统实现数据共享与互通，这使得企业能够全面掌握财务数据与业务数据，为决策制定提供更加全面、准确的数据支持。集成系统能够自动化处理跨部门的业务流程，减少了人工干预和等待时间。同时，集成系统还可以实现业务流程的协同优化，提高整体运营效率。

集成系统为企业提供了更加全面、准确的数据支持，有助于企业更加精准地预测市场趋势和业务需求。集成系统还能够实时反映企业运营状况，为企业决策提供及时、有效的支持。通过无缝集成，企业可以减少数据重复录入和人工干预的成本，降低运营成本。集成系统还能够提高资源利用效率，降低资源浪费和短缺的风险。

四、数字化财务管理系统通过算法提供智能分析和预测功能

（一）概述

随着大数据、人工智能等技术的快速发展，数字化财务管理系统正逐步向智能化、自动化方向演进。传统的财务管理系统主要侧重于财务数据的记录、处理和报告，而现代的数字化财务管理系统则通过集成先进的算法技术，提供了更为强大的智能分析和预测功能。这些功能不仅能够帮助企业更好地理解财务数据背后的业务逻辑，还能够预测未来的财务趋势和风险，为企业的决策提供有力支持。

（二）算法在数字化财务管理系统中的应用

数字化财务管理系统通过集成各种算法技术，如数据挖掘、机器学习、深度学习等，对海量的财务数据进行深入分析和挖掘。这些算法能够对数据进行自动分类、聚类、关联分析等操作，发现数据之间的潜在规律和趋势。同时，算法还可以根据历史数据和市场环境等因素，构建预测模型，对未来的财务趋势和风险进行预测和评估。

（三）智能分析和预测功能的实现

在进行智能分析和预测之前，首先需要对财务数据进行预处理。这包括数据清洗、数据转换、数据降维等操作，以确保数据的质量和准确性。通过数据预处理，可以消除数据中的噪声和异常值，提高分析结果的可靠性。特征工程是智能分析和预测过程中的关键环节。在特征工程中，需要根据具体的业务场景和数据特点，选择合适的特征并进行特征提取。这些特征可以是财务指标、业务指标、市场环境指标等。通过合理的特征选择

和提取，可以提高预测模型的准确性和泛化能力。

在特征工程完成后，需要选择合适的预测模型并进行训练。预测模型的选择取决于具体的数据特点和业务需求。常用的预测模型包括线性回归、逻辑回归、决策树、神经网络等。通过训练模型，可以使模型学习到数据中的规律和趋势，并能够对新的数据进行预测和评估。在模型训练完成后，需要对模型进行评估和优化。评估模型的指标包括准确率、召回率、F1（精确率和召回率的调和平均数）值等。如果模型的性能不佳，需要进行模型优化。优化方法包括调整模型参数、增加特征数量、改进特征选择等。通过不断迭代和优化，可以提高预测模型的性能和准确性。

（四）智能分析和预测功能的特点

数字化财务管理系统的智能分析和预测功能具有高度的自动化程度。系统能够自动完成数据预处理、特征工程、模型选择与训练等过程，减少了人工干预和错误发生的可能性。同时，系统还能够根据用户需求自动调整参数和算法，提高预测结果的准确性和可靠性。数字化财务管理系统的智能分析和预测功能具有较强的实时性。系统能够实时收集和处理财务数据，并立即进行智能分析和预测。这使得企业能够及时了解财务状况和业务运营情况，并做出相应的决策和调整。

通过集成先进的算法技术和不断优化模型，数字化财务管理系统的智能分析和预测功能具有较高的预测准确度。系统能够准确地预测未来的财务趋势和风险，为企业的决策提供有力支持。数字化财务管理系统的智能分析和预测功能还提供了可视化展示功能，通过图表、图像等形式展示分析结果和预测结果，使得用户能够更直观地了解财务状况和业务运营情况，有助于用户更好地理解和应用分析结果和预测结果。

（五）实际应用效果

数字化财务管理系统的智能分析和预测功能在实际应用中取得了显著的效果。首先，它帮助企业更好地理解了财务数据背后的业务逻辑和规律，为企业的决策提供了有力支持。其次,它帮助企业预测了未来的财务趋势和风险,使得企业能够提前做出相应的决策和调整。最后,它提高了企业的运营效率和管理水平,降低了运营成本和风险。

五、数字化财务管理系统对财务数据和信息的保护能力

(一)概述

随着数字化技术的深入发展,财务管理系统正逐步迈向数字化、智能化的新时代。数字化财务管理系统以其高效、便捷的特性,极大地提升了财务管理的效率和准确性。然而,在这一过程中,如何确保财务数据和信息的安全,成为企业和财务管理者必须面对的重要问题。

(二)数字化财务管理系统对财务数据和信息的保护机制

数字化财务管理系统首先强调建立数据安全保护意识。企业和财务管理者需要充分认识到财务数据和信息的重要性,从制度安全、计算安全、存储安全、传输安全以及产品和服务安全等多个方面,巩固数据管理、连接、分析等的安全保障。只有在保障所有数据安全性的情况下,企业的可持续发展才有据可谈。

为了更好地保护财务数据和信息,数字化财务管理系统需要构建一套完善的数据安全制度体系。这包括制定严格的数据访问权限、加密操作规范、数据备份与恢复策略等,以确保数据在各个环节都能得到有效的保护。同时,企业还需要建立相应的责任制和审计机制,对员工的信息安全行为进行监督和评估。

数字化财务管理系统通过建立多层次的访问控制机制,实现对财务数据和信息的精细化管理。系统可以根据员工的职责和权限,设定不同的数据访问级别和操作权限,降低内部人员滥用数据的风险。同时,实施严格的身份验证和审计机制,监控用户行为并记录操作日志,有助于及时发现

异常情况并采取相应措施。

(三) 数字化财务管理系统保护财务数据和信息的技术手段

数据加密技术是保障数据安全的重要手段之一。数字化财务管理系统采用先进的加密算法对敏感数据进行加密存储和传输，防止数据在存储和传输过程中被窃取或篡改。系统会定期更新加密算法以应对不断演进的安全威胁。防火墙技术是保护企业财务管理系统安全的重要防线。通过制定网络安全策略、封锁所有信息流以及完成每项许可的服务，防火墙能够有效防止外部网络攻击和恶意访问。防火墙还具有日常维护和管理的功能，通过审计访问记录发现入侵和非法访问情况，进一步优化网络安全性。

为了进一步提高系统的安全性，数字化财务管理系统引入身份认证和双因素认证技术，这些技术可以确保只有经过授权的用户才能访问系统，并降低因密码泄露或破解导致的安全风险。

(四) 数字化财务管理系统保护财务数据和信息的实际效果

通过采用上述保护机制和技术手段，数字化财务管理系统能够显著降低财务数据和信息泄露的风险。加密技术、防火墙技术以及身份认证等技术的应用，使得财务数据在存储、传输和使用过程中都能得到有效的保护。数字化财务管理系统不仅提高了财务管理的效率和准确性，还通过自动化和标准化的流程减少了人力成本和人为错误的发生。系统的智能化分析和预测功能还能够帮助企业更好地管理财务资源并优化决策过程。

数字化财务管理系统还能够帮助企业遵守相关法律法规和行业标准。通过建立合规性检查机制并定期进行安全合规性审查，系统能够确保企业的财务活动符合法律法规的要求并降低因违规操作而面临的风险。

第二节　系统建设的基本原则

一、数字化财务管理系统应根据企业实际需求定制系统功能

（一）概述

随着数字化技术的迅猛发展，财务管理系统正经历着从传统向数字化、智能化的转变。数字化财务管理系统以其高效、便捷、智能的特点，正逐渐成为企业提升财务管理水平、优化资源配置、降低运营成本的重要工具。然而，由于不同企业在业务模式、管理需求、行业特点等方面存在差异，一个通用的数字化财务管理系统往往难以满足所有企业的需求。因此，根据企业实际需求定制系统功能，成为数字化财务管理系统成功的关键。

（二）数字化财务管理系统定制功能的重要性

不同企业在财务管理方面存在着不同的需求和挑战。通过定制数字化财务管理系统，企业可以根据自身的业务模式、管理需求、行业特点等因素，灵活选择所需的功能模块和业务流程，从而满足个性化需求。通用的数字化财务管理系统往往难以适应所有企业的实际情况。通过定制系统功能，企业可以确保系统与企业现有的业务流程、数据结构、管理制度等高度契合，提高系统的适用性和易用性。

定制化的数字化财务管理系统可以更加精准地满足企业的管理需求，减少不必要的操作步骤和冗余功能，从而提高管理效率。同时，系统还可以根据企业的实际情况进行智能分析和预测，为企业的决策提供有力支持。

（三）数字化财务管理系统定制功能的原则

在定制数字化财务管理系统时，首先要深入了解企业的实际需求，包括业务模式、管理需求、行业特点等方面。只有充分了解企业的实际情况，

才能确保定制的系统功能真正符合企业的需求。数字化财务管理系统涉及企业的财务数据和信息，因此系统的稳定性和安全性至关重要。在定制系统功能时，要充分考虑系统的稳定性和安全性，确保系统能够稳定运行并保护企业的数据安全。

系统的易用性对于提高管理效率至关重要。在定制系统功能时，要注重系统的用户界面设计和操作流程设计，使系统更加易于使用和理解。同时，还要提供完善的用户手册和技术支持服务，帮助用户更好地使用系统。

（四）数字化财务管理系统定制功能的过程

在定制数字化财务管理系统之前，首先要进行需求分析。通过与企业进行深入沟通，了解企业的业务模式、管理需求、行业特点等方面的情况，明确企业需要哪些功能模块和业务流程。在需求分析的基础上，进行功能设计。根据企业的实际需求，设计相应的功能模块和业务流程，并确定系统的数据结构和算法。同时，还要考虑系统的稳定性和安全性等因素。

在功能设计完成后，进行系统开发。根据设计好的功能模块和业务流程，编写相应的程序代码，并进行测试和调试。在开发过程中，要注重代码的规范性和可维护性。系统开发完成后，进行系统部署和培训，将系统部署到企业的服务器上，并进行必要的配置和调试。同时，还要对企业员工进行系统的培训，帮助他们熟悉系统的使用方法和操作流程。

系统投入使用后，要进行后期维护和升级。定期对系统进行检查和维护，确保系统的稳定运行和数据安全。同时，还要根据企业的实际需求和市场变化，对系统进行升级和优化。

（五）数字化财务管理系统定制功能的实际应用效果

通过定制数字化财务管理系统，企业可以根据自身的实际需求选择所需的功能模块和业务流程，从而提高系统的适用性和易用性。同时，系统还可以根据企业的实际情况进行智能分析和预测，为企业的决策提供有力支持。实际应用中，定制化的数字化财务管理系统可以显著提高企业的管理效率、降低运营成本、优化资源配置等方面的效果。

二、数字化财务管理系统应采用成熟且前沿的技术构建系统

（一）概述

随着科技的飞速发展，数字化财务管理系统已经成为企业日常运营中不可或缺的一部分。它不仅提高了财务管理的效率，还优化了资源配置，降低了运营成本。要确保数字化财务管理系统的稳定性和高效性，采用成熟且前沿的技术进行构建是至关重要的。

（二）成熟技术的价值

成熟的技术经过了长时间的实践检验和广泛应用，具有高度的稳定性和可靠性，这意味着采用成熟技术构建的数字化财务管理系统能够在各种复杂环境下稳定运行，为企业提供持续、可靠的服务。成熟技术相对解决了许多潜在的技术问题和安全漏洞，因此采用这些技术可以降低系统开发和运行过程中的风险，有助于减少系统崩溃、数据丢失等问题的发生，保护企业的财务数据和信息安全。

成熟技术通常具有更好的易用性和可维护性。这意味着企业可以更容易地培训和使用系统，同时也能够更轻松地进行系统维护和升级，有助于降低企业的培训成本和维护成本，提高系统的整体性能。

（三）前沿技术的优势

前沿技术代表了最新的科技发展趋势和创新方向。采用前沿技术构建的数字化财务管理系统能够为企业提供更具创新性的功能和解决方案，使企业在激烈的市场竞争中脱颖而出。前沿技术通常具有更高的性能和智能化水平，例如，人工智能、大数据等技术可以实现对财务数据的自动化处理和分析，提高财务管理效率。这些技术还可以帮助企业发现潜在的风险和机会，为企业的决策提供支持。

前沿技术通常具有更好的适应性和可扩展性。随着企业业务的不断发展和变化，数字化财务管理系统需要能够灵活地适应新的需求和挑战。采用前沿技术构建的系统可以更容易地进行功能扩展和升级，满足企业不断变化的需求。

（四）成熟与前沿技术的结合

在构建数字化财务管理系统时，将成熟技术与前沿技术相结合是一个明智的选择，这既可以确保系统的稳定性和可靠性，又可以充分利用前沿技术的优势，提高系统的性能和智能化水平。

系统的核心技术框架应该采用经过实践检验的成熟技术，这些技术已经经过了广泛的验证和优化，具有高度的稳定性和可靠性。采用这些技术可以确保系统在各种复杂环境下都能稳定运行，为企业提供持续、可靠的服务。在系统的功能模块中，可以引入前沿技术来提高系统的性能和智能化水平。例如，可以采用人工智能技术进行财务数据的自动化处理和分析；采用大数据技术来挖掘财务数据的潜在价值；采用云计算技术来提高系统的可扩展性和灵活性等。这些前沿技术的应用可以使系统更加高效、智能和灵活。

随着科技的不断发展，新的技术和解决方案不断涌现。因此，数字化财务管理系统应该保持持续创新和技术升级的能力。企业可以定期评估系统的性能和功能需求，并根据需要引入新的技术和解决方案来优化系统，这有助于确保系统始终保持领先地位，并为企业提供更具创新性的服务和支持。

三、数字化财务管理系统应确保系统运行的稳定性和数据的准确性

（一）概述

随着信息技术的飞速发展，数字化财务管理系统已经成为现代企业管理的核心工具。该系统通过集成先进的信息技术，实现了财务数据的自动

化处理、实时监控和高效分析，极大地提升了财务管理的效率和准确性。为了确保数字化财务管理系统的有效运行，系统运行的稳定性和数据的准确性是两个至关重要的方面。

（二）系统运行的稳定性

系统运行的稳定性是指数字化财务管理系统能够持续、稳定地运行，不会出现频繁的故障、崩溃或性能下降等问题。系统稳定性是确保企业财务管理顺畅进行的基础，对于企业的正常运营具有至关重要的作用。

为了确保数字化财务管理系统的稳定性，企业在选择系统时应优先考虑采用成熟可靠的技术。这些技术经过长时间的市场验证，具有良好的稳定性和可靠性。同时，企业应选择具有丰富经验和良好口碑的供应商，确保系统得到专业的技术支持和维护。

系统架构和设计的合理性对于系统的稳定性具有重要影响。在构建数字化财务管理系统时，应充分考虑系统的可扩展性、可维护性和可升级性。通过合理的系统架构和设计，可以降低系统崩溃和性能下降的风险，提高系统的稳定性和可靠性。

在数字化财务管理系统的开发过程中，应严格遵循质量控制和测试流程。通过严格的质量控制，可以确保系统的代码质量、数据质量和功能质量符合标准。同时，通过全面的测试，可以发现系统中的潜在问题和漏洞，及时进行修复和改进，提高系统的稳定性和可靠性。

数字化财务管理系统的稳定运行需要持续的监控和维护。企业应建立完善的监控体系，对系统的运行状态进行实时监控，及时发现和处理问题。同时，企业应定期对系统进行维护和升级，确保系统的稳定性和安全性。

（三）数据的准确性

数据的准确性是数字化财务管理系统的核心要求之一。准确的财务数据是企业决策的重要依据，对于企业的正常运营和长期发展具有至关重要的作用。

为了确保数据的准确性,数字化财务管理系统应建立严格的数据输入和校验机制。在数据输入时,系统应提供清晰明确的提示和约束条件,确保用户输入的数据符合规范。同时,系统应对输入的数据进行自动校验和审核,及时发现和纠正错误的数据。

在数据处理和存储方面,数字化财务管理系统应采用先进的技术和算法,确保数据的准确性和一致性。系统应对财务数据进行自动化处理和分析,避免人为因素的干扰和错误。同时,系统应采用高效的数据存储和管理机制,确保数据的安全性和可靠性。为了防止数据丢失或损坏,数字化财务管理系统应建立完善的数据备份和恢复机制。企业应定期对财务数据进行备份,确保数据的完整性和可恢复性。系统应提供数据恢复功能,以便在数据丢失或损坏时能够及时恢复数据。

财务数据是企业的重要资产,需要得到严格的安全和保密保护。数字化财务管理系统应建立完善的数据安全和保密机制,确保数据不被非法获取、篡改或泄露。系统应采用先进的加密技术和访问控制机制,确保数据的安全性和保密性。

(四)系统稳定性和数据准确性的重要性

系统运行的稳定性和数据的准确性对于企业的财务管理具有至关重要的影响。一个稳定可靠的数字化财务管理系统可以确保企业财务数据的准确性和可靠性,为企业决策提供有力支持。同时,系统稳定性和数据准确性也是企业信誉和声誉的重要保障。一个频繁出现故障或数据错误的系统会给企业带来负面影响,损害企业的形象和声誉。

四、数字化财务管理系统应具备良好的可扩展性和可维护性

(一)概述

在数字化时代,财务管理系统作为企业运营管理的重要组成部分,必

须不断适应快速变化的市场环境和业务需求。为了确保财务管理系统的长期稳定运行，并满足企业不断扩展的业务需求，数字化财务管理系统应具备良好的可扩展性和可维护性。

（二）可扩展性的重要性

可扩展性是指系统在面对业务增长或功能扩展时，能够保持高效、稳定运行的能力。对于数字化财务管理系统而言，可扩展性尤为重要，因为它直接关系到系统能否满足企业不断变化的业务需求。

随着企业的发展，其业务范围和规模可能会不断扩大。一个具有良好可扩展性的财务管理系统能够轻松应对这种增长，通过增加新的功能模块、扩展存储容量或提高处理性能等方式，满足企业日益增长的业务需求。在数字化时代，新的财务管理理念和技术不断涌现。一个具有良好可扩展性的系统能够方便地集成新的功能模块，支持新的财务管理理念和技术，从而保持系统的先进性和竞争力。具有良好可扩展性的系统，在进行功能扩展或升级时，往往只需要对部分模块进行改动或增加，而无需对整个系统进行重新设计或开发，这大大降低了系统升级的成本和风险，提高了企业的投资回报率。

（三）实现可扩展性的策略

模块化设计是一种将系统划分为多个独立模块的方法，每个模块负责实现特定的功能，这种设计方法使得系统更加灵活，通过添加新的模块或替换现有模块，即可以轻松实现系统的功能扩展和升级。技术架构的选择对于系统的可扩展性具有重要影响。企业应选择具有良好扩展性的技术架构，如微服务架构、分布式架构等，这些架构能够支持系统的水平扩展和垂直扩展，满足企业不断增长的业务需求。

在系统设计时，应预留足够的扩展接口，以便在将来需要时添加新的功能模块或与其他系统进行集成。这些接口应具有良好的通用性和灵活性，能够适应不同的扩展需求。

（四）可维护性的重要性

可维护性是指系统在发生故障或需要修改时，能够方便地进行故障排查、修复和升级的能力。一个具有良好可维护性的数字化财务管理系统能够降低维护成本，提高系统的稳定性和可靠性。

具有良好可维护性的系统在发生故障或需要修改时能够迅速定位问题并进行修复，这减少了系统停机时间和维护人员的工作量，降低了企业的维护成本。可维护性好的系统能够及时发现并修复潜在的问题和漏洞，从而降低了系统崩溃或数据丢失的风险，有助于保持系统的稳定性和可靠性，确保企业业务的顺畅进行。

具有良好可维护性的系统能够方便地进行升级和更新。通过升级系统，企业可以获取最新的功能和性能优化，提高系统的竞争力和市场地位。

（五）实现可维护性的策略

清晰的代码和文档是系统可维护性的基础。企业应要求开发人员编写易于理解和维护的代码，并提供详细的文档说明系统的结构、功能和实现细节。这有助于维护人员快速理解系统的工作原理并进行故障排查和修复。

标准化的开发流程能够确保系统的质量和可维护性。企业应制定并遵守标准化的开发流程，包括需求分析、设计、编码、测试和维护等阶段，这有助于减少开发过程中的错误和漏洞，提高系统的稳定性和可维护性。

监控和日志机制是系统可维护性的重要保障。企业应建立完善的监控体系，对系统的运行状态进行实时监控，并记录系统的运行日志，这有助于及时发现系统问题并进行故障排查和修复。同时，通过分析日志数据，还可以发现系统的潜在问题和优化空间，进一步提高系统的稳定性和性能。

五、数字化财务管理系统应提供直观易用的界面和操作体验

（一）概述

在数字化时代，财务管理系统作为企业运营管理的核心工具，其操作界面的直观性和易用性对于提高用户满意度、降低培训成本以及提升工作效率等方面具有重要意义。

（二）直观易用的界面和操作体验的重要性

一个直观易用的界面和操作体验能够让用户快速上手并熟练掌握系统的各项功能，减少因操作困难而产生的挫败感和不满情绪，这不仅能够提升用户的满意度，还能够增强用户对于企业的信任度和忠诚度。当系统的界面和操作体验直观易用时，用户无须经过长时间的培训就能够熟练掌握系统的使用方法，这不仅减少了企业的培训成本，还缩短了用户熟悉系统的时间，提高了工作效率。

直观易用的界面和操作体验能够减少用户在操作过程中的思考时间和错误率，使用户能够更快速地完成工作任务。这不仅能够提升用户的工作效率，还能够为企业节省大量的时间和成本。

（三）如何提供直观易用的界面和操作体验

界面布局是用户与系统交互的直观体现，因此设计简洁明了的界面布局至关重要。系统应采用清晰的字体、合理的颜色搭配和图标设计，使用户能够快速找到所需的功能模块和数据信息。同时，界面布局应保持一致性和规范性，减少用户的认知负担。

导航和搜索功能是用户快速定位所需信息的重要途径。系统应提供直观的导航菜单和搜索框，使用户能够轻松找到所需的功能模块和数据信息。同时，系统还应支持模糊搜索和联想搜索等功能，提高搜索的准确性和效率。

人性化的交互设计能够使用户更加轻松地与系统进行交互。系统应采用符合用户习惯和认知的交互方式，如拖拽、点击、双击等，减少用户的操作难度。系统还应提供足够的反馈和提示信息，使用户能够清晰地了解操作结果和系统状态。尽管系统界面和操作体验已经尽可能直观易用，但用户在使用过程中仍然可能遇到问题和困惑，因此，系统应提供详细的帮助文档和在线支持服务，解答用户的问题并提供指导。这些支持服务应以用户为中心，以用户需求为导向，提供及时、准确、有效的帮助。

随着用户需求的不断变化和技术的不断发展，系统需要持续优化和更新以满足用户的需求。企业应定期收集用户反馈和建议，并根据用户需求和市场变化对系统进行改进和优化。这不仅能够提高系统的性能和功能，还能够提升用户的满意度和忠诚度。

（四）直观易用的界面和操作体验对企业和用户的积极影响

一个直观易用的数字化财务管理系统能够展示企业的技术实力和专业水平，提升企业的形象和品牌价值，这有助于企业吸引更多的客户和合作伙伴，拓展业务范围和市场份额。直观易用的界面和操作体验能够提升用户的满意度和忠诚度，用户在使用系统时能够感受到便捷和舒适的操作体验，从而更加信任和支持企业，这有助于企业建立良好的用户关系并维持长期稳定的客户关系。

直观易用的界面和操作体验能够提升用户的工作效率并降低企业的成本，用户能够更快速地完成工作任务并减少错误率，双方都能够节省大量的时间和成本。同时，系统的易用性还能够降低企业的培训成本和运维成本。

第三节 不同系统的比较与选择标准

一、对比不同系统提供的功能和模块

在当今日益数字化的商业环境中，各类系统为企业提供了广泛的功能和模块，以满足其复杂多变的业务需求。这些系统不仅涵盖了企业的核心运营流程，还涉及财务管理、供应链管理、人力资源管理等多个方面。以下将对比不同系统提供的功能和模块，以期为企业选择合适的系统提供参考。

（一）财务管理系统

财务管理系统是企业运营中不可或缺的一部分，它负责记录、处理和报告企业的财务信息。不同系统提供的财务管理功能各有特点。

SAP ERP 系统：SAP ERP 系统以其强大的财务报告和分析功能而著称。它提供了全面的财务管理模块，包括总账、应收应付款管理、固定资产管理、成本核算等。SAP ERP 系统支持多币种和多账簿管理，能够适应跨国企业的财务需求。此外，该系统还提供了预算管理功能，支持企业建立和管理预算，并能自动比较实际支出与预算，有助于企业控制费用和资源分配。

Oracle ERP Cloud 系统：Oracle ERP Cloud 系统提供了基于云的财务管理解决方案。它涵盖了财务规划、预算制定、成本管理、订单到现金等多个方面。Oracle ERP Cloud 系统以其灵活性和可扩展性而备受推崇，能够快速部署并随着业务的增长进行扩展。此外，该系统还提供了强大的数据分析功能，有助于企业做出更明智的财务决策。

Microsoft Dynamics 365 系统：Microsoft Dynamics 365 系统是一款综合性

的 ERP 和 CRM 解决方案，其财务管理模块涵盖了财务报告、订单处理、发票管理、库存管理等多个方面。Microsoft Dynamics 365 系统具有与 Microsoft 生态系统的无缝集成优势，使得企业能够更方便地与其他 Microsoft 应用进行集成。

（二）供应链管理系统

供应链管理系统负责协调和管理企业与其供应商、制造商、分销商和最终客户之间的物流和信息流。不同系统提供的供应链管理功能各有侧重。

SAP ERP 系统：SAP ERP 系统的供应链管理模块涵盖了采购、库存、销售、运输等多个方面。它支持从供应商到客户的端到端供应链管理，能够实现供应链的实时可视化和优化。此外，SAP ERP 系统还提供了供应链协同功能，使得企业能够与其合作伙伴进行更紧密的协作。

Oracle ERP Cloud 系统：Oracle ERP Cloud 系统的供应链管理模块注重于采购和库存管理。它提供了全面的采购订单管理、库存管理、供应商管理等功能，并支持多语言和多货币处理。Oracle ERP Cloud 系统还提供了先进的供应链规划和协同功能，有助于企业实现供应链的智能化和自动化。

Microsoft Dynamics 365 系统：Microsoft Dynamics 365 系统的供应链管理模块包括了订单管理、库存管理、采购管理等功能。该系统支持跨渠道销售和订单履行，能够帮助企业实现供应链的快速响应和高效运作。此外，Microsoft Dynamics 365 系统还提供了预测性维护功能，有助于企业降低库存成本和减少停机时间。

（三）人力资源管理系统

人力资源管理系统负责管理企业的人力资源信息，包括员工档案、薪资、绩效等。不同系统提供的人力资源管理功能各有特色。

SAP ERP 系统：SAP ERP 系统的人力资源管理模块涵盖了员工信息管理、薪资管理、绩效考核等多个方面。它支持全球人力资源管理，能够适应不同国家和地区的法规要求。此外，SAP ERP 系统还提供了人才发展和培训计划管理功能，有助于企业吸引和留住优秀人才。

Oracle ERP Cloud 系统：Oracle ERP Cloud 系统的人力资源管理模块注重于员工自助服务和数据分析。它提供了员工自助门户和移动应用，使得员工能够更方便地查看和管理自己的信息。同时，Oracle ERP Cloud 系统还提供了强大的数据分析功能，有助于企业做出更明智的人力资源决策。

Workday 系统：Workday 系统是一款专业的人力资源管理系统，提供了全面的人力资源管理和人才发展解决方案。它涵盖了员工信息管理、薪资管理、绩效考核、招聘等多个方面，并支持全球人力资源管理。Workday 系统以其用户友好性和高效性而备受推崇，是许多企业的首选人力资源管理系统。

二、测试系统的运行速度、响应时间和处理能力

测试系统的运行速度、响应时间和处理能力是确保系统高效、稳定运行的关键环节。这些测试不仅能够帮助我们评估系统的性能表现，还能为系统的优化和升级提供有力依据。以下将详细阐述如何测试系统的运行速度、响应时间和处理能力，并深入探讨其重要性、测试方法、测试工具以及测试结果的解读。

（一）测试系统性能的重要性

在信息化时代，企业对于系统的依赖程度越来越高，一个高效、稳定的系统不仅能够提升工作效率，还能为企业带来更大的经济效益。而系统的运行速度、响应时间和处理能力是衡量系统性能的重要指标。通过对这些指标的测试，我们可以了解系统的性能瓶颈，为系统的优化和升级提供数据支持。此外，系统性能测试还有助于我们评估系统的可扩展性和可靠性，确保系统在未来能够满足不断增长的业务需求。

（二）测试方法

运行速度测试主要关注系统处理任务所需的时间。我们可以通过模拟

实际业务场景，记录系统完成指定任务所需的时间来评估其运行速度。测试过程中，可以关注系统在不同负载下的表现，以全面了解系统的性能瓶颈。

响应时间测试主要关注系统对用户请求的响应速度。在测试过程中，我们可以模拟用户发起请求的场景，记录系统从接收到请求到返回结果所需的时间。为了更准确地评估系统的响应时间，我们可以多次测试并取平均值。此外，还可以关注系统在不同网络环境下的表现，以评估系统的稳定性和可靠性。

处理能力测试主要关注系统同时处理多个任务的能力。在测试过程中，我们可以逐渐增加系统的负载，观察系统在不同负载下的性能指标，如吞吐量、并发用户数等。通过测试，我们可以了解系统的最大处理能力以及在不同负载下的性能表现。

（三）测试工具

在进行系统性能测试时，我们可以借助一些专业的测试工具来提高测试效率和准确性。以下是一些常用的测试工具：

Apache JMeter：一款开源的 Java 应用负载功能和性能测试工具，可以用于测试各种类型的应用服务器、数据库和网络服务。

LoadRunner：一款强大的性能测试工具，可以模拟成千上万的用户同时发起请求，以测试系统的性能和稳定性。

Gatling：一款高性能的开源负载测试工具，基于 Scala、Akka 和 Netty 构建，支持多种协议和测试场景。

Locust：一款用 Python 编写的开源性能测试工具，支持分布式测试，能够模拟大量用户的行为。

（四）测试结果解读

在测试完成后，我们需要对测试结果进行解读和分析。以下是一些关键的解读点：

瓶颈分析：通过分析测试结果，找出系统性能的瓶颈所在。这些瓶颈可能包括硬件资源不足、软件配置不当、代码性能问题等。针对这些瓶颈，我们可以制定相应的优化措施，提高系统的性能表现。

性能指标对比：将本次测试结果与之前的测试结果进行对比，以评估系统的性能提升或下降情况。通过对比，我们可以了解系统在不同时间段的性能表现，为系统的优化和升级提供数据支持。

负载测试分析：通过分析负载测试的结果，了解系统在不同负载下的性能表现。这有助于我们评估系统的可扩展性和可靠性，为未来的业务增长提供有力保障。

优化建议：根据测试结果和分析结果，提出针对性的优化建议。这些建议可能包括升级硬件、优化软件配置、改进代码性能等。通过实施这些建议，我们可以进一步提高系统的性能表现。

三、考虑系统的购买、实施和维护成本

在企业信息化建设的过程中，选择和实施一个系统不仅仅要考虑其功能和性能，还需要深入考虑系统的购买、实施和维护成本。这些成本直接关联到企业的经济效益和长期运营。以下将详细阐述如何考虑系统的购买、实施和维护成本，以及它们在企业决策中的重要性。

（一）购买成本

购买成本是企业在选择系统时首先需要考虑的因素之一。它通常包括系统的软件许可费用、硬件购置费用、相关的咨询服务费用等。

软件许可费用：这是购买成本中的主要部分，不同系统的许可费用可能差异很大。企业在选择系统时，需要根据自身的需求和预算来评估不同系统的性价比。此外，企业还需要了解许可费用的计算方式（如按用户数、模块数、功能点等），以及是否存在后续升级和维护的额外费用。

硬件购置费用：系统的运行需要相应的硬件支持，如服务器、存储设备、网络设备等。企业在选择系统时，需要评估所需硬件的性能和数量，并计算相应的购置费用。此外，还需要考虑硬件的兼容性和可扩展性，以确保系统能够稳定运行并满足未来的业务需求。

咨询服务费用：在购买系统时，企业可能需要借助专业的咨询服务来评估系统的适用性、制定实施方案等。这些咨询服务费用也是购买成本的一部分。企业需要在购买过程中充分考虑咨询服务的价值和成本效益，选择具有丰富经验和专业能力的咨询机构。

（二）实施成本

实施成本是企业在部署和上线系统过程中需要投入的费用。它通常包括系统集成费用、培训费用、数据迁移费用等。

系统集成费用：如果企业选择的是一个集成度较高的系统，那么系统集成费用可能会成为实施成本的主要部分。这包括将系统与现有系统进行对接、配置和调试等。企业在选择系统时，需要评估系统的集成难度和所需费用，并选择具有丰富集成经验的实施团队。

培训费用：系统的成功实施离不开用户的积极参与和熟练使用，因此，培训费用也是实施成本中不可忽视的一部分。企业需要为系统用户提供必要的培训和支持，以确保他们能够熟练掌握系统的操作方法和功能特点。在培训过程中，企业还需要考虑培训的方式、周期和费用等因素。

数据迁移费用：如果企业需要将现有数据迁移到新系统中，那么数据迁移费用也是实施成本的一部分。这包括数据的备份、转换、验证和加载等过程。企业在选择系统时，需要评估数据迁移的难度和所需费用，并选择具有丰富数据迁移经验的实施团队。

（三）维护成本

维护成本是企业在系统上线后需要持续投入的费用。它通常包括技术支持费用、升级费用、维护人员费用等。

技术支持费用：在系统运行过程中，企业可能需要获得专业的技术支持来解决遇到的问题和故障。这些技术支持费用包括电话咨询、远程协助、现场服务等。企业在选择系统时，需要了解供应商的技术支持政策和服务水平，并评估所需的技术支持费用。

升级费用：随着技术的不断发展和业务需求的不断变化，系统可能需要进行升级以满足新的需求。这些升级费用包括软件升级费用、硬件升级费用等。企业在选择系统时，需要了解系统的升级政策和费用情况，并评估未来的升级需求和费用预算。

维护人员费用：为了保障系统的稳定运行和及时解决遇到的问题，企业需要配备专业的维护人员。这些维护人员的费用包括工资、福利、培训等。企业在选择系统时，需要考虑维护人员的数量和技能要求，并评估相应的费用预算。

（四）成本效益分析

在考虑系统的购买、实施和维护成本时，企业需要进行成本效益分析以评估系统的整体价值。这包括将系统的成本与其带来的效益进行比较，以确定系统的投资回报率（ROI）。在成本效益分析中，企业需要充分考虑系统的功能、性能、易用性、可扩展性等因素，并结合自身的业务需求和发展战略来评估系统的整体价值。

四、参考其他企业的使用经验和评价

在企业信息化建设的道路上，选择一个合适的系统往往是企业成功的关键。而在进行系统选型时，参考其他企业的使用经验和评价是至关重要的一环。这些经验和评价能够帮助企业更全面地了解系统的性能、功能、易用性、服务支持等方面，从而做出更为明智的决策。以下将详细阐述如何参考其他企业的使用经验和评价，以及它们在企业决策中的重要性。

（一）参考其他企业使用经验的重要性

在选择系统时，仅仅依靠供应商的宣传和演示往往难以全面了解系统的真实情况。而参考其他企业的使用经验，则能够为企业提供更为真实、客观的评估依据。这些使用经验可能包括系统的稳定性、性能表现、功能实现、易用性、服务支持等方面，涵盖了系统使用的各个方面。通过参考这些经验，企业可以更加准确地了解系统的优缺点，从而避免盲目选择或决策失误。

（二）获取其他企业使用经验的途径

行业报告和案例研究是了解其他企业使用经验的重要途径。这些报告和案例通常由专业的咨询机构或研究机构撰写，对多个企业的使用经验进行了综合分析和总结。通过查阅这些报告和案例，企业可以了解不同系统的性能表现、功能实现、服务支持等方面的情况，并对比不同系统的优缺点。

行业会议和展览是了解其他企业使用经验的另一个重要途径。在这些会议上，企业可以与其他使用相同系统的企业进行交流，了解他们的使用经验、遇到的问题以及解决方案。此外，企业还可以与供应商面对面交流，了解产品的最新动态和发展趋势。

在线社区和论坛是获取其他企业使用经验的便捷途径。在这些平台上，用户可以分享自己的使用经验、提出问题并寻求帮助。通过浏览这些社区和论坛，企业可以了解其他用户对系统的评价、使用心得以及遇到的问题和解决方案。此外，企业还可以参与讨论和互动，与其他用户交流心得和看法。

（三）如何评估其他企业的使用经验

在获取了其他企业的使用经验后，企业需要对这些经验进行评估和分析，以便更好地了解系统的性能和功能。相同行业的企业在业务需求、工作流程等方面往往具有相似性，因此，关注相同行业的企业使用经验可以更准确地了解系统在该行业中的表现。通过对比不同系统的优缺点和适用场景，企业可以选择更适合自己需求的系统。

在评估其他企业的使用经验时，企业需要综合考虑多个案例的情况。不同企业在使用系统时可能会遇到不同的问题和挑战，因此单一案例的评价可能具有片面性。通过综合考虑多个案例的评价和反馈，企业可以更加全面地了解系统的性能和功能。稳定性和易用性是评估系统性能的重要指标。在评估其他企业的使用经验时，企业需要关注系统是否稳定可靠、是否易于操作和维护。如果系统经常出现故障或操作复杂烦琐，将会给企业带来额外的成本和风险。

服务支持的质量和响应速度也是评估系统性能的重要因素。在评估其他企业的使用经验时，企业需要了解供应商的服务支持政策、服务质量和响应速度等方面的情况。如果供应商能够提供及时、专业的服务支持，将有助于企业更好地应对各种问题和挑战。

（四）其他企业评价对决策的影响

其他企业的评价对企业决策具有重要影响。通过参考其他企业的评价，企业可以了解系统的性能、功能、易用性、服务支持等方面的情况，并对比不同系统的优缺点。这些评价可以为企业提供更为真实、客观的评估依据，帮助企业避免盲目选择或决策失误。同时，其他企业的评价还可以为企业提供宝贵的建议和经验教训，帮助企业更好地应对系统使用过程中可能遇到的问题和挑战。

五、评估系统供应商的技术实力和服务能力

在企业信息化建设中，选择合适的系统供应商是确保项目成功的关键因素之一。系统供应商的技术实力和服务能力直接关系到项目的实施效果、系统的稳定运行以及后续的维护升级。因此，对系统供应商进行全面、细致的评估显得尤为重要。

（一）评估系统供应商技术实力的维度

技术实力是系统供应商的核心竞争力，其强弱直接关系到系统的质量和性能。一个优秀的系统供应商必然拥有一支专业、高效的技术研发团队。评估研发团队时，可以关注其团队成员的专业背景、项目经验、技术创新能力等方面。同时，了解研发团队的规模、稳定性和投入情况，也是评估其技术实力的重要指标。

技术成果和专利是系统供应商技术实力的直接体现。评估时可以关注供应商在相关领域取得的专利数量、质量以及技术成果的应用情况。这些成果和专利不仅代表了供应商的技术水平，也体现了其在行业中的竞争力和地位。技术支持和创新能力是系统供应商持续发展的重要保障。评估时可以关注供应商的技术支持体系、响应速度以及解决问题的能力。了解供应商在新技术、新产品研发方面的投入和成果，也是评估其创新能力的重要指标。

（二）评估系统供应商服务能力的维度

除了技术实力外，服务能力也是评估系统供应商的重要因素。一个优秀的系统供应商不仅要具备强大的技术实力，还要能够提供优质的服务支持。一个优秀的系统供应商应该拥有专业的服务团队和完善的服务体系。评估时可以关注供应商的服务团队规模、人员素质、服务流程以及服务标准等方面。了解供应商的服务响应时间、问题解决能力以及客户满意度等指标，也是评估其服务能力的重要依据。

系统供应商的培训与咨询能力对于企业的信息化建设至关重要。评估时可以关注供应商是否提供完善的培训计划和咨询服务，包括系统操作培训、业务流程优化建议等，这些服务能够帮助企业更好地理解和使用系统，提高系统的使用效率和效果。系统的维护和升级是保障系统稳定运行和持续发展的关键，评估时可以关注供应商是否提供及时、专业的维护和升级服务，包括系统漏洞修复、功能增强等。同时，了解供应商在维护和升级方面的投入和成果，也是评估其服务能力的重要指标。不同企业的业务需求和流程存在差异，因此系统供应商需要具备一定的定制化开发能力，评估时可以关注供应商是否具备定制化开发的能力和经验，以及定制化开发的流程和质量保障措施。这些能力能够帮助企业更好地满足个性化需求，提高系统的适用性和灵活性。

（三）评估方法与实践

企业可以通过查阅系统供应商的官方网站、产品手册、技术文档等相关资料，了解供应商的基本情况和技术实力。同时还可以关注行业内的专业媒体和论坛，了解供应商在行业中的口碑和影响力。企业可以安排实地考察系统供应商的办公场所、研发中心等设施，了解供应商的研发实力和服务能力。也可以与供应商的技术人员和服务人员进行深入交流，了解他们的技术水平和服务态度。

在正式选择系统供应商之前，企业可以要求供应商提供试用版本或进行实地演示。通过试用和验证，企业可以更加直观地了解系统的功能和性能，以及供应商的服务质量和响应速度。企业可以了解系统供应商在其他企业的应用案例和经验，尤其是与自身业务相似的案例。通过参考这些案例和经验，企业可以更加全面地了解供应商的技术实力和服务能力，以及系统在实际应用中的表现和效果。

第四节 系统实施的关键问题与解决方案

一、数字化财务管理系统应确保历史数据准确、完整地迁移到新系统

（一）概述

随着信息技术的迅猛发展，企业正逐渐迈向数字化转型的道路。财务管理作为企业运营的核心，其数字化进程尤为关键。在数字化财务管理系统的建设过程中，历史数据的迁移是一项重要而复杂的任务。历史数据不仅记录了企业的财务状况和经营成果，还包含了大量有价值的信息，对于企业的决策分析、风险评估等方面具有重要意义。因此，确保历史数据准确、完整地迁移到新系统，对于企业的财务管理和整体运营至关重要。

（二）历史数据迁移的重要性

历史数据是企业决策的重要依据。通过迁移历史数据，企业可以在新系统中继续利用这些数据进行分析和预测，为企业的战略规划和决策提供有力支持。历史数据包含了企业的风险信息，如坏账、逾期账款等。通过迁移这些数据，企业可以在新系统中建立更完善的风险管理机制，及时识别和控制潜在风险。

一些国家和地区要求企业保留一定期限的财务数据以供审计和税务检查。通过迁移历史数据，企业可以确保满足这些法规要求，避免因数据丢失或损坏而引发的法律纠纷。

（三）确保历史数据准确、完整迁移的策略

在数据迁移之前，企业应制订详细的数据迁移计划，该计划应包括迁移的目标、范围、时间表、资源需求、风险评估和应对措施等方面。通过制订详细的计划，企业可以明确数据迁移的各个环节和步骤，确保迁移过程的顺利进行。根据企业的实际情况和需求，选择合适的数据迁移工具和技术，这些工具和技术应具备高效、稳定、可靠的特点，能够确保数据在迁移过程中的完整性和一致性。同时，企业还需要考虑工具和技术的学习成本和维护成本，选择最适合自己的方案。

在数据迁移之前，企业应对历史数据进行清洗和校验。通过删除冗余数据、修正错误数据和补充遗漏数据，提高数据的质量。同时，企业还需要对数据进行一致性校验，确保迁移后的数据与原始数据一致，这可以通过使用数据校验工具或编写自定义的校验脚本来实现。

在数据迁移过程中，建立数据备份和恢复机制至关重要。通过定期备份数据，企业可以确保在迁移过程中出现意外情况时能够及时恢复数据。同时，企业还需要制定详细的数据恢复计划，明确恢复流程和责任人，确保在数据丢失或损坏时能够迅速恢复数据。在数据迁移完成后，企业应对迁移后的数据进行测试和验证。通过比对迁移前后的数据，确保数据的准确性和完整性。同时，企业还需要对新系统的性能和稳定性进行测试，确保新系统能够满足企业的业务需求，这可以通过编写测试用例、执行自动化测试或进行手动测试来实现。

数据迁移是一项复杂的任务，需要专业的技术人员和管理人员的参与。因此，企业应加强人员培训和管理，提高技术人员的专业技能和管理人员的组织协调能力。通过培训，技术人员可以掌握数据迁移的相关知识和技能，提高迁移过程的效率和准确性。管理人员应协调各方资源，确保迁移过程的顺利进行。

二、数字化财务管理系统应提供系统操作培训和技能提升计划

（一）概述

随着信息技术的快速发展，数字化财务管理系统已经成为现代企业不可或缺的一部分。它不仅提高了财务管理的效率，还为企业的决策提供了更加准确、及时的数据支持。要使数字化财务管理系统真正发挥其应有的作用，系统操作人员的培训和技能提升是至关重要的。

（二）系统操作培训与技能提升的重要性

提高操作效率：经过专业培训的操作人员能够更快速地掌握系统的各项功能，提高操作效率，减少因操作不当导致的错误和延误。

保障数据安全：培训能够增强操作人员的安全意识，使他们在使用系统时更加注重数据保护，避免因操作不当导致的数据泄露或丢失。

促进团队协作：通过培训，不同部门的操作人员能够更好地理解系统的功能和操作流程，从而在工作中更好地协作，提高整体工作效率。

应对技术更新：随着技术的不断发展，财务管理系统也在不断更新换代。通过持续的技能提升计划，操作人员能够迅速适应新技术，保持竞争力。

（三）系统操作培训与技能提升的实施策略

制定培训计划：根据企业的实际情况和需求，制定详细的培训计划。计划应包括培训目标、培训内容、培训方式、培训时间和培训人员等方面。

确定培训内容：培训内容应涵盖系统的基本操作、功能介绍、数据处理、安全保护等方面。同时，还应根据企业的特殊需求，增加相应的培训内容。

选择合适的培训方式：培训方式可以包括线上培训、线下培训、实践操作等。企业可以根据自身情况和员工的实际情况，选择合适的培训方式。线上培训具有灵活性和便捷性，适合员工自主学习；线下培训则能够提供更加深入的交流和互动体验；实践操作则能够帮助员工更好地掌握系统的操作流程。

组织培训师资：企业应组织具有丰富经验和专业知识的培训师资，确保培训的质量和效果。培训师资可以是企业内部的专业人员，也可以是外部的专业培训机构。

实施培训并跟踪反馈：按照培训计划，组织员工参加培训。在培训过程中，要注意收集员工的反馈和建议，及时调整培训内容和方式。要对培训效果进行跟踪评估，确保培训的有效性。

制定技能提升计划：在员工掌握基本操作技能后，企业应制定技能提升计划，鼓励员工不断学习和提高。技能提升计划可以包括定期的技能考核、专业的进阶课程、参加行业会议和研讨会等。

（四）效果评估与持续改进

设定评估指标：为了评估培训效果，企业应设定具体的评估指标。这些指标可以包括员工对系统的熟练程度、操作错误率、工作效率提升程度等。

进行效果评估：在培训结束后，企业应组织员工进行效果评估。评估可以通过问卷调查、实际操作测试等方式进行。通过评估结果，企业可以了解培训的效果和员工的掌握情况。

分析评估结果并制定改进措施：根据评估结果，企业应分析培训中存在的问题和不足，并制定相应的改进措施。这些措施可以包括优化培训内容、改进培训方式、加强师资力量等。

持续改进培训计划：企业应定期回顾和更新培训计划，确保其与企业的发展需求和员工的实际情况相匹配。同时，还要根据新技术的发展和市场的变化，及时调整培训计划的内容和方向。

三、数字化财务管理系统应有效管理系统变更带来的风险和问题

（一）概述

随着企业数字化进程的加速，数字化财务管理系统在企业日常运营中扮演着至关重要的角色。然而，随着系统的不断更新和升级，系统变更所带来的风险和问题也日益凸显。如何有效管理系统变更带来的风险和问题，确保数字化财务管理系统的稳定运行，已成为企业面临的重要挑战。

（二）系统变更风险识别

系统变更可能导致数据泄露、数据丢失或数据不一致等风险。例如，在升级过程中，如果未能正确备份和迁移数据，可能会导致数据丢失或损坏；如果系统存在安全漏洞，可能会被黑客攻击，导致数据泄露。技术风险主要包括技术实现难度、技术兼容性和技术更新等风险。例如，新的系统版本可能与现有硬件或软件不兼容，导致系统无法正常运行；技术实现难度过大，可能导致项目延期或无法达到预期效果。

系统变更可能对企业的业务流程产生影响，导致业务中断或流程不畅。例如，新的系统版本可能改变原有的操作界面或操作流程，需要员工重新学习和适应；系统变更可能导致某些功能无法使用或需要调整业务流程。系统变更可能涉及法规遵从性问题，如数据保护法规、税务法规等。如果系统变更不符合相关法规要求，企业可能面临法律风险和罚款。

（三）系统变更风险评估

企业可以采用定性和定量相结合的方法对系统变更风险进行评估。定性评估主要基于专家经验和历史数据，对风险进行描述和分类；定量评估则通过收集数据、建立模型和计算风险概率和影响程度，对风险进行量化评估。

评估流程包括明确评估目标、收集信息、识别风险、评估风险、制定措施和持续改进等步骤。在评估过程中，企业应充分考虑各种可能的风险因素，确保评估的全面性和准确性。

（四）系统变更风险控制

企业应建立完善的风险管理机制，明确风险管理流程和责任分工。风险管理机制应包括风险识别、评估、控制、监测和报告等环节，确保对系统变更风险进行全面、系统的管理。针对识别出的系统变更风险，企业应制定相应的风险控制措施。例如，对于数据安全风险，可以采取数据加密、备份和恢复等措施；对于技术风险，可以进行充分的测试和兼容性检查；对于业务流程风险，可以提前进行培训和宣传；对于法规遵从风险，可以聘请专业顾问进行合规性审查。

企业应实施对系统变更风险的监控和报告机制。通过定期或不定期的监控和检查，及时发现和处理潜在的风险问题；通过报告机制，向管理层和相关部门报告风险情况，以便及时采取应对措施。

（五）系统变更持续改进

企业应积极收集员工、客户和其他利益相关者的反馈和意见，了解他们对系统变更的看法和建议。这些反馈和意见可以帮助企业识别潜在的风险和问题，为持续改进提供依据。企业应定期评估数字化财务管理系统的性能，包括系统的稳定性、安全性、易用性和效率等方面。通过评估结果，企业可以了解系统的运行状况，发现存在的问题并进行改进。

根据评估结果和反馈意见，企业应持续优化和更新数字化财务管理系统。这可以包括修复已知的漏洞、改进用户界面、增加新功能等。通过持续优化和更新，企业可以确保数字化财务管理系统始终保持在最佳状态，为企业的发展提供有力支持。

四、在实际应用前对数字化财务管理系统进行充分的测试

（一）概述

数字化财务管理系统已经成为现代企业不可或缺的一部分，它不仅提高了财务管理的效率，还为企业提供了更为精准、及时的数据支持。在实际应用前，对数字化财务管理系统进行充分的测试显得尤为重要。

（二）数字化财务管理系统测试的重要性

通过测试，可以确保数字化财务管理系统的功能、性能、安全性和稳定性等方面都达到预期要求，有助于减少在实际应用中可能出现的错误和问题，提高系统的质量和可靠性。在测试过程中，可以发现系统存在的潜在风险和问题，如数据泄露、性能瓶颈、兼容性问题等，这些潜在风险如果未能及时发现和处理，可能会对企业造成严重的损失。

通过测试，可以了解用户在使用数字化财务管理系统时的实际体验。这有助于发现系统界面、操作流程等方面存在的问题，并进行相应的优化和改进，提高用户满意度和使用效率。经过充分的测试后，数字化财务管理系统可以更加稳定、可靠地运行，这为企业将系统正式上线提供了有力的保障，减少了因系统问题导致的业务中断和损失。

(三)数字化财务管理系统测试的策略和方法

在开始测试之前,需要制订详细的测试计划。测试计划应包括测试目标、测试范围、测试环境、测试方法、测试时间等方面的内容。测试计划应根据系统的实际情况和需求进行制定,确保测试的全面性和有效性。

功能测试是数字化财务管理系统测试的核心内容之一。它主要关注系统是否能够按照预期要求完成各种功能和操作。在功能测试中,需要编写详细的测试用例,覆盖系统的所有功能和业务流程。通过执行测试用例,可以验证系统的功能是否正确、完整和可靠。性能测试主要关注数字化财务管理系统的响应速度、处理能力、并发性等方面的性能表现。在性能测试中,可以使用各种性能测试工具和方法,如负载测试、压力测试、响应时间测试等。通过性能测试,可以了解系统在不同负载下的性能表现,确保系统能够满足企业的实际需求。

安全性测试是数字化财务管理系统测试中不可或缺的一部分。它主要关注系统的安全性能和防护能力,包括数据安全性、网络安全性、身份认证等方面的测试。在安全性测试中,可以使用各种安全测试工具和方法,如漏洞扫描、渗透测试等。通过安全性测试,可以发现系统存在的安全漏洞和潜在风险,并进行相应的修复和改进。

兼容性测试主要关注数字化财务管理系统在不同操作系统、浏览器、设备等方面的兼容性表现。在兼容性测试中,需要模拟各种实际使用场景和设备环境,测试系统在不同环境下的稳定性和性能表现。通过兼容性测试,可以确保系统能够在各种设备和环境下正常运行,提高系统的可用性和可维护性。

随着测试技术的不断发展,自动化测试已经成为数字化财务管理系统测试的重要手段之一。通过编写自动化测试脚本和工具,可以实现测试的自动化执行和结果验证,提高测试效率和准确性。自动化测试可以应用于功能测试、性能测试、兼容性测试等多个方面,帮助企业快速发现和修复系统存在的问题。回归测试是在系统修复或升级后重新进行测试的过程，它主要关注修复或升级后是否引入了新的问题或导致原有功能失效。在回归测试中，需要重新执行之前通过的测试用例，确保系统的稳定性和可靠性。

（四）测试过程中的注意事项

测试人员应严格按照测试计划进行测试工作，确保测试的全面性和有效性。同时，应及时记录测试过程和结果，为后续的分析和改进提供依据。测试用例是测试工作的基础，测试人员应充分理解系统的需求和业务流程，设计全面、有效的测试用例。同时，应注重测试用例的更新和维护，确保测试用例与实际需求保持一致。

测试人员应与开发人员保持密切的沟通和协作，及时将测试中发现的问题和缺陷反馈给开发人员，并跟踪问题的解决情况。同时，测试人员还应参与系统的需求分析和设计讨论，提前了解系统的需求和功能特点。测试人员应充分利用各种测试工具和技术，提高测试效率和准确性。同时，还应关注测试技术的最新发展动态，不断更新自己的知识和技能。

第五节　系统建设过程中的风险与应对策略

一、数字化财务管理系统应对技术难题和系统故障的策略

（一）概述

随着信息技术的迅猛发展，数字化财务管理系统已经成为现代企业不可或缺的重要工具。在实际运行过程中，技术难题和系统故障的出现往往会给企业带来不小的困扰。因此，如何有效地应对这些技术难题和系统故障，确保数字化财务管理系统的稳定运行，已成为企业面临的重要课题。

（二）技术难题的识别与解决

1. 技术难题的识别

技术难题通常源于系统的复杂性，技术的不断更新换代以及用户需求的不断变化。在数字化财务管理系统中，技术难题可能表现为系统性能瓶颈、数据安全问题、功能实现难度等。为了有效地识别技术难题，企业可以采取以下方法：

（1）定期收集用户反馈：通过用户调查、座谈会等形式，了解用户在使用数字化财务管理系统过程中遇到的问题和困难，从而识别技术难题。

（2）监控系统运行数据：通过监控系统的运行数据，如响应时间、错误日志等，可以发现系统存在的性能瓶颈和潜在问题。

（3）关注行业趋势和技术发展：及时了解行业趋势和技术发展动态，可以帮助企业预见到可能出现的技术难题。

2. 技术难题的解决

一旦识别出技术难题，企业需要及时采取措施进行解决。以下是一些常用的解决策略：

（1）寻求专业支持：对于复杂的技术难题，企业可以寻求专业机构或技术人员的支持，共同研究解决方案。

（2）更新升级系统：对于因技术过时导致的问题，企业可以考虑对系统进行更新升级，以支持更先进的技术和功能。

（3）优化系统配置：对于因系统配置不当导致的问题，企业可以调整系统参数、优化资源分配等方式来解决问题。

（4）加强安全防护：对于数据安全问题，企业可以采取加密、备份、防火墙等安全措施来保护系统数据的安全。

（三）系统故障的预防与应对

1. 系统故障的预防

系统故障的预防是确保数字化财务管理系统稳定运行的关键。以下是一些预防系统故障的策略：

（1）定期维护系统：定期对系统进行维护，包括清理垃圾文件、更新补丁、检查硬件状态等，可以减少系统故障的发生。

（2）备份重要数据：定期备份系统数据和用户数据，确保在系统故障发生时能够迅速恢复数据。

（3）制定应急预案：针对可能出现的系统故障，制定详细的应急预案，明确应对措施和恢复流程。

（4）加强员工培训：加强员工对数字化财务管理系统的培训，提高员工对系统故障的识别和应对能力。

2. 系统故障的应对

当系统故障发生时，企业需要及时采取措施进行应对。以下是一些应对系统故障的策略：

（1）快速定位问题：通过查看错误日志、系统监控数据等，快速定位系统故障的原因和位置。

（2）启动应急预案：根据应急预案，启动相应的恢复流程，尽快恢复系统的正常运行。

（3）通知相关人员：及时通知相关人员了解系统故障的情况和进展，以便他们做出相应的应对措施。

（4）记录故障信息：详细记录系统故障的信息，包括故障时间、原因、解决方案等，为后续的系统优化和改进提供依据。

（四）持续优化与改进

企业应积极收集用户、员工和其他利益相关者的反馈和意见，了解他们对数字化财务管理系统的看法和建议。这些反馈和意见可以帮助企业识别系统存在的问题和不足，为持续优化和改进提供依据。定期对数字化财务管理系统的性能进行分析，了解系统的响应速度、处理能力、并发性等方面的性能表现。通过性能分析，可以发现系统存在的瓶颈和潜在问题，并制定相应的优化措施。

随着技术的不断发展，企业应积极引入新技术和新功能来优化和改进数字化财务管理系统。例如，可以引入云计算、大数据、人工智能等先进技术来提高系统的性能和智能化水平；可以开发新的功能模块来满足用户不断增长的需求。用户体验是数字化财务管理系统成功的关键之一，企业应持续改进用户体验，包括优化用户界面、简化操作流程、提供个性化的服务等。通过改进用户体验，可以提高用户的满意度和使用效率，进而增强企业的竞争力。

二、数字化财务管理系统加强数据保护和备份措施

（一）概述

随着信息技术的快速发展，数字化财务管理系统已成为企业日常运营中不可或缺的一部分，然而，随之而来的是对数据保护和备份措施的迫切需求。在信息化时代，企业面临着来自内部和外部的多种数据安全威胁，如数据泄露、丢失、篡改等。因此，加强数字化财务管理系统的数据保护和备份措施，对于确保企业数据的安全性和完整性至关重要。

（二）数据保护的重要性

在数字化财务管理系统中，数据是企业最宝贵的资产之一。这些数据包括财务报表、交易记录、客户信息等，对于企业的正常运营和决策具有重要意义，一旦数据发生泄露、丢失或篡改，将给企业带来不可估量的损失。因此，加强数据保护，确保数据的安全性和完整性，对于企业的长期发展具有重要意义。

（三）当前面临的挑战

尽管数字化财务管理系统为企业带来了诸多便利，但同时也面临着数据保护方面的挑战。这些挑战主要包括以下几个方面：

技术挑战：随着信息技术的快速发展，新型的网络攻击和病毒不断出现，给数据保护带来了极大的挑战。企业需要不断更新和升级安全技术和设备，以应对日益复杂的安全威胁。

人为因素：企业内部员工的不当操作或恶意行为，以及外部黑客的攻击，都可能导致数据泄露或丢失。因此，加强员工的安全意识和培训，建立完善的安全管理制度，是防止人为因素导致数据泄露的关键。

法规遵从：随着数据保护法规的不断完善，企业需要遵守更多的法规要求，以确保数据的安全性和合规性。企业需要加强对法规的学习和遵守，以避免因违规操作而面临法律风险。

（四）加强数据保护和备份的具体措施

企业应制定详细的数据保护策略，明确数据保护的目标、原则、措施和责任；策略应涵盖数据的收集、存储、传输、使用和销毁等各个环节，确保数据的全生命周期安全。企业应加强网络安全防护，采用防火墙、入侵检测系统、反病毒软件等安全技术和设备，防止外部攻击和病毒入侵。同时，应定期更新和升级安全软件和补丁，以确保数字化财务管理系统的安全性和稳定性。

企业应采用数据加密技术，对敏感数据进行加密存储和传输，防止数据泄露。同时，应建立完善的访问控制机制，限制对数据的访问权限，确保只有授权人员才能访问和使用数据。企业应建立数据备份和恢复机制，定期备份重要数据，并存储在安全可靠的地方。同时，应制定详细的恢复计划，确保在数据丢失或损坏时能够迅速恢复数据。

企业应加强对员工的培训和安全意识教育，提高员工对数据保护的认识和重视程度，通过培训和教育，使员工了解如何正确使用系统、如何避免安全风险以及如何应对突发事件。企业应定期进行安全审计和风险评估，发现系统中存在的安全漏洞和风险点，并制定相应的整改措施。通过定期的安全审计和风险评估，可以及时发现并解决问题，提高系统的安全性和稳定性。

（五）持续改进与监控

加强数据保护和备份措施是一个持续的过程，需要企业不断改进和监控。企业应监控数字化财务管理系统的日志和警报信息，及时发现异常情况和潜在威胁。通过监控和分析日志信息，可以了解系统的运行状况和安全性水平，并采取相应的措施进行改进。

企业应定期进行漏洞扫描和渗透测试，发现系统中存在的安全漏洞和潜在风险。通过漏洞扫描和渗透测试，可以及时发现并修复安全漏洞，提高系统的安全性和稳定性。随着技术的不断发展，新的数据保护和备份方法和技术不断涌现，企业应积极评估新技术和新方法，选择适合自身需求的技术和方案进行应用。通过不断尝试和创新，可以提高数据保护和备份的效果和效率。

企业应持续优化和改进数字化财务管理系统，提高系统的性能和安全性。通过优化和改进系统，可以减少系统漏洞和风险点，提高系统的稳定性和可靠性。

三、数字化财务管理系统合理规划和执行实施计划

（一）概述

随着信息技术的快速发展和企业管理的数字化转型，数字化财务管理系统已成为现代企业不可或缺的重要工具。如何合理规划和执行数字化财务管理系统的实施计划，以确保系统的顺利上线和高效运行，是每个企业都需要面对的重要课题。

（二）需求分析

需求分析是数字化财务管理系统实施的首要步骤。在这一阶段，企业需要深入了解自身的业务需求和流程，明确系统需要支持的功能和特性。

企业应对现有的财务管理流程进行梳理，明确哪些环节需要借助数字化系统来优化和提升效率。同时，还需要考虑未来业务发展的需求，确保系统能够满足企业长期发展的需要。根据业务需求，企业应明确数字化财务管理系统需要具备的功能模块，如账务处理、报表生成、财务分析、预算管理等。还需要考虑系统的可扩展性和灵活性，以适应未来业务的变化和发展。

企业应对现有的技术基础进行评估，确定是否需要升级或更新硬件设备、操作系统、数据库等。同时，还需要考虑系统的安全性、稳定性和易用性等技术指标。

（三）系统设计

在需求分析的基础上，企业需要进行系统设计。系统设计是数字化财务管理系统实施的关键环节，它决定了系统的整体架构、功能模块、数据流程等。企业应根据业务需求和技术需求，设计合理的系统架构。系统架构应具备可扩展性、灵活性、可靠性和安全性等特点，以支持企业未来的业务发展和技术升级。根据需求分析的结果，企业应设计详细的功能模块，每个功能模块应具备明确的功能目标和操作流程，以满足企业的实际需求。同时，还需要考虑模块之间的关联性和协同性，以确保系统的整体性和一致性。

企业应设计清晰的数据流程，明确数据的来源、处理、存储和传输等环节。数据流程应确保数据的准确性和完整性，并支持数据的实时更新和共享。

四、数字化财务管理系统应提高员工对新系统的接受度和使用意愿

（一）概述

随着信息技术的飞速发展，数字化财务管理系统已成为企业提升管理

效率、优化资源配置的重要工具。然而，新系统的引入往往伴随着员工接受度和使用意愿的挑战。

（二）员工接受度与使用意愿的重要性

员工是企业运营的核心力量，他们对于新系统的接受度和使用意愿直接影响到系统的实施效果。提高员工对新系统的接受度和使用意愿，有助于减少系统推广过程中的阻力，提高系统的使用率和效率。员工积极参与和使用新系统，也能够促进系统功能的不断完善和优化，进一步提升企业的管理水平。

（三）影响员工接受度和使用意愿的因素

新系统的技术复杂性和易用性是影响员工接受度和使用意愿的重要因素。如果系统操作烦琐、功能复杂，员工可能会产生抵触情绪，降低使用意愿。员工对于新系统能否带来实际利益的期待也是影响接受度和使用意愿的关键因素。如果员工认为新系统能够提高工作效率、减轻工作负担或带来其他实际利益，他们更容易接受和使用新系统。

企业文化和员工的工作习惯也会对新系统的接受度和使用意愿产生影响。如果企业文化支持创新和变革，员工更容易接受新系统；如果员工已经习惯了旧有的工作方式和流程，他们可能会对新系统产生抵触情绪。系统推广过程中的沟通和培训环节也是影响员工接受度和使用意愿的重要因素。如果沟通和培训不充分、不到位，员工可能无法充分理解新系统的功能和优势，从而降低对新系统的接受度和使用意愿。

（四）提高员工接受度和使用意愿的策略

在系统规划和设计阶段，企业应深入了解员工的需求和期望，确保新系统能够满足员工的实际需求。这可以通过与员工进行访谈、问卷调查等方式进行调研。根据员工的需求和反馈，企业应不断优化系统的设计和功能，提高系统的易用性和实用性。例如，可以简化操作流程、提供友好的用户界面、增加实用的功能模块等。

在系统推广阶段，企业应通过各种渠道加强对新系统的宣传和推广。可以通过内部会议、培训、海报、宣传册等方式向员工介绍新系统的功能和优势，提高员工对新系统的认知和兴趣。企业应提供充分的培训和支持，帮助员工熟悉和掌握新系统的使用方法和技巧；可以组织专门的培训课程、编写详细的操作手册、提供在线帮助文档等方式为员工提供支持和帮助。

企业可以建立激励机制和反馈机制，鼓励员工积极使用新系统并提供反馈意见。例如，可以设立奖励制度、举办使用新系统的竞赛活动等方式激发员工的积极性和参与度；同时建立反馈渠道和机制，及时收集和处理员工的反馈意见，不断优化和完善系统。企业应积极营造变革的氛围和文化，鼓励员工积极拥抱变革并参与到新系统的推广和使用中来。可以通过组织团队建设活动、分享成功案例等方式激发员工的变革意识和积极性。

第六节 数字化财务管理系统的维护与升级

一、数字化财务管理系统应定期检查系统性能和修复潜在问题

（一）概述

随着企业管理的数字化转型不断深入，数字化财务管理系统已经成为企业日常运营中不可或缺的一部分。它不仅能提高财务数据的处理效率，还能为管理层提供及时、准确的决策支持。然而，任何系统都可能存在性能问题或潜在的安全隐患，因此，定期检查数字化财务管理系统的性能，并及时修复潜在问题，对于确保系统的稳定、高效运行至关重要。

（二）定期检查数字化财务管理系统性能的重要性

定期检查数字化财务管理系统的性能可以及时发现并解决潜在的运行故障，确保系统的稳定运行，这有助于减少因系统崩溃或数据丢失而带来

的损失。通过对系统性能的监测和分析，可以发现系统性能的瓶颈和优化点，从而对系统采取相应的优化措施，提高数据处理效率，这对于提高企业财务管理的效率具有重要意义。

定期检查系统性能还可以发现潜在的安全风险，如漏洞、病毒等，及时修复这些风险可以保护企业数据和资产的安全。

（三）检查系统性能的内容与方法

检查服务器的中央处理器（CPU）、内存、磁盘等硬件设备的运行状态和性能指标，确保硬件设备满足系统的运行需求。可以使用专业的硬件监控工具进行实时监测和分析，检查数据库、操作系统、应用软件等软件的运行状态和性能指标，确保软件系统的稳定性和高效性。可以通过查看系统日志、使用性能分析工具等方式进行性能分析。

检查网络带宽、延迟、丢包等网络性能指标，确保系统的网络传输效率和稳定性。可以使用网络监控工具进行实时监测和分析。检查系统的安全设置、防火墙、入侵检测等安全设备或工具的配置和运行状态，确保系统的安全性。可以通过定期的安全扫描、漏洞检测等方式进行安全性检查。

（四）修复潜在问题的步骤与措施

通过性能检查和安全性检查，识别出系统中存在的潜在问题，如性能瓶颈、安全漏洞等。对识别出的问题进行深入分析，找出问题的根本原因和影响因素，这有助于制定针对性的修复措施。根据问题的分析结果，制定具体的修复方案，修复方案应包括修复步骤、所需资源、时间计划等内容。

按照修复方案进行修复实施。在修复过程中，应注意备份重要数据，防止数据丢失或损坏。修复完成后，对系统进行验证测试，确保问题已得到解决且系统性能得到提升。同时，还应关注系统运行过程中的异常情况，及时发现并处理新的问题。

（五）实施定期检查与修复的注意事项

企业应制订明确的检查计划，明确检查的时间、频率、内容和方法等，这有助于确保检查的全面性和系统性。企业应选择适合自身系统的检查工具，确保工具的有效性和准确性。同时，还应定期对检查工具进行更新和维护，确保其适应系统的发展变化。

企业应建立专业的检查团队，负责系统的性能检查和潜在问题的修复工作。团队成员应具备丰富的系统管理经验和专业技能，能够独立完成检查工作并制定有效的修复方案。在检查过程中发现的问题应及时响应和处理，防止问题扩大化或影响系统的正常运行。同时，还应建立问题跟踪和反馈机制，确保问题的及时解决和系统的持续改进。

企业应加强对员工的培训和意识提升工作，提高员工对系统性能和安全的重视程度。通过培训和教育，使员工了解系统性能检查和修复的重要性，掌握基本的检查和修复技能，提高系统的整体维护水平。

二、数字化财务管理系统应及时获取和安装系统的最新版本

（一）概述

数字化财务管理系统的稳定性和安全性是其发挥效能的关键，因此，及时获取和安装系统的最新版本显得尤为重要。

（二）及时获取和安装最新版本的重要性

数字化财务管理系统的稳定性直接关系到企业的财务管理效率。随着技术的不断进步，系统开发商会不断发现并修复系统中的漏洞和缺陷，通过发布新版本来提高系统的稳定性。因此，企业及时获取和安装最新版本，可以有效避免因系统漏洞导致的数据丢失、错误计算等问题，保障财务管理的准确性和可靠性。

财务管理数据是企业的核心机密之一，其安全性至关重要。数字化财务管理系统通常具有严格的权限管理和数据加密措施，以保护数据不被非法获取和篡改。然而，随着网络攻击技术的不断升级，旧版本的系统可能

无法有效应对新型攻击。因此，企业需要及时获取和安装最新版本，以利用系统开发商提供的安全更新和防护措施，加强系统的安全性。

数字化财务管理系统的性能直接影响到企业的财务管理效率。随着企业规模的扩大和业务范围的拓展，对系统的性能要求也越来越高。新版本的系统通常会针对硬件环境和业务需求进行优化，提高系统的处理速度、响应时间和并发处理能力。因此，企业及时获取和安装最新版本，可以显著提升系统的性能，满足企业日益增长的财务管理需求。

财务管理受众多法律法规的约束和监管，随着法律法规的不断变化和更新，企业需要确保财务管理系统能够符合最新的法规要求。新版本的系统通常会根据最新的法律法规进行更新和调整，确保企业在进行财务管理时不会违反相关法律法规。因此，企业及时获取和安装最新版本，可以确保财务管理系统的合规性，避免因违反法规而导致的法律风险和经济损失。随着企业的发展和业务需求的变化，财务管理系统的功能也需要不断拓展和完善。新版本的系统通常会增加新的功能模块或优化现有功能，以满足企业新的管理需求。因此，企业及时获取和安装最新版本，可以充分利用系统开发商提供的新功能和技术支持，拓展系统的应用范围和提升企业的管理效率。

（三）如何有效获取和安装最新版本

企业应建立完善的数字化财务管理系统更新机制，确保能够及时获取到最新版本的系统安装包和相关文档。同时，企业还应制订详细的更新计划和时间表，确保在不影响正常业务运营的前提下进行系统的更新和升级。企业应加强对财务人员的培训和技术支持，确保他们熟悉并掌握新版本系统的使用方法和技巧。同时，企业还应与系统开发商建立紧密的合作关系，及时获取技术支持和解决方案，确保在更新和升级过程中遇到的问题能够得到及时解决。

在获取和安装新版本之前，企业应对系统进行严格的测试和验证工作，包括对新版本的功能、性能、安全性和合规性进行全面测试，确保新版本能够满足企业的实际需求和管理要求。同时，企业还应制定详细的回退计划，以应对在更新和升级过程中可能出现的问题和风险。

三、数字化财务管理系统应根据企业需求增加新的功能模块

（一）概述

在信息化和数字化的浪潮下，数字化财务管理系统已成为企业提升管理效率、优化资源配置、降低运营成本的重要工具。随着企业业务的不断拓展和市场的不断变化，企业对于财务管理系统的需求也在不断增加。因此，数字化财务管理系统应根据企业需求增加新的功能模块，以满足企业的实际需求，并进一步提升企业的竞争力。

数字化财务管理系统通常包括会计核算、资金管理、成本控制、财务分析等核心功能模块，这些模块能够覆盖企业日常的财务管理需求。

（二）根据企业需求增加新功能模块的重要性

每个企业的财务管理需求和业务模式都不尽相同，因此，数字化财务管理系统应具备高度的可定制性和灵活性。根据企业需求增加新的功能模块，可以确保系统能够更好地满足企业的个性化管理需求。例如，针对跨境电商企业，可以增加多币种结算、跨境税务处理等模块；针对制造业企业，可以增加生产成本管理、库存管理等模块。企业可以根据自身实际业务需求选择合适的功能模块，提高财务管理的针对性和实效性。

随着企业业务的不断拓展和市场的不断变化，财务管理的复杂性和难度也在不断增加。通过增加新的功能模块，数字化财务管理系统可以更好地支持企业的业务发展和管理需求。例如，增加移动办公模块，可以使财务人员随时随地处理财务事务，提高工作效率；增加自动化报表生成模块，可以减少人工操作，降低出错率，提高报表的准确性和及时性。这些新功

能模块的应用，将极大地提升财务管理的效率和质量。

财务管理是企业风险防控的重要环节之一。通过增加新的功能模块，数字化财务管理系统可以为企业提供更加全面和精准的风险防控支持。例如，增加财务风险预警模块，可以实时监测企业的财务状况和潜在风险，及时发出预警信号，帮助企业及时采取措施防范风险；增加内部审计模块，可以加强企业内部控制，规范财务行为，降低违规风险。这些新功能模块的应用，将有效增强企业的风险防控能力，保障企业的稳健发展。

随着市场竞争的加剧和企业竞争的日益激烈，企业需要不断创新以适应市场的变化。数字化财务管理系统作为企业管理的重要工具之一，也应该不断创新和发展。通过增加新的功能模块，数字化财务管理系统可以为企业提供更多元化、更高层次的信息支持和服务。例如，增加大数据分析模块，可以帮助企业深入分析财务数据和市场数据，发现新的商业机会和潜在风险；增加人工智能模块，可以实现自动化预测、智能决策等功能，为企业提供更加智能化的管理支持。这些新功能模块的应用，将促进企业创新发展，提升企业的市场竞争力。

随着信息技术的不断发展，企业信息化和数字化转型已成为不可逆转的趋势。数字化财务管理系统作为企业信息化的重要组成部分之一，应该积极响应这一趋势，不断增加新的功能模块以满足企业的信息化和数字化转型需求。通过增加新的功能模块，数字化财务管理系统可以更好地与企业的其他信息系统进行集成和协同工作，实现数据共享和业务协同；同时，也可以更好地支持企业的远程办公、移动办公等新型工作模式，提升企业的整体信息化水平。

（三）如何有效增加新的功能模块

在增加新的功能模块之前，数字化财务管理系统的开发者应深入了解企业的实际需求和管理特点。通过与企业的财务人员、管理层和业务部门进行充分沟通和交流，明确企业对于新功能模块的具体需求和期望。这将有助于开发者更加准确地把握企业的实际需求，确保新功能模块能够满足企业的实际需求和管理要求。

在开发新的功能模块之后，开发者应对其进行严格的测试和验证工作，包括对新功能模块的功能、性能、安全性和合规性进行全面测试，确保新功能模块能够满足企业的实际需求和管理要求。同时，开发者还应制定详细的测试计划和时间表，确保测试工作的全面性和准确性。在测试过程中如果发现问题和缺陷，应及时进行修复和完善，确保新功能模块的稳定性和可靠性。

在增加新的功能模块之后，开发者应加强对企业财务人员的培训和技术支持工作。通过培训和技术支持，确保企业财务人员能够熟练掌握新功能模块的使用方法和技巧，提高财务管理的效率和质量。同时，开发者还应建立完善的技术支持体系和服务机制，为企业提供及时、高效的技术支持和服务保障。

四、数字化财务管理系统应收集用户反馈，不断优化系统功能和性能

（一）概述

数字化财务管理系统作为企业日常运营中不可或缺的一部分，功能和性能需要不断地进行优化和改进。收集用户反馈并据此优化数字化财务管理系统的功能和性能，对于保持系统的先进性和竞争力具有重要意义。

（二）数字化财务管理系统的重要性

数字化财务管理系统通过整合企业的财务数据，实现了财务信息的集中化、自动化处理。该系统不仅能够加快数据处理速度，提高数据准确性，还能够为企业的决策提供有力支持。同时，数字化财务管理系统还具备高度的灵活性和可定制性，能够根据企业的实际需求进行个性化设置，满足

企业的特定管理需求。

（三）收集用户反馈的重要性

用户反馈是评估和优化数字化财务管理系统功能和性能的重要依据。通过收集用户反馈，企业可以了解系统的实际运行状况、用户的使用体验以及存在的问题和不足。这些反馈信息对于系统开发商来说，是改进和优化系统的重要参考。

用户反馈能够直接反映系统存在的问题和不足。例如，用户可能发现系统的某些功能操作烦琐、效率低下，或者存在某些未发现的错误和漏洞。这些问题和不足如果不及时解决，将会影响企业的财务管理效率和数据安全性。通过收集用户反馈，企业可以及时发现这些问题，并采取相应的措施进行解决。用户体验是衡量系统质量的重要标准之一。用户反馈能够反映系统的易用性、稳定性和可靠性等方面的表现。如果系统存在操作复杂、响应速度慢、界面不友好等问题，将会影响用户的使用体验。通过收集用户反馈，企业可以了解用户的真实需求和期望，对系统进行针对性的改进和优化，提升用户体验。

用户反馈还能够反映系统的性能和效率。例如，用户可能发现系统在处理大量数据时会出现卡顿或崩溃的情况，或者在某些特定操作下响应速度较慢，这些问题表明系统的性能需要进一步提升。通过收集用户反馈，企业可以了解系统的性能瓶颈和潜在问题，对系统进行优化和升级，提升系统的性能和效率。

（四）如何收集用户反馈并优化系统

企业可以通过多种渠道收集用户反馈，如在线调查、用户论坛、电子邮件等，这些渠道应方便用户随时提供反馈意见，并确保反馈信息的及时性和准确性。同时，企业还应建立专门的团队或部门负责处理用户反馈，确保反馈问题能够得到及时响应和解决。

收集到用户反馈后，企业应对其进行深入分析。首先，要对反馈信息进行分类整理，明确哪些问题是系统存在的问题和不足，哪些问题是用户操作不当或误解所致。其次，要对问题进行优先级排序，确定哪些问题需要优先解决，哪些问题可以稍后进行改进。最后，要制定详细的改进计划和时间表，确保问题能够得到及时有效的解决。

根据用户反馈的分析结果，企业可以对数字化财务管理系统进行优化和改进。对于系统存在的问题和不足，可以通过修改程序代码、增加新功能、优化算法等方式进行改进。对于用户操作不当或误解所致的问题，可以通过改进界面设计、提供详细的操作指南等方式进行解决。在优化过程中，企业还应注重系统的稳定性和安全性，确保改进后的系统能够稳定运行并保护用户数据安全。优化系统功能和性能是一个持续的过程。在改进过程中，企业应不断跟踪系统的运行状况和用户的使用体验，及时发现并解决新的问题。同时，企业还应定期收集用户反馈并进行分析评估，以便更好地了解用户需求和市场变化，并据此对系统进行进一步的优化和改进。

第四章 数字技术在财务管理中的应用

第一节 大数据在财务管理中的应用

一、利用大数据技术收集、整合多源财务数据

（一）概述

随着信息技术的迅猛发展，大数据技术已逐渐成为推动各行业转型升级的关键动力。在财务管理领域，大数据技术的应用为收集、整合多源财务数据提供了强有力的支持。多源财务数据不仅包括企业内部的财务数据，还涉及外部的市场数据、竞争对手数据等。

（二）大数据技术概述

大数据技术是指对海量、多样化、高速度增长的数据进行收集、存储、处理和分析的技术集合。它具备数据量大、类型多样、处理速度快和价值密度低等特点，能够有效地挖掘数据的潜在价值，为企业决策提供科学依据。

（三）利用大数据技术收集、整合多源财务数据的重要性

传统的财务数据收集方式往往依赖于人工录入和汇总，容易出现数据错误和遗漏。而利用大数据技术，企业可以自动化地收集来自不同渠道、

不同格式的财务数据,并进行实时更新和校验,从而大大提高数据的准确性和完整性。多源财务数据涵盖了企业内部和外部的各个方面,包括财务报表、交易记录、市场数据、竞争对手数据等。利用大数据技术,企业可以方便地收集这些数据,并对其进行整合和分析,从而拓宽数据来源和视野,为企业的战略决策提供更为全面、准确的数据支持。

通过对多源财务数据的整合和分析,企业可以更加深入地了解自身的财务状况和市场环境,发现潜在的机会和风险。同时,大数据技术还可以对历史数据进行挖掘和分析,为企业的预测和规划提供科学依据。这些都有助于企业提升决策效率和效果,实现可持续发展。

多源财务数据涵盖了企业的各个方面,包括供应链、销售、库存等,利用大数据技术对这些数据进行实时监控和分析,企业可以及时发现潜在的风险因素,并采取相应的措施进行防范和控制。这有助于企业降低运营风险,提高稳健性。

(四)利用大数据技术收集、整合多源财务数据的实践

在利用大数据技术收集、整合多源财务数据之前,企业需要明确数据的来源和类型,这包括确定哪些数据是必需的,哪些数据是可选的,以及数据的格式和存储方式等。只有明确了数据来源和类型,企业才能有针对性地进行数据收集和整合。为了方便地管理多源财务数据,企业需要构建一个统一的数据平台,该平台应能够支持不同格式和类型的数据存储和查询,并具备强大的数据处理和分析能力。通过构建统一的数据平台,企业可以方便地对多源财务数据进行整合和分析,提高数据处理的效率和准确性。

数据挖掘和分析技术是大数据技术的重要组成部分。企业可以利用这些技术对多源财务数据进行深度挖掘和分析,发现数据之间的关联关系和潜在价值。例如,企业可以利用聚类分析技术对客户进行细分;利用关联规则挖掘技术发现不同财务数据之间的关联关系等。这些都有助于企业更

加深入地了解财务状况和市场环境，提升决策的科学性和有效性。在利用大数据技术收集、整合多源财务数据的过程中，企业需要高度重视数据安全和隐私保护，这包括采取加密技术保护数据的传输和存储；建立严格的数据访问权限和审计机制；加强员工的数据安全意识培训等。只有保障了数据的安全和隐私，企业才能放心地使用大数据技术进行财务管理和决策支持。

二、基于大数据模型进行销售预测、成本分析等

（一）概述

随着信息技术的飞速发展，大数据已成为当今商业领域的核心驱动力。大数据模型以其强大的数据处理和分析能力，为企业提供了前所未有的商业洞察力和竞争优势。在销售预测和成本分析方面，大数据模型的应用更是为企业带来了革命性的变革。

（二）大数据模型在销售预测中的应用

销售预测的第一步是收集与整合相关的数据。大数据模型能够处理来自各种渠道的数据，包括历史销售数据、市场趋势数据、消费者行为数据等，通过对这些数据的整合，可以构建出一个全面的销售预测数据库。收集到的原始数据往往存在噪声、缺失值等问题，需要进行清洗和预处理。大数据模型中的数据清洗技术可以有效去除这些干扰因素，提高数据的准确性和可靠性。

在数据清洗和预处理后，就可以开始进行销售预测的分析与建模工作。常见的销售预测模型包括时间序列模型、回归模型、神经网络等。大数据模型能够运用这些算法，对数据进行深度分析，发现隐藏在数据中的规律和趋势。在得出销售预测结果后，需要对这些结果进行评估和优化。大数据模型提供了多种评估指标，如准确率、召回率、F1值等，帮助企业了解

预测结果的性能。同时，还可以根据评估结果对模型进行优化，提高预测的准确性。

销售预测的最终目的是为企业的实际决策提供支持。基于大数据模型的销售预测结果，企业可以制定更加精准的销售策略，如调整库存水平、优化定价策略等，从而提高销售效率和盈利能力。

（三）大数据模型在成本分析中的应用

成本分析的第一步是收集与整合相关的成本数据。这些数据包括直接成本（如原材料成本、人工成本等）和间接成本（如管理费用、销售费用等）。大数据模型能够对这些数据进行高效的收集和整合，为企业提供一个全面的成本数据库。在收集到成本数据后，就可以开始进行成本分析的工作。大数据模型中的数据分析技术可以帮助企业发现成本中的异常值和波动情况，从而找出成本控制的薄弱环节。同时，还可以运用数据挖掘技术，发现成本数据中的潜在规律和趋势，为企业提供更深入的洞察。

基于大数据模型的成本分析结果，企业可以制定更加有效的成本控制策略。例如，可以通过优化采购策略来降低原材料成本；通过提高生产效率来降低人工成本；通过优化管理流程来降低管理费用等。这些措施的实施将有助于企业降低总成本，提高盈利能力。成本分析的结果还可以为企业的决策提供有力支持。例如，在制定新产品定价策略时，需要考虑产品的成本结构以及市场竞争情况。基于大数据模型的成本分析结果可以帮助企业更准确地评估产品的成本水平，从而制定出更具竞争力的定价策略。此外，在面临市场风险时，如原材料价格波动等，企业可以运用大数据模型进行风险预测和评估，制定更加稳健的风险管理策略。

（四）大数据模型在销售预测与成本分析中的价值

基于大数据模型的销售预测和成本分析能够处理海量的数据，并运用先进的算法进行分析和建模。这使得预测结果更加准确可靠，为企业提供了更加精准的决策支持。大数据模型能够快速地处理和分析数据，并生成预测结果，这使得企业能够更快地做出决策，抓住市场机遇，提高决策效率。

通过基于大数据模型的成本分析，企业可以更加准确地了解成本结构和成本控制情况，这有助于企业降低运营成本，提高盈利能力。大数据模型还可以用于风险预测和评估，通过对市场趋势和潜在风险的深入分析，企业可以制定更加稳健的风险管理策略，降低经营风险。

三、构建大数据风险预警系统，实时监控财务风险

（一）概述

随着全球化和信息化的加速发展，企业面临的财务风险日益复杂和多样化。传统的财务风险预警方法已难以满足现代企业的需求，因此，构建基于大数据的风险预警系统成为企业财务管理的重要趋势。

（二）大数据风险预警系统的概念与意义

大数据风险预警系统是一种运用大数据技术对企业财务数据、市场数据、行业数据等多维度数据进行实时收集、处理、分析和预警的智能化系统。该系统能够及时发现企业面临的财务风险，为企业管理层提供决策支持，从而有效避免或减少财务损失。

构建大数据风险预警系统的意义在于：

提高财务风险预警的准确性和及时性。通过大数据技术，系统能够实时收集和处理海量数据，快速发现潜在风险，为企业赢得宝贵的时间窗口。

增强企业的风险应对能力。系统能够为企业提供全面的风险信息，帮助企业制定针对性的风险应对措施，降低财务风险对企业的影响。

优化企业的资源配置。通过风险预警，企业能够及时调整经营策略，优化资源配置，提高资源利用效率。

(三)大数据风险预警系统的构建

系统需要收集企业内部的财务数据、业务数据以及外部的市场数据、行业数据等,这些数据来源广泛、类型多样,需要通过数据清洗、整合和标准化等预处理过程,转化为可供系统分析和挖掘的数据格式。为了支持实时分析和预警,系统需要采用高效的数据存储和管理技术,包括分布式存储系统、数据库管理系统等,以确保数据的可靠性和安全性。

系统需要运用数据分析技术,如数据挖掘、机器学习等,对整合后的数据进行深度分析和挖掘。通过构建风险预警模型,系统能够自动识别出潜在的风险因素,并对其进行评估和预警。当系统识别出潜在风险时,需要及时向企业管理层发出预警信息。同时,系统还需要提供决策支持功能,帮助企业管理层制定针对性的风险应对措施。

随着企业业务的发展和外部环境的变化,系统需要不断优化和更新,包括更新数据源、优化分析模型、完善决策支持功能等,以确保系统的时效性和准确性。

(四)大数据风险预警系统在实时监控财务风险中的应用

大数据风险预警系统在实时监控财务风险中发挥着重要作用。系统可以实时监控企业的现金流状况、应收账款、存货等流动性指标,及时发现流动性风险。当流动性指标出现异常时,系统可以自动发出预警信息,提醒企业管理层采取措施降低风险。系统可以收集和分析客户的信用信息,构建客户信用评估模型。通过实时监控客户的信用状况,系统可以及时发现信用风险,并为企业制定信用政策提供依据。

系统可以收集和分析市场数据,包括股票价格、利率、汇率等,构建市场风险预警模型。通过实时监控市场变化,系统可以及时发现市场风险,并为企业制定投资策略提供参考。系统可以实时监控企业的运营数据,包括生产成本、销售数据、库存状况等。当运营数据出现异常时,系统可以自动发出预警信息,提醒企业管理层调整运营策略以降低风险。

四、提供数据驱动的决策支持，辅助管理层做出科学决策

（一）概述

在当今的商业环境中，数据已成为推动决策制定和策略规划的核心动力。数据驱动的决策支持为管理层提供了深入的市场洞察和趋势预测，还通过量化的数据分析和模型预测，帮助管理层做出更加科学、合理的决策。

（二）数据驱动的决策支持概述

数据驱动的决策支持是指通过收集、整理、分析和挖掘各种数据，为管理层的决策提供数据支持的过程。它强调以数据为基础，运用统计分析、数据挖掘、机器学习等技术手段，揭示数据背后的规律和趋势，为管理层提供科学、客观的决策依据。与传统的经验决策相比，数据驱动的决策支持更加精准、高效，能够更好地适应复杂多变的商业环境。

（三）数据驱动的决策支持的特点

数据驱动的决策支持基于客观的数据和事实，不受主观经验和偏见的影响，能够提供更加公正、客观的决策依据。通过对海量数据的深度分析和挖掘，数据驱动的决策支持能够揭示数据背后的规律和趋势，为管理层提供精准的决策支持。借助先进的数据处理和分析技术，数据驱动的决策支持能够快速地处理和分析数据，为管理层提供及时的决策支持。通过构建预测模型，数据驱动的决策支持能够预测未来的市场趋势和变化，为管理层提供前瞻性的决策支持。

（四）数据驱动的决策支持的实施过程

根据决策需求，收集相关的数据资源，包括内部数据（如销售数据、财务数据等）和外部数据（如市场数据、行业数据等）。对收集到的数据进行清洗和预处理，去除重复、错误和无效的数据，确保数据的准确性和可靠性。

运用统计分析、数据挖掘等技术手段，对清洗后的数据进行深度分析和挖掘，揭示数据背后的规律和趋势。根据分析结果，构建预测模型或决策模型，为管理层的决策提供量化支持。将分析结果和模型预测结果以可视化的方式呈现给管理层，帮助管理层更好地理解数据和做出决策。

（五）数据驱动的决策支持在辅助管理层做出科学决策中的作用

数据驱动的决策支持能够收集和分析各种市场数据，为管理层提供全面深入的市场洞察和趋势预测，帮助管理层更好地把握市场动态和竞争态势。通过对数据的深度分析和挖掘，数据驱动的决策支持能够揭示潜在的风险和机会，为管理层提供预警和提示，帮助管理层及时应对挑战和把握机遇。数据驱动的决策支持能够揭示数据背后的规律和趋势，为管理层提供科学、客观的决策依据，帮助管理层优化资源配置和决策效率，提高企业的竞争力和盈利能力。

数据驱动的决策支持不仅能够为管理层提供短期的决策支持，还能够为企业的长期战略规划提供数据支持。通过对历史数据和市场趋势的分析，管理层可以更加准确地预测未来市场变化，为企业制定长期战略规划提供有力支持。

五、利用大数据洞察客户需求，提升客户满意度和忠诚度

（一）概述

在当今信息爆炸的时代，大数据已成为企业获取竞争优势的重要资源。对于许多企业来说，深入了解并满足客户需求是提高客户满意度和忠诚度的关键。大数据技术的应用，为企业洞察客户需求提供了前所未有的机会。

（二）大数据在洞察客户需求中的作用

大数据能够收集和分析客户在多个渠道上的行为数据，如购物记录、浏览历史、社交媒体互动记录等。通过对这些数据的深度分析，企业可以

了解客户的兴趣、偏好、需求以及消费习惯，从而为客户提供更加精准的产品和服务。

大数据技术的应用不仅限于分析历史数据，还能通过预测模型预测客户未来的需求。基于历史数据的分析结果，企业可以预测客户的购买趋势、消费偏好以及潜在需求，从而提前调整产品策略、营销策略以及服务策略，满足客户的预期。

大数据技术还可以帮助企业挖掘潜在客户。通过对海量数据的分析，企业可以发现那些具有潜在购买意愿但尚未成为实际客户的群体，针对这些潜在客户，企业可以制定针对性的营销策略，提高转化率。

（三）如何利用大数据提升客户满意度和忠诚度

通过大数据分析，企业可以了解客户的个性化需求，为客户提供定制化的产品和服务。例如，电商平台可以根据用户的浏览历史和购买记录推荐相关产品；餐饮企业可以根据客户的口味偏好提供定制化的菜单。这种个性化服务能够增强客户的满意度和忠诚度。大数据可以揭示客户服务流程中的瓶颈和不足之处。通过分析客户反馈、投诉记录以及服务流程数据，企业可以发现客户服务流程中存在的问题，并针对性地进行优化。例如，企业可以通过分析客户等待时间、服务响应时间等数据，优化服务流程，提高服务效率。

大数据技术的应用使得企业能够实现精准营销。通过分析客户的行为数据和购买记录，企业可以制定针对性的营销策略，如定向广告、优惠券推送等。这种精准营销能够降低营销成本，提高营销效果，并进一步增强客户满意度和忠诚度。大数据还可以帮助企业实现客户关怀。通过分析客户的生日、纪念日等重要日期以及购买历史等数据，企业可以在关键时刻向客户发送祝福和优惠信息，增强客户对企业的好感度和忠诚度。此外，企业还可以根据客户的反馈和建议持续改进产品和服务，提升客户满意度。

在多渠道营销的背景下，大数据可以帮助企业实现跨渠道整合。通过收集和分析客户在不同渠道上的行为数据,企业可以了解客户在不同渠道上的偏好和需求,为客户提供更加一致和便捷的服务体验。这种跨渠道整合能够增强客户对企业的信任感和忠诚度。

(四)实施大数据洞察客户需求的挑战与对策

在收集和分析客户数据的过程中,企业需要关注数据隐私与安全问题。企业需要采取严格的数据保护措施,确保客户数据不被泄露或滥用。企业还需要遵守相关法律法规和行业标准,确保数据使用的合规性。数据质量是大数据分析的基础,企业需要确保收集到的数据准确、完整、可靠。为此,企业需要建立完善的数据质量管理制度,对数据进行定期检查和清理。同时,企业还需要加强对数据源的审核和筛选,确保数据来源的可靠性。

大数据技术的应用需要一定的技术支持和人才储备。企业需要加强对大数据技术的投入和培训,提高员工的数据分析和应用能力。同时,企业还需要积极引进和培养大数据人才,为企业的发展提供有力支持。

第二节　人工智能在财务决策中的角色

一、利用人工智能(AI)技术自动化处理财务数据和流程

(一)概述

随着人工智能(AI)技术的快速发展,其在各行各业的应用日益广泛,特别是在财务管理领域。传统的财务数据处理和流程往往依赖于大量的人工操作和复杂的计算,这不仅效率低下,而且容易出错。AI技术的引入,为财务数据的自动化处理和流程优化提供了新的解决方案。

(二)AI技术在财务数据处理中的应用

AI技术能够自动从各种数据源中采集财务数据,如银行对账单、销售

报表、库存记录等。通过自然语言处理（NLP）和机器学习技术，AI能够理解和解析这些数据，并按照预设的规则进行整理。这大大减少了人工输入和校对的工作量，提高了数据的准确性和一致性。AI技术在数据分析方面具有强大的能力，通过深度学习等算法，AI能够自动分析财务数据中的模式和趋势，帮助企业识别业务机会和风险。同时，AI还能够基于历史数据构建预测模型，对未来财务情况进行预测，这有助于企业做出更加明智的决策，提高经营效益。

AI技术能够自动生成各种财务报告，如资产负债表、利润表、现金流量表等。通过预设的模板和规则，AI能够自动从数据库中提取数据并填入报告中，这大大缩短了财务报告的生成时间，提高了报告的准确性和及时性。

（三）AI技术在财务流程优化中的应用

许多企业的财务审批流程仍然依赖于人工操作，这不仅效率低下，而且容易出错。AI技术能够自动处理审批流程中的各个环节，如发票审核、报销审批等。通过预设的规则和算法，AI能够自动判断审批事项是否符合要求，并自动完成审批流程，大大提高了审批效率，降低了出错率。财务风险是企业经营中不可避免的问题，AI技术能够通过对财务数据的实时监控和分析，自动识别潜在的财务风险，并提前发出预警，有助于企业及时采取措施，避免或减少风险损失。同时，AI还能够根据历史数据构建风险预测模型，为企业提供更加精准的风险评估和控制建议。

税务管理是企业财务管理中的重要环节。AI技术能够自动处理税务申报、缴纳等事务性工作，减轻财务人员的负担。同时，AI还能够根据税法规定和企业实际情况，为企业提供最优的税务筹划方案，降低企业的税务负担。

（四）实施AI技术自动化处理财务数据和流程的挑战与对策

财务数据是企业的重要资产，必须得到妥善保护。在实施AI技术自动化处理财务数据和流程时，企业需要加强数据安全和隐私保护措施，确保数据不被泄露或滥用。同时，企业还需要遵守相关法律法规和行业标准，确保数据使用的合规性。AI 技术的应用需要一定的技术支持和人才储备，企业需要加强对 AI 技术的投入和培训，提高员工的技术水平和应用能力。同时，企业还需要积极引进和培养 AI 技术人才，为企业的发展提供有力支持。

自动化处理财务数据和流程需要对现有的财务流程进行优化和变革。企业需要仔细评估现有流程的效率和效果，并确定哪些环节可以通过 AI 技术实现自动化。在优化和变革过程中，企业需要充分考虑员工的接受程度和参与度，确保变革的顺利进行。

二、通过 AI 算法对财务数据进行深入分析和挖掘

（一）概述

随着科技的飞速发展，人工智能（AI）技术已经逐渐渗透到各个行业，其中，财务领域也不例外。传统的财务数据分析方法往往依赖于人工操作和简单的统计分析，难以满足现代企业对财务数据深度和广度的需求。而 AI 算法的应用，为财务数据的深入分析和挖掘提供了新的思路和方法。

（二）AI 算法在财务数据分析中的应用

在进行财务数据分析之前，数据预处理是至关重要的一步。由于财务数据的来源广泛、格式多样，因此需要通过数据清洗、转换、整合等步骤，将原始数据转化为适合 AI 算法处理的标准格式。AI 算法可以帮助自动化地完成这些任务，提高数据处理的效率和准确性。

AI 算法在预测分析方面有着广泛的应用。通过对历史财务数据的学习和训练，AI 算法可以构建预测模型，对未来的财务情况进行预测，这种预测分析可以帮助企业提前识别潜在的风险和机会，为企业的决策提供有力支持。例如，通过 AI 算法对销售数据的预测分析，企业可以预测未来的销售趋势，从而调整生产计划和库存策略。财务数据中往往隐藏着许多关联

关系，这些关联关系对于理解企业运营情况和制定策略具有重要意义。AI 算法可以通过关联分析技术，发现财务数据之间的关联关系，揭示隐藏在数据背后的规律。例如，通过 AI 算法对销售和成本数据的关联分析，企业可以发现哪些产品或服务具有更高的盈利能力，从而优化产品结构和销售策略。

财务数据中可能存在一些异常值或异常模式，这些异常值或异常模式可能代表着潜在的问题或机会。AI 算法可以通过异常检测技术，自动识别和发现这些异常值或异常模式，并给出相应的预警和建议。这有助于企业及时发现并解决问题，避免潜在的风险。

（三）AI 算法在财务数据挖掘中的应用

聚类分析是一种无监督学习方法，可以将相似的财务数据归为一类。通过聚类分析，企业可以发现具有相似特征的客户、产品或市场等，从而制定更加精准的营销策略和风险管理策略。AI 算法可以帮助企业自动化地进行聚类分析，提高分析的效率和准确性。

决策树和随机森林是两种常用的分类和回归算法。通过对财务数据的分类和回归分析，AI 算法可以帮助企业识别潜在的风险和机会，并预测未来的财务情况。这些算法可以处理复杂的财务数据集，并给出易于理解的结果和解释。

神经网络和深度学习是 AI 领域的先进技术，可以处理复杂的非线性关系和大规模数据集。在财务数据挖掘中，神经网络和深度学习算法可以帮助企业发现隐藏在财务数据中的深层规律和模式。这些算法可以通过自学习和自调整的方式不断优化模型性能，提高分析的准确性和可靠性。

三、基于历史数据和市场趋势，进行财务预测和规划

（一）概述

在竞争激烈的商业环境中，企业为了保持持续的发展和竞争优势，需

要不断地进行财务预测和规划。财务预测和规划不仅有助于企业明确未来的经营目标和方向，还能帮助企业提前规避潜在的风险，实现资源的优化配置。

（二）历史数据在财务预测中的作用

历史数据是企业进行财务预测的重要基础。通过对历史数据的深入分析，企业可以了解过去的经营情况、财务状况和业绩表现，为未来的财务预测提供有力的数据支持。

历史数据反映了企业在过去一段时间内的经营情况和财务状况。通过对历史数据的分析，企业可以发现一些经营规律和趋势，如销售增长率、成本降低率、利润率等。这些规律和趋势可以帮助企业预测未来的经营情况和财务状况，为企业的决策提供有力支持。历史数据中包含了一些财务风险的信息。通过对历史数据的分析，企业可以评估过去的财务风险情况，如坏账率、存货周转率、应收账款周转率等，这些评估结果可以帮助企业预测未来的财务风险，并提前采取措施进行防范和规避。

财务预测需要建立预测模型并确定相关参数。历史数据可以为预测模型的建立和参数的确定提供重要依据。通过对历史数据的分析，企业可以选择合适的预测模型并确定相关参数，从而提高预测的准确性和可靠性。

（三）市场趋势在财务规划中的重要性

市场趋势是企业进行财务规划时需要考虑的重要因素。市场趋势反映了未来一段时间内市场需求、竞争格局和行业发展方向的变化情况。通过对市场趋势的分析，企业可以更加准确地预测未来的经营环境和市场变化，为财务规划提供有力支持。

市场趋势可以帮助企业预测未来的市场需求情况。通过对市场趋势的分析，企业可以了解未来一段时间内消费者需求的变化趋势、市场规模的增长情况等，这些信息可以帮助企业调整产品策略、销售策略和产能规划等，以满足市场需求并实现销售目标。市场趋势还可以反映未来一段时间内竞争格局的变化情况。通过对市场趋势的分析,企业可以了解竞争对手的战略调整、市场份额的变动情况等,这些信息可以帮助企业制定更加有效的竞争策略,提高市场竞争力并保持市场地位。

市场趋势还可以揭示未来一段时间内行业的发展趋势。通过对市场趋势的分析,企业可以了解行业未来的发展方向、技术创新趋势和政策环境等。这些信息可以帮助企业把握行业发展的机遇和挑战,制定更加符合行业发展趋势的战略规划。

(四)基于历史数据和市场趋势的财务预测与规划流程

企业需要收集过去一段时间内的财务数据、经营数据和市场数据等,并进行深入的分析。通过对历史数据的分析,企业可以了解过去的经营情况和财务状况,并发现一些经营规律和趋势。

企业需要分析未来一段时间内市场需求、竞争格局和行业发展趋势的变化情况。通过对市场趋势的分析,企业可以预测未来的经营环境和市场变化,为财务预测和规划提供有力支持。企业需要选择合适的预测模型并确定相关参数。预测模型的选择和参数的确定应该基于历史数据和市场趋势的分析结果,通过对预测模型的建立和参数的确定,企业可以提高预测的准确性和可靠性。

在建立了预测模型并确定了相关参数之后,企业可以进行财务预测。财务预测应该包括收入预测、成本预测、利润预测等方面。预测结果应该基于历史数据和市场趋势的分析结果,并考虑各种不确定因素的影响。根据财务预测的结果,企业需要制定财务规划,财务规划应该包括预算制定、资金筹措、投资规划等方面。在制定财务规划时,企业应该充分考虑市场需求、竞争格局和行业发展趋势的影响,以实现资源的优化配置和企业的持续发展。

(五)需要注意的问题

历史数据和市场数据的真实性和准确性是进行财务预测和规划的基础。

企业需要确保所收集的数据来源可靠、真实有效，并进行必要的数据校验和验证。预测模型的适用性对于预测结果的准确性和可靠性具有重要影响，企业需要根据实际情况选择合适的预测模型，并进行必要的模型验证和调整。

财务预测和规划受到多种不确定因素的影响，如市场需求变化、竞争加剧、政策调整等，企业需要充分考虑这些不确定因素的影响，并制定相应的应对措施和预案。财务预测和规划需要具有一定的灵活性和可调整性。由于市场环境和企业内部条件的变化，财务预测和规划可能需要进行相应的调整和优化，企业需要建立灵活的预测和规划机制，以便在需要时能够快速响应并做出调整。

（六）实施财务预测与规划的策略

企业应加强对历史数据和市场数据的收集、整理和分析能力。通过建立健全的数据管理系统，确保数据的准确性和完整性。同时，利用先进的数据分析工具和技术，挖掘数据背后的价值，为财务预测和规划提供有力支持。企业应建立专业的财务预测与规划团队，培养具备数据分析、市场洞察和战略规划能力的专业人才，通过定期培训和交流，提高团队成员的专业素养和综合能力，确保财务预测与规划工作的顺利进行。

企业应根据自身实际情况和市场环境，制定合理的财务预测与规划周期。预测与规划周期不宜过长，以免因市场变化导致预测结果失真；同时也不宜过短，以免频繁调整规划影响企业的稳定性和发展。在进行财务预测与规划时，企业可以引入外部专家的意见。外部专家具备丰富的行业经验和专业知识，能够为企业提供更加全面和深入的分析和建议，通过与外部专家的合作，企业可以更加准确地把握市场趋势和行业发展趋势，提高财务预测与规划的准确性和可靠性。

企业应持续优化财务预测与规划流程，确保流程的高效性和适应性。通过不断总结经验教训，发现流程中存在的问题和不足，并及时进行改进和优化。同时，关注新技术和新方法的发展动态，将新技术和新方法引入到预测与规划流程中，提高预测与规划工作的效率和准确性。

四、运用 AI 技术辅助财务审核，提高审核效率和准确性

（一）概述

随着信息技术的飞速发展，人工智能（AI）技术已在多个领域展现出其巨大的潜力和价值。在财务审核领域，传统的审核方法往往依赖于人工的细致检查和判断，这不仅耗时耗力，而且容易出错。近年来，越来越多的企业开始尝试运用 AI 技术辅助财务审核，以提高审核效率和准确性。

（二）AI 技术在财务审核中的应用

AI 技术能够自动处理大量的财务数据，如凭证录入、分类和汇总等。通过机器学习算法，AI 可以识别和理解财务数据中的模式和规律，实现数据的自动化处理，这不仅可以大大节省人工时间，还可以提高数据处理的准确性和一致性。AI 技术可以通过对历史财务数据的分析，识别出潜在的财务风险点，并提前发出预警。例如，AI 可以监测到异常交易、不寻常的支出模式或欺诈行为等，从而帮助企业及时发现问题并采取相应的措施。

AI 技术可以辅助完成一些重复的、烦琐的审计流程，如合规性检查、内部控制测试等。通过预设的规则和算法，AI 可以自动执行这些流程，并生成相应的报告，不仅可以提高审计效率，还可以减少人为错误。AI 技术可以运用大数据分析技术，对财务数据进行深入的分析和挖掘，发现其中的规律和趋势，这些分析结果可以为企业的决策提供支持，帮助企业做出更加明智的财务决策。

（三）AI 技术如何提高财务审核效率和准确性

AI 技术的自动化处理能力可以大大减轻财务审核人员的工作负担，他们不再需要手动处理大量的财务数据，而是可以将更多的精力投入到复杂

的数据分析和决策支持中。这不仅提高了工作效率，还降低了人为错误的风险。AI 技术通过对历史财务数据的分析，可以精准地识别出潜在的财务风险点，并提前发出预警，这种预警能力可以帮助企业及时发现问题并采取相应的措施，避免潜在的风险转化为实际的损失。

AI 技术辅助的自动化审计流程可以大大提高审计效率。通过预设的规则和算法，AI 可以自动执行一些重复的、烦琐的审计流程，并生成相应的报告，不仅减少了人工操作的时间和成本，还提高了审计的准确性和一致性。AI 技术的大数据分析能力可以帮助企业深入挖掘财务数据中的价值，发现其中的规律和趋势，这些分析结果可以为企业的决策提供支持，帮助企业做出更加明智的财务决策。

（四）实施 AI 辅助财务审核的挑战与对策

AI 技术的效果在很大程度上取决于输入数据的质量。如果输入数据存在错误或遗漏，那么 AI 的分析结果也会受到影响。因此，企业在实施 AI 辅助财务审核时，需要确保输入数据的质量和准确性。AI 技术的实施需要一定的技术人才支持。然而，目前很多企业在 AI 技术人才方面存在短缺问题，为了解决这个问题，企业可以通过培训和引进外部人才等方式来加强自身的 AI 技术实力。

AI 技术在财务审核中的应用也涉及一些法律法规和道德问题。例如，如何确保 AI 技术的合规性、如何保护客户的隐私等。因此，企业在实施 AI 辅助财务审核时，需要遵守相关的法律法规和道德规范，确保技术的合法性和道德性。

五、开发智能财务助手，提供个性化的财务咨询和建议

（一）概述

随着科技的飞速发展，人工智能（AI）和大数据技术的应用越来越广

泛，这些先进技术不仅改变了人们的生活方式，也在财务管理领域带来了革命性的变革。在这个背景下，开发一款智能财务助手，为用户提供个性化的财务咨询和建议，成为满足市场需求、提升用户体验的重要途径。

（二）智能财务助手的需求分析

在财务管理领域，用户的需求呈现出多样化和个性化的特点。一方面，用户需要了解自身的财务状况，包括收入、支出、资产、负债等方面的信息；另一方面，用户需要针对自己的财务状况，获得专业的财务咨询和建议，以实现财务目标、规避财务风险。因此，智能财务助手需要能够全面收集用户的财务数据，提供个性化的分析和建议。

随着金融市场的不断发展，人们对于财务管理的需求越来越迫切。传统的财务管理方式往往依赖于人工操作和专业知识，无法更好地满足用户对于个性化、智能化服务的需求。因此，开发一款智能财务助手，不仅能够满足用户的个性化需求，还能够提高金融服务的效率和质量，具有广阔的市场前景。

（三）智能财务助手的技术实现

智能财务助手需要能够全面收集用户的财务数据，包括银行账户、信用卡、投资账户等各方面的信息。为了实现这一目标，可以采用API接口、OCR识别等技术手段，实现数据的自动抓取和整合。同时，为了保证数据的安全性和隐私性，需要采用加密技术和访问控制策略等措施。

在收集到用户的财务数据后，智能财务助手需要利用大数据和AI技术对数据进行深入的分析和挖掘，包括对用户财务状况的评估、财务风险的预警、未来财务趋势的预测等方面的内容。通过机器学习和自然语言处理等技术手段，可以实现对用户财务数据的智能解读和分析，为用户提供个性化的财务咨询和建议。

智能财务助手需要具备良好的用户交互能力，能够与用户进行自然、流畅的对话和交流。为了实现这一目标，可以采用自然语言处理、语音识别等技术手段,实现用户与智能财务助手的智能交互。同时,为了不断优化和改进智能财务助手的服务质量和用户体验,需要建立用户反馈机制,及时收集和处理用户的意见和建议。

(四)智能财务助手的应用场景

智能财务助手可以帮助个人用户全面了解自己的财务状况,包括收入、支出、资产、负债等方面的信息。同时,智能财务助手还可以根据用户的财务状况和财务目标,提供个性化的财务咨询和建议,帮助用户制定合理的财务规划和管理策略。智能财务助手也可以应用于企业财务管理领域。通过收集和分析企业的财务数据,智能财务助手可以帮助企业了解自身的财务状况和经营情况,发现潜在的风险和问题。同时,智能财务助手还可以为企业提供专业的财务咨询和建议,帮助企业制定更加科学合理的财务决策和管理策略。

智能财务助手还可以作为金融咨询和规划的工具,为用户提供专业的金融咨询和规划服务。例如,智能财务助手可以根据用户的财务状况和投资目标,为用户推荐合适的投资产品和策略;同时,智能财务助手还可以为用户提供税务筹划、保险规划等方面的咨询和建议。

第三节 区块链技术在财务管理的创新应用

一、利用区块链技术实现财务数据的透明和不可篡改

(一)概述

随着信息技术的快速发展,财务数据的管理和安全性问题日益凸显。传统的财务数据管理方式存在信息不透明、易被篡改等弊端,给企业和个人带来了极大的风险。而区块链技术作为一种去中心化、分布式、透明和

不可篡改的数据库技术，为财务数据的安全和透明管理提供了新的解决方案。

（二）区块链技术概述

区块链技术是一种基于去中心化、分布式账本技术的数据存储和传输方式。它通过密码学算法保证数据的安全性和可靠性，并使用分布式网络中的多个节点共同维护账本数据，实现数据的去中心化存储和传输。区块链技术的核心特点是透明、不可篡改、去中心化和分布式，这些特点使得区块链技术在金融、供应链管理、版权保护等领域具有广泛的应用前景。

（三）区块链技术在财务数据管理中的应用

区块链技术采用分布式账本的方式记录财务数据，每个节点都保存着完整的账本数据，并且每个节点都可以对数据进行查询和验证。这种分布式账本的方式使得财务数据更加透明，任何人都可以查看和验证账本数据，从而减少了数据被篡改的可能性。区块链技术采用先进的加密技术来保护财务数据的安全性。通过哈希函数和公私钥等加密手段，确保财务数据在传输和存储过程中的安全性。同时，区块链技术还采用共识机制来确保数据的完整性和一致性，防止数据被恶意篡改。

智能合约是区块链技术中的一个重要应用，它可以自动执行预设的财务规则和条件。通过智能合约，企业可以实现自动化的财务管理，如自动支付、自动审计等。智能合约的执行过程公开透明，且不可篡改，从而提高了财务管理的效率和安全性。

（四）区块链技术实现财务数据透明和不可篡改的优势

区块链技术的分布式账本特点使得财务数据更加透明。任何人都可以查看和验证账本数据，从而减少了数据被篡改的可能性，这种透明度有助于建立信任机制，提高企业和个人的财务诚信度。区块链技术采用先进的加密技术和共识机制来保障财务数据的安全性，通过哈希函数和公私钥等加密手段确保财务数据在传输和存储过程中的安全性。同时，共识机制可以确保数据的完整性和一致性，防止数据被恶意篡改。

区块链技术的自动化和智能化特点可以降低财务管理的成本。通过智能合约，企业可以实现自动化的财务管理，减少人工干预和错误。同时，区块链技术还可以提高财务审核的效率和准确性，降低企业的审计成本。区块链技术的透明性和不可篡改性有助于增强监管和合规性。监管机构可以实时查看和验证财务数据，确保企业遵守相关法律法规和规定。同时，区块链技术还可以为企业提供合规性证明和审计支持。

二、通过区块链技术优化供应链金融流程，降低融资成本

（一）概述

随着全球经济的不断发展，供应链金融作为连接供应商、制造商、分销商和最终客户的桥梁，在促进产业链上下游资金流、信息流和物流的顺畅流通中发挥着越来越重要的作用。然而，传统的供应链金融模式存在着信息不对称、操作烦琐、成本高昂等问题，限制了其进一步的发展。区块链技术以其去中心化、透明、不可篡改等特性，为供应链金融提供了新的解决方案。

（二）区块链技术概述

区块链技术是一种分布式数据库技术，通过密码学算法保证数据的安全性和可靠性，并使用共识机制确保数据的完整性和一致性。在区块链中，每个节点都保存着完整的账本数据，并共同参与数据的验证和更新。这种去中心化的结构使得区块链具有透明、不可篡改、可追溯等特性，为供应链金融提供了理想的解决方案。

（三）传统供应链金融的问题

供应链金融涉及多个参与方，各方之间的信息沟通存在障碍，容易导致信息不对称问题，这增加了金融机构的风险评估难度，也影响供应链金

融的效率。传统的供应链金融流程涉及多个环节和多个参与方,操作烦琐且耗时,限制了中小企业的融资能力,也影响了整个供应链的发展。

(四)区块链技术在供应链金融中的应用

区块链技术的透明和不可篡改特性有助于建立供应链各参与方之间的信任机制。所有交易数据都被记录在区块链上,且无法被篡改,这增加了数据的可信度。金融机构可以更加准确地评估供应链中的风险,降低融资成本。区块链技术可以简化供应链金融的融资流程。通过智能合约,金融机构可以自动执行融资审批、放款和还款等操作,减少人工干预和错误。同时,区块链技术还可以实现实时清算和结算,提高资金的使用效率。

区块链技术可以降低供应链金融的运营成本。由于数据的透明和共享,金融机构可以减少对纸质文档和人工审核的依赖,降低运营成本。此外,区块链技术还可以提高数据处理的效率,进一步降低运营成本。区块链技术可以拓展供应链金融的融资渠道,通过发行数字资产或代币化融资工具,企业可以更加灵活地筹集资金。同时,区块链技术还可以吸引更多的投资者参与供应链金融,提高市场的流动性。

(五)区块链技术优化供应链金融流程的具体措施

构建区块链供应链金融平台:整合供应链各参与方的数据资源,构建一个基于区块链技术的供应链金融平台。该平台可以实现数据的共享和验证,提高数据的可信度和透明度。

引入智能合约技术:在供应链金融平台中引入智能合约技术,实现融资流程的自动化和智能化。智能合约可以根据预设的规则和条件自动执行融资审批、放款和还款等操作,减少人工干预和错误。

推广数字资产和代币化融资工具:在供应链金融中推广数字资产和代币化融资工具,降低企业的融资成本。这些融资工具具有流动性强、风险分散等特点,可以吸引更多的投资者参与供应链金融。

加强监管和风险管理:在推广区块链技术的同时,需要加强监管和风险管理。监管机构需要制定相应的法律法规和标准体系来规范区块链技术在供应链金融中的应用。同时，金融机构也需要建立完善的风险管理体系来应对潜在的风险。

三、在财务管理中引入智能合约，实现自动化执行和减少人为干预

（一）概述

随着信息技术的飞速发展，财务管理作为企业运营的核心环节，正面临着前所未有的挑战和机遇。传统的财务管理模式往往依赖于大量的人工操作和纸质文档，这不仅效率低下，而且容易出错，增加了企业的运营成本和风险。智能合约作为一种基于区块链技术的自动化执行工具，为财务管理带来了新的变革。

（二）智能合约概述

智能合约是一种自动执行、自我验证的计算机协议，它能够在满足预设条件时自动执行相应的操作。智能合约的核心特点包括自动化、去中心化、透明和不可篡改。这些特点使得智能合约在财务管理中具有广泛的应用前景。

（三）智能合约在财务管理中的应用

智能合约可以自动执行财务流程中的各个环节，如支付、结算、审计等。通过预设的规则和条件，智能合约可以确保财务操作的准确性和及时性，减少了人工干预和错误的可能性。同时，智能合约还可以自动更新财务数据，实现数据的实时同步和共享。

传统的财务管理模式往往依赖于人工操作和纸质文档，这增加了人为干预和欺诈的风险，而智能合约通过自动化执行和去中心化的特点，减少了人为干预的可能性，降低了欺诈风险。智能合约的执行过程公开透明，所有参与者都可以查看和验证合约的执行情况，从而确保财务操作的公正

性和合法性。

智能合约的自动化执行特点可以显著提高财务效率和准确性。由于智能合约可以自动处理大量的财务数据和操作，因此可以大大减轻财务人员的工作负担，提高工作效率。同时，智能合约还可以减少人为错误和疏漏，提高财务数据的准确性。

（四）实现财务管理中智能合约的方法

在引入智能合约之前，首先需要明确财务管理中需要自动化的环节和操作，然后，根据这些环节和操作的特点和需求定义相应的合约规则和条件。这些规则和条件应该能够准确描述财务操作的要求和流程，确保智能合约能够正确执行。在定义了合约规则和条件之后，需要编写相应的智能合约代码。智能合约代码应该采用简洁、明了、易于理解的语言编写，以便其他参与者能够理解和验证合约的执行情况。同时，智能合约代码还应该具备高度的安全性和稳定性，以确保合约能够正确、可靠地执行。

在编写完智能合约代码之后，需要将其部署到区块链网络上，并进行测试和验证。测试和验证的过程应该包括对合约的功能、性能、安全性等方面的全面检查，以确保合约能够正确、可靠地执行。同时，还需要对合约进行多次测试和优化，以提高其执行效率和准确性。最后，需要将智能合约集成到企业的财务管理系统中，实现与现有系统的无缝对接。集成过程应该包括对系统的接口、数据格式、操作流程等方面的适配和调整，以确保智能合约能够与企业的财务管理系统顺畅地交互和协作。

（五）智能合约在财务管理中的优势

智能合约的自动化执行特点可以显著提高财务效率。由于智能合约可以自动处理大量的财务数据和操作，因此可以大大减轻财务人员的工作负担，提高工作效率。同时，智能合约还可以减少人为错误和疏漏，提高财务数据的准确性。

通过引入智能合约，企业可以降低财务管理中的运营成本。由于智能合约可以自动执行财务流程中的各个环节，因此可以减少对人工操作和纸质文档的依赖，降低企业的运营成本。同时，智能合约还可以降低企业的审计成本和合规成本。

智能合约的透明和不可篡改特点可以增强财务安全性。由于智能合约的执行过程公开透明，所有参与者都可以查看和验证合约的执行情况，从而确保财务操作的公正性和合法性。同时，智能合约还可以防止数据被篡改或伪造，保护企业的财务数据安全。

（六）面临的挑战与解决方案

虽然智能合约在财务管理中具有广泛的应用前景，但当前技术仍存在一定的成熟度与安全性问题。为了解决这些问题，企业需要加强对智能合约技术的研发和应用，提高技术的稳定性和安全性。同时，还需要加强对智能合约的监管和审计，确保其符合相关法律法规和规定。

智能合约的编写和审核需要一定的专业知识和技能。为了确保合约的正确性和可靠性，企业需要培养一支专业的智能合约编写和审核团队，或者寻求专业的第三方服务机构的支持。同时，还需要加强对智能合约的测试和验证工作，确保其能够正确、可靠地执行。

当前关于智能合约的法律法规和监管环境尚不完善，这可能会给企业的应用带来一定的风险和挑战。

（七）法律法规和监管环境的完善

随着智能合约在财务管理中的应用逐渐增多，相关法律法规和监管环境的完善变得尤为重要。政府和相关机构需要密切关注智能合约技术的发展动态，及时制定和修订相应的法律法规，为智能合约的合法应用提供法律保障。同时，监管机构也需要加强对智能合约的监管和审计力度，确保其符合法律法规和规定的要求。

（八）智能合约与财务管理的深度融合

未来，智能合约与财务管理的深度融合将是必然趋势。随着技术的不断进步和应用场景的不断拓展，智能合约将在财务管理中发挥更加重要的作用。企业可以通过引入智能合约来优化财务流程、降低运营成本、提高财务安全性等方面的能力，进一步提升企业的竞争力和市场地位。

企业需要加大对智能合约技术的研发投入，提高技术的稳定性和安全性。同时，还需要积极探索智能合约在财务管理中的应用场景和模式，推动智能合约技术在财务管理中的广泛应用。企业需要培养一支专业的智能合约编写和审核团队，或者寻求专业的第三方服务机构的支持，这支团队应该具备扎实的区块链技术基础、丰富的财务管理经验和良好的沟通协调能力，能够为企业提供高质量的智能合约编写和审核服务。

企业需要与金融机构、监管机构等各方建立紧密的合作关系，共同推动智能合约在财务管理中的应用和发展。通过加强合作，企业可以获取更多的技术支持和资源支持，同时也可以降低应用过程中的风险和挑战。

（九）智能合约在财务管理中的未来展望

随着技术的不断进步和应用场景的不断拓展，智能合约在财务管理中的应用前景将越来越广阔。未来，智能合约将在以下几个方面发挥更加重要的作用：

智能合约将能够覆盖财务管理的各个环节和流程，实现全面的自动化管理。通过预设的规则和条件，智能合约可以自动执行支付、结算、审计等操作，降低人工干预和错误的可能性，提高财务效率和准确性。智能合约将能够拓展财务管理的应用领域，覆盖更多的业务场景和领域。例如，在供应链管理、跨境支付、保险理赔等领域中，智能合约将能够发挥重要作用，帮助企业实现更加高效、安全、便捷的财务管理。智能合约的引入将推动财务管理的创新和发展。通过自动化执行和减少人为干预，智能合约将能够降低企业的运营成本和风险，提高企业的竞争力和市场地位。同时，智能合约还将推动财务管理模式的创新和变革，为企业带来更多的发展机遇和挑战。

总之，在财务管理中引入智能合约是实现自动化执行和减少人为干预的有效途径。通过加强技术研发和应用、培养专业人才队伍、建立完善的合作机制等措施，企业可以推动智能合约在财务管理中的广泛应用和发展，为企业的发展注入新的动力和活力。

四、利用区块链技术提高反欺诈和审计的效率和准确性

（一）概述

随着信息技术的飞速发展，欺诈行为和审计挑战也日益增多。传统的反欺诈和审计手段往往依赖于大量的人工操作和纸质记录，不仅效率低下，而且容易出错，给企业和机构带来了巨大的经济损失和信誉风险。区块链技术以其独特的去中心化、不可篡改和透明性等特性，为反欺诈和审计领域带来了革命性的变革。

（二）区块链技术在反欺诈中的应用

区块链技术可以记录每一笔交易的历史记录，形成一条完整的数据链。在反欺诈领域，可以利用区块链技术追溯和验证交易数据的来源和真实性。通过对比区块链上的数据和实际交易数据，可以发现并阻止欺诈行为。此外，区块链技术还可以记录交易参与者的身份信息和行为记录，为反欺诈提供更加全面和准确的数据支持。

智能合约是区块链技术的重要组成部分，它可以根据预设的规则和条件自动执行相应的操作。在反欺诈领域，可以利用智能合约自动检测和识别欺诈行为，并在发现欺诈行为时自动触发相应的处理机制。例如，当检测到某个账户存在异常交易行为时，智能合约可以自动冻结该账户的资金，并通知相关机构进行调查和处理。

区块链技术通过加密和匿名化技术保护交易参与者的隐私信息。在反欺诈领域，可以利用区块链技术的匿名性来保护消费者的隐私信息，防止

其被不法分子利用进行欺诈行为。同时，区块链技术还可以提供有限的可追溯性，以便在必要时对交易数据进行追溯和验证。

（三）区块链技术在审计中的应用

区块链技术可以确保数据的完整性和可信度。在审计过程中，审计人员需要验证数据的真实性和准确性。由于区块链上的数据具有不可篡改的特性，因此审计人员可以信任区块链上的数据，并将其作为审计的重要依据。这不仅可以提高审计的效率和准确性，还可以降低审计成本。

传统的审计流程往往需要大量的人工操作和数据核对工作，而区块链技术可以通过自动化执行和智能合约的方式，实现审计流程的自动化和智能化。例如，审计人员可以利用区块链技术自动收集和整理交易数据，通过智能合约自动执行审计规则和程序，从而实现对交易数据的快速、准确和全面的审计。

区块链技术可以实现数据的实时更新和同步。在审计过程中，审计人员可以实时监控和追踪交易数据的动态变化，及时发现异常情况并进行处理。这不仅可以提高审计的及时性和有效性，还可以降低审计风险。

（四）区块链技术在反欺诈和审计中的优势

区块链技术通过自动化执行和智能合约的方式，可以大大提高反欺诈和审计的效率和准确性。相比传统的人工操作和数据核对方式，区块链技术可以更快地处理大量数据，减少人为错误和疏漏，提高审计的准确性和可靠性。

区块链技术可以降低反欺诈和审计的成本和风险。由于区块链技术可以自动执行审计流程和监控交易数据，因此可以节省大量的人工和时间成本。同时，区块链技术还可以提高数据的安全性和可信度，降低审计风险。

区块链技术的透明性可以增强审计过程的透明度和信任度。由于区块链上的数据是公开可查的，因此审计人员可以更加清晰地了解交易数据的来源和流向，提高审计的公正性和可信度。同时，区块链技术还可以提高交易参与者的信任度，降低欺诈风险。

五、简化跨境支付和结算流程，降低交易成本和风险

（一）概述

随着全球化的加速推进，跨境贸易日益频繁，跨境支付和结算的需求也随之增长。传统的跨境支付和结算流程烦琐、周期长、成本高，且存在较高的风险，严重制约了跨境贸易的发展。区块链技术的出现为简化跨境支付和结算流程、降低交易成本和风险提供了新的解决方案。

（二）传统跨境支付和结算的问题

传统的跨境支付和结算流程涉及多个环节，包括银行、清算机构、支付网关等多个参与方。每个环节都需要进行审核和确认，导致整个流程冗长且效率低下。由于跨境支付和结算涉及多个国家和地区，不同国家和地区的支付和结算系统存在差异，导致跨境支付和结算的周期较长，也增加了交易的不确定性和风险。

传统跨境支付和结算的成本包括手续费、汇率损失、资金占用成本等多个方面，这些成本往往较高，增加了企业的负担。跨境支付和结算涉及多个国家和地区的法律法规、监管政策和汇率波动等因素，存在较高的风险。此外，传统的跨境支付和结算系统也容易受到欺诈和黑客攻击等安全威胁。

（三）区块链技术在简化跨境支付和结算流程中的应用

区块链技术中的分布式账本技术可以实现跨境支付和结算的实时清算和结算。分布式账本技术通过去中心化的方式，将交易数据记录在一个共享的账本中，确保数据的真实性和不可篡改性。在跨境支付和结算中，各参与方可以共同维护一个共享的账本，实现交易的实时清算和结算，大大缩短了交易周期。

智能合约是区块链技术中的一项重要应用，可以自动执行预设的规则和条件。在跨境支付和结算中，智能合约可以根据交易双方的事先约定，自动执行支付和结算操作，不仅可以提高交易效率，还可以降低人为错误和欺诈风险。

区块链技术中的加密货币和数字资产可以作为跨境支付和结算的媒介。与传统货币相比，加密货币和数字资产具有去中心化、全球通用、实时清算等优势。通过使用加密货币和数字资产进行跨境支付和结算，可以实现快速、低成本、低风险的交易。

（四）区块链技术降低交易成本和风险的优势

区块链技术通过实现跨境支付和结算的实时清算和结算，以及使用加密货币和数字资产作为交易媒介，可以显著降低交易成本。首先，实时清算和结算可以减少资金占用成本和汇率损失；其次，使用加密货币和数字资产可以降低手续费等成本。

区块链技术通过确保数据的真实性和不可篡改性，以及使用智能合约自动执行交易操作，可以显著降低交易风险。首先，分布式账本技术可以确保交易数据的真实性和完整性，防止欺诈和篡改；其次，智能合约可以自动执行预设的规则和条件，降低人为错误和欺诈风险；最后，加密货币和数字资产的去中心化特性可以降低对单一机构或国家的依赖风险。

区块链技术通过实现跨境支付和结算的实时清算和结算，以及使用智能合约自动执行交易操作，可以显著提高交易效率。这不仅可以缩短交易周期，还可以降低人工操作和数据核对的工作量，提高交易处理速度和准确性。

第四节　云计算对财务管理的影响

一、云计算提供灵活、可扩展的财务应用和服务

（一）概述

随着信息技术的飞速发展，云计算作为一种新兴的计算模式，已经逐渐渗透到各个行业领域，尤其是财务领域。云计算以其灵活、可扩展、高效和安全的特性，为财务应用和服务提供了前所未有的便利和机遇。

（二）云计算概述

云计算是一种基于互联网的计算方式，它将共享的计算资源（包括硬件、软件、数据等）以服务的形式提供给用户。云计算具有以下几个显著特点：

灵活性：用户可以根据需要随时调整计算资源的使用量，无须担心资源浪费或不足。

可扩展性：云计算资源可以根据业务需求进行快速扩展或缩减，满足企业不同阶段的发展需求。

高效性：云计算通过虚拟化技术实现资源的集中管理和调度，提高了资源利用效率。

安全性：云计算服务商通常具有专业的安全团队和严格的安全措施，确保用户数据的安全性和隐私性。

（三）云计算在财务应用中的优势

云计算为财务应用提供了极大的灵活性和可扩展性。企业可以根据自身业务需求，随时调整计算资源的使用量，满足不同阶段的财务处理需求。例如，在月末、年末等财务报表编制高峰期，企业可以临时增加计算资源，

提高报表编制效率；而在业务淡季，企业则可以减少计算资源的使用量，降低运营成本。此外，云计算还支持多租户模式，多个企业可以共享同一套财务系统，进一步降低企业的 IT 投入成本。

云计算通过集中管理和调度计算资源，实现了财务应用的高效运行。企业无须购买和维护昂贵的硬件设备，只需通过云端访问财务系统即可进行日常财务管理。这不仅降低了企业的 IT 维护成本，还提高了财务处理的效率。同时，云计算还支持移动办公和远程协作，使得财务人员可以随时随地处理财务数据，提高了工作便捷性。

云计算服务商通常具有专业的安全团队和严格的安全措施，确保用户数据的安全性和隐私性。在云计算环境中，财务数据被存储在云端服务器上，并经过加密处理，防止数据泄露和非法访问。此外，云计算服务商还提供了多种安全认证机制，如身份验证、访问控制等，确保只有授权用户才能访问财务数据。

（四）云计算在财务服务中的应用

云计算为在线会计服务提供了强大的支持。通过云端部署会计软件，企业可以随时随地访问和更新财务数据，实现远程协作和移动办公。同时，云计算还支持多用户并发访问和实时数据同步，确保财务数据的一致性和准确性。在线会计服务不仅提高了企业的财务管理效率，还降低了企业的 IT 投入成本。云计算为财务数据分析提供了高效的处理能力和丰富的数据资源。企业可以利用云计算平台对大量财务数据进行深度分析和挖掘，发现潜在的业务机会和风险点。同时，云计算还支持多种数据可视化工具和技术，帮助财务人员更好地理解数据和分析结果。财务数据分析服务有助于企业制定更科学的经营决策和战略规划。

云计算为税务筹划和申报服务提供了便捷和高效的支持。企业可以利用云计算平台快速获取最新的税收政策信息和法规动态，为税务筹划提供有力的支持。同时，云计算还支持自动化申报和报表生成功能，减轻企业税务申报的工作量。此外，云计算服务商还可以提供专业的税务咨询和解决方案服务，帮助企业降低税务风险和提高税务合规性。

（五）云计算在财务应用中的挑战与对策

虽然云计算为财务应用和服务带来了诸多优势，但在实际应用中也存在一些挑战和问题。例如，数据安全和隐私保护是云计算应用中最重要的问题之一。为了确保财务数据的安全性和隐私性，企业需要选择信誉良好、技术实力强大的云计算服务商，并加强自身的数据安全意识和管理能力。此外，云计算应用还需要解决跨平台兼容性和系统集成等问题，确保不同系统之间的数据交换和协同工作。

为了应对这些挑战和问题，企业可以采取以下对策：

选择合适的云计算服务商：企业需要根据自身业务需求和实际情况选择合适的云计算服务商，并与其建立长期稳定的合作关系。

加强数据安全意识和管理能力：企业需要加强数据安全意识和管理能力，制定完善的数据安全管理制度和应急预案，确保财务数据的安全性和隐私性。

解决跨平台兼容性和系统集成问题：企业需要选择支持多种操作系统和数据库的云计算平台，并加强系统集成和接口开发能力，确保不同系统之间的数据交换和协同工作。

二、通过云计算降低互联网技术（IT）基础设施和运维成本

（一）概述

随着信息技术的飞速发展，企业对于互联网技术（IT）基础设施和运维的需求日益增长。然而，高昂的 IT 基础设施建设和维护成本成为许多企业发展的瓶颈。云计算作为一种新兴的技术模式，以其独特的优势，如弹性伸缩、按需付费、高效管理等，为降低 IT 基础设施和运维成本提供了有效

的解决方案。

（二）云计算概述

云计算是一种基于互联网的计算方式，它将共享的计算资源（包括硬件、软件、数据等）以服务的形式提供给用户。云计算具有以下几个显著特点：

弹性伸缩：云计算资源可以根据业务需求进行快速扩展或缩减，满足企业不同阶段的发展需求。

按需付费：用户只需支付所使用的计算资源费用，无须为未使用的资源支付任何费用。

高效管理：云计算通过集中管理和调度计算资源，提高了资源利用效率，降低了管理成本。

（三）通过云计算降低 IT 基础设施成本

传统的 IT 基础设施需要大量购买和部署硬件设备，如服务器、存储设备、网络设备等，这不仅需要巨大的资金投入，还需要考虑设备的更新换代和维护成本。而云计算通过提供虚拟化的计算资源，企业可以根据业务需求快速获取所需的计算资源，这大大降低了企业的硬件投入成本。

云计算通过虚拟化技术将物理资源划分为多个虚拟资源，实现了资源的集中管理和调度。企业可以根据业务需求动态调整资源的使用量，避免资源的浪费和闲置。同时，云计算还支持资源的快速扩展和缩减，满足企业不同阶段的发展需求，提高了资源的利用效率，降低了 IT 基础设施的运行成本。

传统的 IT 基础设施在运行过程中需要消耗大量的能源，如电力等，而云计算通过集中管理和调度计算资源，提高了资源的利用效率，降低了能源消耗。此外，云计算还采用了节能技术和绿色数据中心设计，进一步降低了能源消耗和碳排放。

（四）通过云计算降低运维成本

云计算提供了统一的运维平台和管理工具，企业可以通过云端进行设备的监控、管理和维护,这简化了运维流程,降低了运维人员的工作量和难度。同时,云计算还支持自动化的运维操作,如自动备份、自动恢复、自动升级等,进一步降低了运维成本,云计算通过集中管理和调度计算资源,实现了资源的快速扩展和缩减。这使得运维人员能够更快地响应业务需求,提高运维效率。同时,云计算还支持远程协作和移动办公,使得运维人员可以随时随地处理运维问题,进一步提高了运维效率。传统的IT运维需要大量的人力资源进行设备的监控、管理和维护,而云计算通过提供统一的运维平台和管理工具,降低了对人力资源的需求。企业可以精简运维团队,将更多的人力资源投入到核心业务中。此外,云计算还支持自动化的运维操作,进一步降低了人力成本。

(五)云计算在实际应用中的优势和挑战

云计算在降低IT基础设施和运维成本方面具有显著的优势。首先,云计算降低了企业的硬件投入成本,使得企业可以更加灵活地调整计算资源的使用量。其次,云计算提高了资源的利用效率,降低了能源消耗和碳排放。最后,云计算简化了运维流程,提高了运维效率,降低了人力成本。在实际应用中,云计算也面临一些挑战。首先,数据安全和隐私保护是云计算应用中最重要的问题之一。企业需要选择信誉良好、技术实力强大的云计算服务商,并加强自身的数据安全意识和管理能力。其次,云计算的跨平台兼容性和系统集成也是一个需要解决的问题。企业需要选择支持多种操作系统和数据库的云计算平台,并加强系统集成和接口开发能力。

三、云计算支持远程办公和移动办公,提高财务工作效率

(一)概述

随着信息技术的快速发展和数字化转型的深入推进,远程办公和移动办公已成为现代企业运作的重要模式。特别是在财务领域,支持远程办公和

移动办公不仅能提高财务工作效率,还能加强财务管理的灵活性和实时性。

(二)远程办公和移动办公概述

远程办公是指员工在远离传统办公室的环境下,利用现代通信技术完成工作任务的办公模式。而移动办公则是远程办公的一种特殊形式,员工可以随时随地使用移动设备(如智能手机、平板电脑等)处理工作事务。这两种办公模式打破了传统办公的地理限制,使员工能够更加灵活地安排工作时间和地点,提高工作效率。

(三)远程办公和移动办公对财务工作效率的提升作用

云计算支持远程办公和移动办公,财务人员可以随时随地访问公司的财务系统,处理各种财务事务,这避免了传统办公模式中因地理位置限制而导致的工作延误,提高了工作效率。同时,远程办公和移动办公还使得财务人员能够在家中或其他非传统办公场所处理工作,从而节省了通勤时间和成本。远程办公和移动办公使得财务人员可以更加便捷地与同事、供应商和客户进行沟通和协作。通过视频会议、在线聊天和共享文档等工具,财务人员可以实时交流工作进展、讨论问题和共享信息,这加强了团队之间的协作和沟通,提高了财务工作的协同效率。

在远程办公和移动办公的环境下,财务人员可以实时访问和更新公司的财务数据,能够及时了解公司的财务状况和经营成果,从而做出更加快速准确的决策。同时,远程办公和移动办公还支持实时监控和预警功能,帮助财务人员及时发现潜在的风险和问题,并采取相应的应对措施。支持远程办公和移动办公使得财务人员能够更加灵活地安排工作时间和地点,他们可以根据自己的实际情况和需求选择最适合自己的工作方式,从而提高工作满意度和效率,这种灵活性也有助于企业吸引和留住优秀的财务人员,提高人才竞争力。

远程办公和移动办公可以降低企业的运营成本。首先,企业无须为远程办公员工提供实体办公空间和相关设施,从而节省了租金、水电等费用。

其次，远程办公和移动办公还可以减少员工的通勤时间和成本，提高员工的生活质量和工作效率。最后，远程办公和移动办公还有助于企业降低招聘成本，因为企业可以更加灵活地招聘来自不同地区的优秀财务人员。

（四）实际应用中的优势和挑战

1. 优势

支持远程办公和移动办公的财务系统通常具备以下优势：

（1）易于使用和操作：现代财务系统通常采用直观的用户界面和简洁的操作流程，使得远程办公和移动办公的员工能够轻松上手并高效地完成工作任务。

（2）高度安全性：财务系统需要具备强大的安全性能，以保护公司的财务数据免受未经授权的访问和泄露。现代财务系统通常采用多层次的安全机制，如身份验证、访问控制、数据加密等，确保财务数据的安全性。

（3）可扩展性和灵活性：随着公司业务的不断发展和变化，财务系统需要具备可扩展性和灵活性以适应不同的需求。现代财务系统通常采用模块化设计，支持定制化开发和配置，以满足不同公司的特定需求。

2. 挑战

在实际应用中，支持远程办公和移动办公的财务系统也面临一些挑战：

（1）数据安全性和隐私保护：由于财务数据具有高度的敏感性和重要性，如何确保远程办公和移动办公过程中的数据安全性和隐私保护是一个重要的问题。企业需要选择信誉良好、技术实力强大的财务系统供应商，并加强自身的数据安全意识和管理能力。

（2）网络稳定性和可靠性：远程办公和移动办公依赖于网络的稳定性和可靠性。如果网络环境不稳定或出现故障，可能会导致财务系统无法正常使用或数据丢失等问题。因此，企业需要选择稳定可靠的网络服务提供商，并采取适当的备份和恢复措施以确保财务数据的完整性和可用性。

（3）员工培训和适应性：由于远程办公和移动办公与传统办公模式存

在较大的差异，员工需要适应新的工作环境和工具。因此，企业需要对员工进行充分的培训和支持，帮助他们熟悉和掌握远程办公和移动办公的技能和知识。

四、提供可靠的数据备份和恢复服务，确保数据安全

（一）概述

在数字化时代，数据已成为企业运营的核心资产。然而，随着数据量的不断增长和网络威胁的日益严峻，数据安全问题日益凸显。为了确保数据的安全性和完整性，提供可靠的数据备份和恢复服务变得至关重要。

（二）数据备份和恢复的重要性

数据备份和恢复是确保数据安全的关键措施。在数据丢失、损坏或被篡改的情况下，通过备份数据可以迅速恢复数据，保障企业业务的正常运行。具体来说，数据备份和恢复的重要性体现在以下几个方面：

防范数据丢失风险：自然灾害、硬件故障、人为错误等因素都可能导致数据丢失。通过定期备份数据，可以确保在数据丢失时能够迅速恢复数据，减少损失。

保障业务连续性：在数据丢失或损坏的情况下，企业可能面临业务中断的风险。通过数据恢复服务，企业可以迅速恢复数据并恢复业务运行，保障业务的连续性。

应对网络威胁：随着网络威胁的日益严峻，数据泄露、篡改等安全问题日益突出。通过备份和恢复服务，企业可以确保数据的完整性和保密性，有效应对网络威胁。

（三）数据备份和恢复服务的流程

1. 数据备份服务流程

（1）需求分析：了解企业的业务需求、数据量、数据类型等信息，确

定备份策略。

（2）选择备份方式：根据企业的需求选择合适的备份方式，如全量备份、增量备份、差异备份等。

（3）制订备份计划：根据企业的业务需求和备份方式，制订详细的备份计划，包括备份时间、备份周期、备份存储位置等。

（4）实施备份：按照备份计划进行数据的备份工作，确保数据的完整性和安全性。

（5）备份验证：验证备份数据的完整性和可用性，确保备份数据的有效性。

2. 数据恢复服务流程

（1）接收恢复请求：企业发生数据丢失或损坏时，向服务提供商提交恢复请求。

（2）评估恢复需求：了解企业的恢复需求，包括恢复时间、恢复数据量、恢复数据类型等信息。

（3）选择恢复策略：根据企业的恢复需求选择合适的恢复策略，如全量恢复、部分恢复等。

（4）实施恢复：按照恢复策略进行数据恢复工作，确保数据的完整性和安全性。

（5）验证恢复结果：验证恢复数据的完整性和可用性，确保恢复数据的有效性。

（四）数据备份和恢复服务的技术实现

1. 备份技术

（1）磁盘备份：利用磁盘阵列或存储系统对数据进行备份。磁盘备份速度快，适用于大规模数据的备份。

（2）磁带备份：利用磁带库或磁带机对数据进行备份。磁带备份成本低，适用于长期保存数据的备份。

（3）云备份：将数据备份到云端存储系统中。云备份具有弹性伸缩、高可用性和低成本的优点，适用于各种规模的企业。

2. 恢复技术

（1）裸机恢复：在发生故障的服务器上直接恢复数据，无须重新安装操作系统和应用程序。裸机恢复速度快，适用于关键业务的恢复。

（2）文件恢复：从备份数据中恢复特定的文件或文件夹。文件恢复灵活方便，适用于小规模数据的恢复。

（3）虚拟化恢复：利用虚拟化技术在虚拟环境中恢复数据。虚拟化恢复可以模拟真实的物理环境，确保数据的完整性和安全性。

（五）面临的挑战与解决方案

1. 挑战

（1）数据量庞大：随着企业业务的不断发展，数据量不断增长，给备份和恢复工作带来巨大压力。

（2）网络威胁严峻：网络威胁日益严峻，数据泄露、篡改等安全问题频发，给数据备份和恢复带来挑战。

（3）技术更新换代快：随着技术的不断发展，新的备份和恢复技术不断涌现，企业需要不断更新技术和设备以应对挑战。

2. 解决方案

（1）采用先进的备份和恢复技术：利用先进的备份和恢复技术，如快照技术、增量备份等，提高备份和恢复效率。

（2）加强网络安全防护：加强网络安全防护，采取多层次的安全措施，如防火墙、入侵检测等，确保数据的安全性。

（3）定期更新技术和设备：定期更新技术和设备，保持与技术的同步发展，提高备份和恢复服务的竞争力。

五、通过云计算平台实现财务与其他部门的集成和协作

（一）概述

在当今信息化快速发展的时代，企业的运营和管理越来越依赖于信息技术的支持。特别是在大型企业中，各部门之间的信息孤岛现象严重影响了工作效率和决策质量。财务作为企业的核心部门之一，其与其他部门之间的紧密集成和高效协作显得尤为重要。云计算平台作为一种新兴的信息技术解决方案，以其高灵活性、可扩展性和安全性等特点，为财务与其他部门的集成和协作提供了新的机遇。

（二）云计算平台的概述

云计算平台是一种基于互联网提供计算资源、数据存储、软件开发等服务的平台。它通过虚拟化技术将计算资源池化，使得用户可以根据需求灵活地使用这些资源。云计算平台具有以下几个特点：

灵活性：用户可以根据需要随时增加或减少计算资源，满足不同的业务需求。

可扩展性：云计算平台可以轻松地扩展计算资源，满足企业业务发展的需求。

安全性：云计算平台通常具备完善的安全机制，如数据加密、访问控制等，确保用户数据的安全。

（三）通过云计算平台实现财务与其他部门的集成和协作

云计算平台为财务和其他部门提供了一个统一的数据中心，各部门可以将自己的数据存储在云平台上，实现数据的集中管理和共享。通过统一的数据中心，各部门可以方便地访问和查询所需的数据，提高了数据的使用效率和准确性。同时，统一的数据中心也有助于消除信息孤岛现象，实现各部门之间的信息共享和协同工作。云计算平台支持实时数据同步与更

新功能。当财务部门录入新的财务数据时,云平台可以立即将这些数据同步到其他部门,确保各部门能够及时获取最新的财务信息。同时,其他部门也可以将自己的业务数据同步到云平台,供财务部门进行财务分析和决策支持。实时数据同步与更新功能使得各部门之间的信息流动更加顺畅,提高了工作效率和决策质量。

  云计算平台可以构建一个协同工作平台,支持财务与其他部门之间的在线协作。通过协同工作平台,各部门可以实时交流和讨论工作问题,共同制定解决方案。协同工作平台还可以提供任务分配、进度跟踪、文件共享等功能,帮助各部门更好地协同工作。此外,协同工作平台还可以集成各种办公软件和工具,如电子表格、文档编辑器等,方便用户进行数据处理和分析。云计算平台可以通过自动化工具实现财务与其他部门之间的业务流程自动化。例如,当销售部门签订一笔订单后,云平台可以自动触发财务部门的收款流程;当采购部门下达采购订单时,云平台可以自动触发财务部门的付款流程。业务流程自动化减少了人工干预和错误率,提高了工作效率和准确性。同时,自动化工具还可以根据企业的实际需求进行定制和优化,以满足不同部门的业务需求。

  云计算平台提供了强大的数据分析功能,支持财务和其他部门进行深入的数据挖掘和分析。通过对海量数据的分析,企业可以发现业务中的潜在问题和机会,为决策提供有力支持。同时,云计算平台还可以集成各种数据分析工具和算法,如机器学习、人工智能等,提高数据分析的准确性和效率。

(四)优势与挑战

1. 优势

(1)提高工作效率:通过云计算平台实现财务与其他部门的集成和协作,可以消除信息孤岛现象,提高数据的共享和使用效率。同时,实时数据同步与更新功能使得各部门能够及时获取最新的信息,提高了工作效率和决策质量。

（2）降低成本：云计算平台可以降低企业的 IT 成本。企业无须购买和维护昂贵的硬件设备，只需按需使用云平台提供的服务即可。此外，云计算平台还可以降低企业的运营成本，如电力、维护等费用。

（3）增强企业竞争力：通过云计算平台实现财务与其他部门的集成和协作，企业可以更加快速地响应市场变化和客户需求。同时，数据分析功能还可以帮助企业发现新的业务机会和市场趋势，从而增强企业的竞争力。

2. 挑战

（1）数据安全与隐私保护：云计算平台涉及大量的企业数据，如何确保数据的安全性和隐私保护是重要的问题。企业需要选择信誉良好的云计算服务提供商，并加强自身的数据安全意识和管理能力。

（2）技术更新换代快：云计算技术更新换代快，企业需要不断跟进新技术的发展并更新自己的系统和工具。这要求企业具备强大的技术团队和创新能力。

（3）员工培训和适应：云计算平台的使用需要一定的技术基础。企业需要对员工进行培训和指导，帮助他们熟悉和掌握新的工具和技术。同时，企业还需要关注员工的反馈和需求，不断优化和改进云平台的使用体验。

第五节　数据分析在财务报告中的运用

一、数据分析可从海量财务数据中挖掘有价值的信息和规律

（一）概述

随着企业规模的不断扩大和业务的日益复杂，财务部门所处理的数据量呈现出爆炸式增长。海量的财务数据不仅记录了企业的历史交易和业务

活动，还蕴含着丰富的信息和潜在的规律。数据分析作为一种强大的工具，可以从这些庞大的数据集中提取出有价值的信息，为企业的决策提供支持。

（二）数据分析在财务数据中的价值

数据分析可以快速处理大量数据，并生成准确的报告和图表。这使得财务部门能够更快速地了解企业的财务状况和经营成果，为管理层提供及时、准确的决策支持。通过数据分析，企业可以更加精准地把握市场趋势和客户需求，从而制定更加科学的经营策略。财务数据中的异常值、趋势变化等信息往往预示着潜在的风险，数据分析可以通过设置预警机制、构建风险模型等方式，及时发现这些风险并采取相应的措施进行防范，有助于企业降低经营风险，确保稳健经营。

通过数据分析，企业可以了解不同部门、不同项目的财务表现和投资回报率。这有助于企业优化资源配置，将有限的资源投入到最具潜力的领域和项目中，提高资源利用效率。

（三）数据分析在财务数据中的规律发现

趋势分析是数据分析中常用的一种方法，它可以通过绘制图表、计算增长率等方式展示数据随时间的变化趋势。在财务数据中，趋势分析可以帮助企业了解销售额、利润、成本等关键指标的变化趋势，从而预测未来的市场走势和企业的财务状况。关联分析可以揭示不同数据项之间的关联性。在财务数据中，关联分析可以帮助企业发现不同财务指标之间的关联关系，如销售额与成本、利润与利润率等，通过了解这些关联关系，企业可以更好地理解其财务状况和业务运营情况，从而制定更加科学的经营策略。

聚类分析是一种无监督学习方法，它可以将相似的数据项归为同一类别。在财务数据中，聚类分析可以帮助企业识别具有相似财务特征的业务单元或客户群体，有助于企业制定针对性的营销策略和服务方案，提高客户满意度和忠诚度。

（四）数据分析在财务数据中的应用实践

通过数据分析，企业可以更加精准地预测未来的收入和支出情况，从而制订合理的预算计划。同时，数据分析还可以帮助企业对预算执行情况进行实时监控和评估，确保预算目标的实现。数据分析可以帮助企业识别成本驱动因素并制定相应的成本控制策略。例如，通过对比不同供应商的价格和质量数据，企业可以选择更具性价比的采购方案；通过分析生产过程中的数据，企业可以发现生产瓶颈并采取相应的优化措施。

数据分析可以帮助企业建立风险预警机制并制定相应的风险管理策略。例如，通过对历史财务数据进行分析和建模，企业可以预测潜在的风险点并采取相应的措施进行防范；通过对实时财务数据进行监控和分析，企业可以及时发现并解决潜在的风险问题。

二、数据分析可利用图表、图像等可视化工具呈现财务数据和分析结果

（一）概述

在当今信息化快速发展的时代，数据分析已成为企业决策的重要依据。对于财务部门而言，如何从海量的数据中提取有价值的信息，并以直观、易懂的方式呈现给决策者，是一个亟待解决的问题。可视化工具作为一种强大的数据分析辅助手段，可以将复杂的财务数据和分析结果以图表、图像等形式展现出来，使决策者能够迅速把握关键信息，做出明智的决策。

（二）财务数据可视化的重要性

财务数据可视化通过图表、图像等形式将复杂的财务数据和分析结果直观地呈现出来，使得决策者能够迅速理解数据背后的含义和规律。可视化工具能够自动处理和分析数据，并生成相应的图表和图像，大大减少了人工处理数据的时间和精力，提高了数据分析的效率。

通过财务数据可视化，决策者可以更加全面地了解企业的财务状况和经营成果，从而更加准确地判断市场趋势和企业风险，制定科学的经营策略。

（三）财务数据可视化的应用方法

柱状图是一种常用的财务数据可视化工具，它可以清晰地展示不同时间段、不同业务单元或不同项目之间的财务数据对比情况。例如，通过柱状图可以比较不同年份的销售额、利润等指标的变化趋势。

折线图可以展示财务数据随时间的变化趋势。通过折线图，决策者可以了解销售额、成本、利润等关键指标在不同时间点的表现情况，从而预测未来的市场走势和企业经营状况。

饼图用于展示财务数据中的比例关系。例如，通过饼图可以展示不同业务单元或不同产品线的销售额占比情况，帮助决策者了解各业务单元或产品线的贡献程度。

散点图用于展示两个或多个变量之间的关系。在财务数据分析中，散点图可以用于分析销售额与成本、利润与利润率等变量之间的关联关系。

热力图是一种用颜色深浅表示数据大小的图表形式。在财务数据分析中，热力图可以用于展示销售额、成本等指标的分布情况，帮助决策者发现数据中的异常值和趋势。

（四）财务数据可视化的应用实践

传统的财务报表如资产负债表、利润表等通常以文字和数字的形式呈现。通过可视化工具，可以将这些报表中的关键数据以图表的形式展现出来，使决策者更加直观地了解企业的财务状况和经营成果。财务分析是财务部门的重要工作之一。通过可视化工具，可以将财务分析的结果以图表的形式呈现出来，如销售趋势分析、成本结构分析等。这些图表可以帮助决策者更加深入地了解企业的运营情况和市场状况。

预算和预测是财务部门的重要职责之一。通过可视化工具，可以将预算和预测的数据以图表的形式展现出来，如预算执行情况分析、销售预测等。这些图表可以帮助决策者更加准确地把握预算和预测的执行情况，从而做出更加明智的决策。风险管理是企业经营中不可或缺的一环。通过可视化工具，可以将风险管理的数据以图表的形式展现出来，如风险指标分析、风险预警等，这些图表可以帮助决策者更加直观地了解企业的风险状况和风险预警情况，从而及时采取应对措施。

（五）财务数据可视化的未来发展趋势

随着人工智能技术的不断发展，未来的财务数据可视化将更加智能化。智能化可视化工具能够自动分析数据并生成相应的图表和图像，同时提供智能推荐和预测功能，帮助决策者更加精准地把握市场趋势和企业风险。

交互式可视化工具允许用户操作图表，如缩放、拖拽、筛选等，这种交互性使得用户能够更加深入地探索数据背后的含义和规律，提高数据分析的深度和广度。多维度可视化工具能够展示财务数据在不同维度下的表现情况。例如，通过多维度可视化工具可以展示销售额在不同地区、不同产品线、不同客户群体下的表现情况，帮助决策者更加全面地了解企业的运营情况。

实时可视化工具能够实时更新和分析财务数据，并将最新的数据以图表的形式展现出来。这种实时性使得决策者能够及时了解企业的最新状况和市场变化，从而做出更加及时的决策。

三、数据分析可通过数据分析工具自动化生成财务报告和分析报告

（一）概述

在数字化浪潮的推动下，企业对于数据处理的效率和准确性要求日益提高。特别是在财务管理领域，财务报告和分析报告作为反映企业经营状况、评估风险与机会的重要工具，自动化和智能化生成这些报告成为企业

追求的目标。数据分析工具的出现,为财务报告与分析报告的自动化生成提供了强有力的支持。

(二)数据分析工具在财务报告与分析报告自动化生成中的应用背景

随着企业规模的扩大和业务复杂性的增加,传统的财务报告与分析报告生成方式已经难以满足企业的需求。一方面,人工处理大量财务数据不仅效率低下,而且容易出错;另一方面,传统的报告生成方式难以应对复杂的财务分析需求,如趋势预测、风险评估等。因此,企业需要借助数据分析工具,实现财务报告与分析报告的自动化生成,以提高工作效率、降低错误率,并满足复杂的分析需求。

(三)数据分析工具在财务报告与分析报告自动化生成中的优势

数据分析工具能够自动化地处理和分析大量的财务数据,减少了人工操作的环节,从而大大提高了工作效率。数据分析工具通过预设的规则和算法对数据进行处理和分析,减少了人为因素的干扰,降低了错误率。

数据分析工具能够运用复杂的算法和模型对数据进行深度挖掘和分析,发现数据背后的规律和趋势,为财务报告和分析报告的生成提供有力的支持。数据分析工具可以根据企业的实际需求进行定制开发,满足企业不同部门、不同层级的财务报告和分析报告需求。

数据分析工具可以将复杂的财务数据以图表、图像等形式直观地展示出来,帮助决策者更好地理解和分析数据。

(四)数据分析工具在财务报告与分析报告自动化生成中的实现方法

首先,数据分析工具需要从企业的各个业务系统中采集相关的财务数据,并进行数据清洗和预处理,以确保数据的准确性和完整性。接下来,数据分析工具需要根据企业的财务报告和分析报告需求,建立相应的数据模型,并将清洗后的数据整合到模型中。这个过程涉及数据的分类、聚合、关联等操作,以便后续的分析和挖掘。

在数据建模和整合的基础上,数据分析工具可以运用各种算法和模型对数据进行深入的分析和挖掘。这些算法和模型包括统计分析、机器学习、数据挖掘等，可以帮助企业发现数据背后的规律和趋势，为财务报告和分析报告的生成提供有力的支持。最后，数据分析工具可以根据分析结果自动生成财务报告和分析报告，并通过可视化工具将数据以图表、图像等形式展示出来，这些报告不仅包含了企业的基本财务数据，还包含了各种分析指标、趋势预测、风险评估等内容，为企业提供了全面、直观的数据支持。

四、数据分析可为管理层提供基于数据分析的决策支持和建议

（一）概述

在当今快速发展的商业环境中，企业面临着日益复杂和多变的市场挑战。为了做出明智的决策，管理层需要依赖准确、及时的信息。数据分析作为一种强大的工具，能够通过对海量数据的收集、整理、分析和解读，为管理层提供基于数据的决策支持和建议。

（二）数据分析在管理层决策支持中的作用

数据分析能够揭示数据中的隐藏趋势和模式，帮助管理层洞察市场动向、客户行为、产品性能等方面的变化。通过深入分析历史数据和实时数据，管理层可以预测未来的市场趋势，从而制定更有针对性的战略计划。数据分析为管理层提供了基于数据的决策依据，通过对数据的量化分析，管理层可以评估不同决策方案的效果和潜在风险，从而选择最优方案。同时，数据分析还可以帮助管理层识别潜在的问题和机会，为决策提供及时、准确的信息支持。

数据分析有助于管理层优化资源配置。通过对企业内部的运营数据进行分析，管理层可以了解各个部门的绩效表现、资源利用效率等情况，从而合理分配资源，提高整体运营效率。此外，数据分析还可以帮助企业发

现新的市场机会，引导资源向更有价值的领域投入。数据分析能够提升管理层的决策效率。通过自动化、智能化的数据分析工具，管理层可以快速获取所需信息，减少决策过程中的信息搜集和整理时间。同时，数据分析还可以减少人为因素的干扰，降低决策风险，提高决策质量。

（三）如何利用数据分析为管理层提供决策支持

在进行数据分析之前，首先需要明确分析目标。这有助于管理层明确需要关注的数据类型和范围，以及期望从数据分析中获得的信息。明确的分析目标可以确保数据分析的针对性和有效性。数据的质量直接影响到数据分析的结果。因此，管理层需要确保收集到的数据是准确、完整、可靠的。这包括从多个渠道收集数据，对数据进行清洗和整理，以及确保数据的及时性和一致性。

根据分析目标和数据类型，管理层需要选择合适的分析工具和方法。常用的数据分析工具包括 Excel，Python，R 等，而常用的数据分析方法包括统计分析、数据挖掘、机器学习等。选择合适的分析工具和方法可以确保数据分析的准确性和效率。在收集到高质量数据并选择合适的分析工具和方法后，管理层需要深入分析数据，包括对数据进行描述性统计、探索性数据分析、预测性建模等操作，以发现数据中的隐藏规律和趋势。同时，管理层还需要关注数据的异常值和缺失值，以确保数据分析结果的准确性。

最后，管理层需要将数据分析结果以易于理解的方式呈现出来，可以通过制作图表、报告、仪表板等可视化工具来实现。管理层还需要对分析结果进行解读和解释，以便其他利益相关者能够理解和应用这些结果。

五、根据数据分析结果持续改进财务管理流程和方法

（一）概述

在当今高度信息化的商业环境中，财务管理作为企业管理的核心，其

效率和效果直接关系到企业的整体运营状况和市场竞争力。随着数据分析技术的快速发展，越来越多的企业开始运用数据分析来改进财务管理流程和方法，以提高财务管理的科学性和有效性。

（二）数据分析在财务管理中的应用

数据分析在财务管理中的应用广泛而深入，涵盖了预算管理、成本控制、资金管理、风险管理等多个方面。通过收集、整理和分析大量的财务数据，企业可以深入了解自身的财务状况和经营成果，发现潜在的问题和机会，为决策提供有力支持。

在预算管理中，数据分析可以帮助企业更准确地预测未来的收入、支出和利润，制订合理的预算计划。通过对比实际执行情况和预算计划，企业可以及时调整预算，确保预算目标的实现。

在成本控制中，数据分析可以帮助企业识别成本驱动因素，发现成本节约的潜力。通过对不同产品、不同部门、不同项目的成本进行比较分析，企业可以找出成本控制的重点，制定有效的成本控制措施。

在资金管理中，数据分析可以帮助企业更准确地预测资金需求，合理安排资金使用。通过对历史数据的分析，企业可以了解资金流动的规律，制定合理的融资和还款计划，降低资金成本。

在风险管理中，数据分析可以帮助企业识别潜在的风险因素，评估风险的大小和可能性，制定风险应对措施。通过对财务数据的实时监测和分析，企业可以及时发现异常情况，避免或减少风险损失。

（三）基于数据分析的财务管理流程改进

企业需要建立完善的数据收集系统，确保各类财务数据的准确性和完整性，要对收集到的数据进行整合和清洗，去除重复、错误和无效的数据，提高数据质量。在数据收集与整合的基础上，企业可以运用各种数据分析工具和方法对数据进行深入分析和挖掘，通过对比分析、趋势分析、关联分析等手段，企业可以发现数据背后的规律和趋势，为决策提供支持。

基于数据分析的结果，企业可以制定更加科学、合理的财务管理决策。例如，根据成本分析结果优化生产流程，降低生产成本；根据资金管理预测结果合理安排资金使用，提高资金利用效率等。同时，企业还可以根据数据分析结果对财务管理流程进行持续优化，提高财务管理效率。在财务管理流程改进过程中，企业需要建立有效的监控和反馈机制。通过对财务管理流程的实时监控和数据分析结果的及时反馈，企业可以及时发现潜在问题并采取措施加以解决。同时，企业还可以根据反馈结果对财务管理流程进行持续优化和改进。

（四）方法优化：提高数据分析在财务管理中的应用效果

企业需要加强对财务人员的培训和教育，提高他们的数据分析能力和业务洞察力。同时，企业还可以引进具有数据分析背景的专业人才，为财务管理提供有力支持。不同的数据分析工具有不同的特点和适用范围，企业需要根据自身业务特点和需求的实际情况选择最合适的数据分析工具进行数据分析。

在数据分析过程中，企业需要加强数据安全管理，确保财务数据的安全性和保密性。企业可以采取加密、备份、访问控制等措施来保护财务数据的安全。

第六节　新兴技术对传统财务流程的改善

一、利用新兴技术实现财务流程的自动化和智能化

（一）概述

随着科技的快速发展，新兴技术如人工智能（AI）、机器学习（ML）、大数据、云计算和区块链等，正在深刻地改变着各行各业，其中财务管理

领域也不例外。传统的财务流程往往依赖于人工操作，效率低下且容易出错。而新兴技术的应用，为财务流程的自动化和智能化提供了可能，极大地提高了财务管理的效率和准确性。

（二）新兴技术概述

新兴技术主要包括人工智能、机器学习、大数据、云计算和区块链等，这些技术具有强大的数据处理能力、自主学习能力和智能化决策能力，为财务流程的自动化和智能化提供了强有力的支持。

人工智能（AI）：一种模拟人类智能的技术，通过机器学习、自然语言处理、计算机视觉等技术手段，实现智能化决策和自动化操作。

机器学习（ML）：人工智能的一个分支，通过让计算机从数据中学习并改进其性能，实现自主决策和预测。

大数据：指无法在一定时间范围内用常规软件工具进行捕捉、管理和处理的庞大、复杂数据的集合。大数据技术可以帮助企业从海量数据中提取有价值的信息。

云计算：一种基于互联网的计算方式，通过共享计算资源、软件和数据，实现高效、灵活和可扩展的IT服务。

区块链：一种分布式数据库技术，通过去中心化、不可篡改和透明化的特点，实现数据的安全存储和传输。

（三）新兴技术在财务流程中的应用

新兴技术在财务流程中的应用广泛而深入，涵盖了账务处理、财务分析、风险管理、预测和决策支持等多个方面。

账务处理自动化：通过光学字符识别（OCR）技术自动识别发票、收据等纸质文档，并自动录入系统；利用机器学习算法对交易进行分类和标记，减少人工干预。

财务分析智能化：利用大数据技术对海量财务数据进行深度挖掘和分析，发现数据背后的规律和趋势；通过机器学习算法对财务数据进行预测和模拟，为决策提供有力支持。

风险管理自动化：通过实时监测和分析财务数据，及时发现潜在的风险因素；利用区块链技术确保数据的安全性和不可篡改性，降低风险损失。

预测和决策支持：利用机器学习和人工智能技术构建预测模型，对未来的财务状况进行预测；通过可视化工具将分析结果以直观的方式呈现出来，为管理层提供决策支持。

（四）实现财务流程自动化和智能化的策略

要实现财务流程的自动化和智能化，企业需要制定以下策略：

制定明确的战略规划：明确财务流程自动化和智能化的目标、范围和优先级，制定详细的实施计划和时间表。

选择合适的技术和工具：根据企业的实际情况和需求，选择合适的新兴技术和工具，如 AI、ML、大数据、云计算和区块链等。

加强人才队伍建设：引进和培养具有新兴技术背景的专业人才，提高财务人员的技能水平和综合素质。

建立完善的数据管理系统：建立完善的数据收集、存储、分析和应用体系，确保数据的准确性和完整性。

注重数据安全和隐私保护：加强数据安全管理，确保财务数据的安全性和隐私性；采用加密、备份和访问控制等措施来保护数据的安全。

（五）面临的挑战与解决方案

在实现财务流程自动化和智能化的过程中，企业可能会面临以下挑战：

技术难题：新兴技术的应用需要一定的技术基础和实践经验，企业可能面临技术难题和人才短缺的问题。解决方案是加强技术研发投入和人才培养，积极引进外部技术和人才资源。

数据质量问题：财务数据的准确性和完整性是实现自动化和智能化的基础，但现实中往往存在数据质量不高的问题。解决方案是建立完善的数据质量管理体系，加强数据清洗和校验工作。

法规和政策限制：财务管理涉及很多法规和政策限制，新兴技术的应用可能面临合规性问题。解决方案是加强法规和政策研究，确保应用的合规性和合法性。

员工接受度问题：新兴技术的应用可能会改变员工的工作方式和习惯，引起员工的抵触情绪。解决方案是加强员工培训和沟通工作，提高员工对新技术的认识和接受度。

二、降低人为操作错误和失误率，提高财务数据的准确性

（一）概述

在财务管理中，数据的准确性是至关重要的。然而，由于人为因素的存在，如疏忽、疲劳、对规则的误解等，常常导致操作错误和失误，进而影响到财务数据的准确性。为了解决这个问题，提高财务数据的准确性，减少人为操作错误和失误率成为企业财务管理中亟待解决的重要任务。

（二）人为操作错误的原因分析

人为操作错误在财务管理中屡见不鲜，其原因多种多样。以下是一些常见的原因：

疏忽和疲劳：长时间的工作、重复性的任务以及高强度的工作压力，容易导致员工疏忽和疲劳，进而产生操作错误。

对规则的误解：财务规则复杂多变，员工可能由于理解不够深入或对规则的误解，而产生错误操作。

缺乏培训和技能不足：员工缺乏必要的财务知识和技能培训，或者技能水平不足，难以胜任复杂的财务任务。

缺乏有效的审核和检查机制：缺乏有效的审核和检查机制，无法及时发现和纠正错误，导致错误累积。

（三）提高财务数据准确性的策略

为了降低人为操作错误和失误率，提高财务数据的准确性，企业可以采取以下策略：

加强员工培训和教育：通过定期的培训和教育，提高员工对财务规则的理解程度，增强他们的专业技能和素养。培训内容可以包括财务知识、操作规范、风险意识等方面。

引入自动化和智能化技术：利用自动化和智能化技术，如人工智能、机器学习、自动化流程等，可以大大降低人为操作错误的可能性。例如，使用自动化软件来处理大量的财务数据，可以减少人工操作的错误；利用智能算法来辅助决策，可以提高决策的准确性。

建立有效的审核和检查机制：建立严格的审核和检查机制，确保每一笔财务数据都经过仔细核对和检查。对于发现的错误，要及时进行纠正，并追究相关责任人的责任。

优化财务流程：通过优化财务流程，减少不必要的环节和步骤，降低人为操作错误的风险。例如，简化审批流程、提高审批效率等。

建立激励机制：建立激励机制，鼓励员工积极参与财务管理，提高他们的工作积极性和责任心。对于表现优秀的员工，可以给予一定的奖励和表彰。

（四）具体实践案例

以下是一些企业在降低人为操作错误和失误率、提高财务数据准确性方面的具体实践案例：

引入财务机器人：某大型企业引入了财务机器人来处理日常的财务数据录入和核对工作。通过机器人自动化处理，大大提高了数据的准确性和处理效率，降低了人为操作错误的风险。

建立财务共享中心：某跨国企业建立了财务共享中心，将全球范围内的财务数据集中管理。通过统一的流程、标准和技术平台，提高了数据的准确性和可比性，降低了人为操作错误的风险。

优化审批流程：某企业在财务管理中优化了审批流程，将原本烦琐的审批环节简化为几个关键节点，提高了审批效率。同时，通过引入电子签名等技术手段，确保了审批过程的真实性和可追溯性。

（五）持续改进

提高财务数据的准确性是一个持续的过程，需要企业不断地进行改进和优化。以下是一些建议：

定期评估：企业应定期对财务管理流程进行评估，发现存在的问题和不足，及时进行调整和优化。

引入新技术：随着技术的不断发展，企业应积极引入新技术来提高财务管理的效率和准确性。例如，利用大数据和云计算技术来优化数据处理和分析过程；利用区块链技术来确保数据的安全性和不可篡改性。

加强沟通与合作：财务管理涉及多个部门和岗位之间的协作和沟通。企业应加强部门之间的沟通和合作，确保信息的畅通和准确传递。

建立反馈机制：企业应建立有效的反馈机制，鼓励员工积极提出意见和建议。对于员工提出的合理建议，应及时采纳并付诸实践。

三、优化财务流程，减少不必要的环节和等待时间

（一）概述

在当今高度竞争的商业环境中，企业运营的效率至关重要。财务流程作为企业运营中的核心环节，其高效与否直接关系到企业的运营成本和响应速度。然而，许多企业的财务流程中存在着诸多不必要的环节和冗长的等待时间，这些问题严重制约了企业的快速发展。因此，优化财务流程，减少不必要的环节和等待时间，已成为提升企业竞争力的关键。

（二）财务流程中的不必要环节与等待时间

在企业的财务流程中，不必要环节和等待时间主要体现在以下几个方

面：一是冗余的审批流程，多级审批、重复审批等现象屡见不鲜，导致审批时间长；二是数据处理和核对环节过多，手工操作、重复录入等问题频发，严重影响了工作效率；三是部门间沟通不畅，导致信息传递受阻，增加了等待时间。这些问题不仅降低了工作效率，还增加了企业运营成本，甚至可能引发财务风险。

（三）优化财务流程的策略

为了优化财务流程，减少不必要的环节和等待时间，可以从以下几个方面着手：

审批流程是财务流程中的关键环节，也是最容易产生冗余和等待时间的环节。企业应重新审视现有的审批流程，去除多余的审批层级和重复审批，确保审批流程的简洁高效。同时，可借助信息化手段，实现审批流程的自动化，进一步提高审批效率。

信息化建设是优化财务流程的重要手段。通过引入先进的财务管理系统，可以实现数据的自动化处理、快速传递和实时共享，从而大大减少数据处理和核对的时间成本。此外，信息化建设还能提高数据的准确性和一致性，降低财务风险。

部门间沟通不畅是导致财务流程中出现不必要的等待时间的重要原因之一。为了加强部门间的沟通与协作，企业应建立完善的沟通机制，确保各部门之间能够及时、准确地传递信息。同时，通过跨部门协作和团队建设活动，增进部门间的了解和信任，为财务流程的高效运转创造良好环境。

员工是财务流程的执行者，他们的素质与技能直接影响到流程的执行效率。因此，企业应定期对员工进行培训和考核，提升他们的专业素养和操作技能。同时，通过激励机制和晋升通道的设计，激发员工的工作积极性和创新精神，为财务流程的优化提供源源不断的动力。

（四）优化财务流程的实践要点

在实践优化财务流程的过程中，企业需要把握以下几个要点：

企业需要对现有的财务流程进行全面梳理，明确各个环节的职责、操作规范和时间节点。通过梳理，可以发现流程中存在的问题和瓶颈，为后续的优化工作奠定基础。针对梳理出的问题和瓶颈，企业需要制定具体的优化方案，方案应明确优化目标、实施步骤和时间计划，确保优化工作的有序进行。

在制定好优化方案后，企业需要组织相关部门和人员进行实施。实施过程中，要加强对优化效果的监控和评估，及时发现问题并进行调整。同时，要建立完善的反馈机制，收集员工和客户的意见和建议，为后续的持续改进提供依据。

四、通过技术手段加强财务风险的控制和预警

（一）概述

财务风险不仅关乎企业的短期经营稳定，更与企业的长期发展战略紧密相连。如何有效地控制和预警财务风险，是每个企业必须面对的重要课题。技术手段作为现代企业管理的重要工具，其在财务风险控制和预警中发挥着越来越重要的作用。

（二）财务风险的定义与特点

财务风险是指企业在经营过程中，由于各种不确定因素的存在，导致企业财务状况出现不利变化，进而影响企业正常经营和盈利能力的风险。财务风险具有客观性、普遍性、不确定性和可控性等特点。客观性意味着财务风险是客观存在的，不以人的意志为转移；普遍性则表明财务风险贯穿于企业生产经营的全过程；不确定性意味着财务风险的发生时间、地点、形式及影响程度都是难以预料的；而可控性则为企业通过技术手段加强财务风险的控制和预警提供了可能。

第四章　数字技术在财务管理中的应用

（三）技术手段在财务风险控制和预警中的应用

随着科技的进步，技术手段在财务风险控制和预警中的应用越来越广泛。以下是一些常见的技术手段及其应用：

大数据技术可以通过收集、存储、处理和分析海量的财务数据，揭示数据之间的关联性和规律性，从而为企业提供更加准确、全面的财务风险信息。企业可以利用大数据技术对历史财务数据进行深入挖掘，发现潜在的财务风险点，为风险控制和预警提供有力支持。人工智能和机器学习技术可以通过模拟人类智能，对财务数据进行自动化处理和分析。例如，企业可以利用机器学习算法对财务数据进行预测分析，预测未来的财务风险趋势；同时，通过人工智能技术对财务流程进行自动化优化，减少人为操作带来的风险。

云计算技术可以实现财务数据的集中存储和共享，提高数据处理的效率和安全性。企业可以利用云计算技术构建财务共享服务中心，实现财务数据的实时更新和共享，为企业内部各部门提供及时、准确的财务信息服务；同时，通过云计算技术的加密和备份功能，确保财务数据的安全性和可靠性。区块链技术以其去中心化、不可篡改、透明可追溯等特点，为财务风险控制和预警提供了新的解决方案。企业可以利用区块链技术构建财务共享平台，实现财务数据的实时记录和验证，确保数据的真实性和完整性；同时，通过区块链技术的智能合约功能，实现财务流程的自动化执行和监控，降低人为操作带来的风险。

财务风险预警系统是一种集数据分析、风险评估和预警提示于一体的综合性系统。企业可以利用财务风险预警系统对各项财务指标进行实时监控和评估，一旦发现异常波动或潜在风险点，系统会立即发出预警提示，帮助企业及时采取措施进行风险控制和应对。

（四）技术手段在财务风险控制和预警中的优势

通过技术手段加强财务风险的控制和预警，具有以下优势：技术手段可以通过对海量数据的分析和挖掘，发现潜在的财务风险点，提高风险识别和预警的准确性。技术手段可以实现财务流程的自动化和智能化，减少人为操作带来的错误和疏漏，降低财务风险的发生概率。技术手段可以实现财务数据的实时更新和共享，为企业提供及时、准确的财务信息服务，帮助企业及时采取措施进行风险控制和应对。技术手段可以提高财务数据处理和分析的效率，降低企业的风险管理成本。

五、改善财务服务的质量和效率，提升用户满意度和忠诚度

（一）概述

在现代企业运营中，财务服务不仅是企业运营的核心支撑，更是企业与外部用户及内部员工沟通的重要桥梁。随着市场竞争的加剧，提升财务服务的质量和效率，进而增强用户满意度和忠诚度，已成为企业持续发展的关键。

（二）财务服务现状分析

当前，许多企业的财务服务仍存在诸多问题，如服务流程烦琐、响应速度慢、信息透明度低、服务质量参差不齐等。这些问题不仅影响了企业的运营效率，也降低了用户的满意度和忠诚度。因此，改善财务服务的质量和效率，提升用户满意度和忠诚度，成为企业亟待解决的问题。

（三）改善财务服务质量和效率的策略

企业应深入梳理现有财务服务流程，发现流程中的瓶颈和痛点，通过简化流程、减少审批环节、引入自动化工具等方式，提高服务效率。同时，要确保流程的合理性和规范性，避免服务过程中出现错误和疏漏。

企业应建立快速响应机制，确保用户的问题和需求能够得到及时有效的解决。可以通过设立专门的客户服务热线、在线客服系统、移动应用等方式，提高服务响应速度。同时，要加强对服务人员的培训和管理，提高

服务人员的专业素养和服务意识。企业应提高财务信息的透明度，让用户能够清晰了解企业的财务状况和经营成果；可以通过定期发布财务报告、公开财务信息、提供财务咨询服务等方式，增强用户对企业的信任感和满意度。

企业应积极引入先进技术，如人工智能、大数据、云计算等，提高财务服务的智能化和自动化水平。通过技术手段，可以实现财务数据的快速处理和分析，提高服务效率；同时，可以为用户提供更加便捷、个性化的服务体验。企业应加强与用户的沟通和反馈机制，及时了解用户的需求和意见，针对用户反馈的问题进行改进和优化。可以通过定期的用户满意度调查、设立用户建议箱、提供在线咨询和投诉渠道等方式，加强与用户的互动和沟通。

（四）提升用户满意度和忠诚度的途径

企业应根据不同用户的需求和偏好，提供个性化的服务。例如，可以为不同行业、不同规模的企业提供定制化的财务解决方案；可以为个人用户提供个性化的理财咨询和规划服务。通过定制化服务，可以满足用户的个性化需求，提高用户满意度。企业可以开展用户教育和培训活动，帮助用户了解财务知识、掌握财务技能。通过教育和培训，可以提高用户的财务素养和自主管理能力，减少因操作不当导致的风险和问题。同时，也可以增强用户对企业的信任感和忠诚度。

企业可以推出一些优惠政策和增值服务，以吸引和留住用户。例如，可以为用户提供优惠的贷款利率、免费的财务咨询服务、定期的投资理财报告等，这些优惠政策和增值服务可以为用户带来实际的利益和价值，提高用户的满意度和忠诚度。企业应注重品牌形象的塑造和维护，通过提供优质的服务、发布正面的信息、参与公益活动等方式，树立企业的良好形象。良好的品牌形象可以增强用户对企业的信任感和认同感，提高用户的忠诚度和口碑传播效应。

第五章 风险管理与合规性

第一节 数字化转型对财务风险的影响

一、数字化转型增加了数据泄露、篡改等风险

（一）概述

随着信息技术的飞速发展，数字化转型已成为企业提升竞争力、实现持续发展的重要途径。然而，数字化转型在带来便利和效率的同时，也伴随着数据泄露、篡改等风险。这些风险不仅可能给企业带来经济损失，还可能影响企业的声誉和长期发展。因此，深入了解数字化转型中的数据泄露与篡改风险，对于企业制定有效的风险管理策略至关重要。

（二）数据泄露风险分析

1.数据泄露的原因

（1）内部人员泄露：企业内部员工可能因疏忽、利益驱动等原因，将敏感数据泄露给外部人员或机构。

（2）系统漏洞：数字化转型过程中，企业可能采用新技术、新系统，但由于技术不完善或配置不当，可能导致系统存在漏洞，被黑客利用进行数据窃取。

（3）外部攻击：黑客可能利用钓鱼邮件、恶意软件等手段，攻击企业网络，窃取敏感数据。

2. 数据泄露的影响

（1）经济损失：数据泄露可能导致企业商业机密泄露、客户信息泄露等，给企业带来直接的经济损失。

（2）声誉损害：数据泄露可能损害企业的声誉和形象，影响客户对企业的信任度。

（3）法律风险：数据泄露可能违反相关法律法规，导致企业面临法律诉讼和罚款。

（三）数据篡改风险分析

1. 数据篡改的原因

（1）内部人员篡改：企业内部员工可能出于利益驱动或其他原因，对数据进行篡改或伪造。

（2）系统错误：在数字化转型过程中，企业可能采用自动化、智能化等技术手段进行数据处理，但系统错误可能导致数据被错误修改或覆盖。

（3）恶意攻击：黑客可能利用系统漏洞或攻击手段，对企业数据进行篡改或破坏。

2. 数据篡改的影响

（1）决策失误：数据篡改可能导致企业基于错误的数据进行决策，从而引发一系列问题。

（2）合规风险：数据篡改可能违反相关法律法规和行业标准，导致企业面临合规风险。

（3）信任危机：数据篡改可能损害客户对企业的信任度，导致客户流失和市场份额下降。

（四）风险管理策略

1. 加强内部管理

（1）建立完善的内部管理制度：企业应建立完善的内部管理制度，规范员工的行为和数据处理流程。

（2）加强员工培训和意识教育：企业应定期开展员工培训和意识教育活动，提高员工对数据安全的重视程度和防范意识。

（3）实施权限管理：企业应对员工进行权限管理，确保员工只能访问和处理与其职责相关的数据。

2. 提升技术防范能力

（1）采用先进的安全技术：企业应采用先进的安全技术，如防火墙、入侵检测系统等，保护企业网络和数据安全。

（2）定期更新和升级系统：企业应定期更新和升级系统，修复系统漏洞和缺陷，提高系统的安全性和稳定性。

（3）加强数据加密和备份：企业应对敏感数据进行加密处理，并定期进行数据备份和恢复测试，确保数据的完整性和可用性。

3. 加强外部合作与监管

（1）加强行业合作与交流：企业应积极参与行业合作与交流活动，了解行业动态和最新技术趋势，共同应对数字化转型中的数据风险。

（2）加强与政府监管部门的沟通与合作：企业应加强与政府监管部门的沟通与合作，共同打击数据泄露和篡改等违法行为。

（3）建立完善的法律法规体系：政府应建立完善的法律法规体系，规范企业的数据处理行为和数据保护义务，为数字化转型提供有力的法律保障。

二、新技术的应用可能带来的系统崩溃、黑客攻击等风险

（一）概述

随着科技的飞速发展，新技术如云计算、大数据、人工智能、区块链等不断涌现，为各行各业带来了前所未有的变革和机遇。然而，任何技术的发展都是双刃剑，新技术在带来便利和效率的同时，也伴随着一系列潜在的

风险和挑战。其中，系统崩溃和黑客攻击是最为突出和严重的问题之一。

（二）新技术应用与系统崩溃风险

1. 系统崩溃的原因

技术不成熟：新技术在发展过程中，往往存在许多未知的问题和缺陷，这些问题和缺陷可能导致系统崩溃。例如，云计算平台在处理大量数据时，如果其算法或架构存在缺陷，就可能导致系统崩溃。

负载过高：随着业务量的不断增加，系统负载也会不断上升。如果系统无法承受过高的负载，就可能导致崩溃。例如，在电商大促期间，由于访问量激增，许多电商平台都出现了系统崩溃的情况。

兼容性问题：新技术在与其他系统或设备集成时，可能存在兼容性问题，这些问题可能导致系统无法正常运行，甚至崩溃。例如，某些新型智能设备在与其他系统连接时，可能由于协议或接口不兼容而导致系统崩溃。

2. 系统崩溃的影响

业务中断：系统崩溃会导致业务中断，给企业带来巨大的经济损失。例如，在金融行业，如果交易系统崩溃，将导致交易无法进行，给投资者带来巨大损失。

数据丢失：系统崩溃可能导致数据丢失或损坏，给企业带来无法挽回的损失。例如，在医疗领域，如果病历管理系统崩溃，可能导致患者病历数据丢失，给医疗诊断和治疗带来困难。

声誉受损：系统崩溃会给企业带来声誉损失，影响企业的品牌形象和市场地位。例如，一些知名企业因为系统崩溃而被用户诟病，导致品牌形象受损。

（三）新技术应用与黑客攻击风险

1. 黑客攻击的方式

恶意软件：黑客通过植入恶意软件（如病毒、木马等）来攻击系统，窃取用户数据或破坏系统正常运行。

漏洞利用：黑客利用系统或软件的漏洞进行攻击，获取系统权限或窃取敏感信息。

钓鱼攻击：黑客通过伪造电子邮件、网站等方式诱骗用户点击恶意链接或下载恶意文件，从而获取用户信息或控制用户设备。

2. 黑客攻击的影响

数据泄露：黑客攻击可能导致用户数据泄露，给用户带来隐私泄露和财产损失的风险。例如，黑客攻击电商平台窃取用户支付信息，导致用户财产损失。

系统瘫痪：黑客攻击可能导致系统瘫痪，影响企业的正常运营和用户的正常使用。例如，黑客通过分布式拒绝服务攻击（DDoS）使目标系统无法访问。

财产损失：黑客攻击可能导致企业财产损失，包括直接的经济损失和因业务中断而带来的间接损失。

（四）防范策略

企业应加强对新技术的研发和测试工作，确保新技术在上线前已经经过充分的验证和测试，降低因技术不成熟或缺陷导致的系统崩溃风险。同时，企业还应关注新技术的更新和升级情况，及时修复已知的安全漏洞和缺陷。企业应通过优化系统架构、增加服务器数量等方式提高系统的负载能力，确保系统能够应对高并发、大流量等场景的挑战。此外，企业还应建立完善的监控和预警机制，及时发现并解决系统负载过高的问题。

企业在引入新技术时，应充分测试新技术与其他系统或设备的兼容性，确保新技术能够与其他系统或设备无缝集成和协同工作。同时，企业还应关注新技术的发展动态和趋势，及时调整和优化系统架构和配置。企业应建立完善的安全防护体系，包括防火墙、入侵检测系统（IDS）、入侵防御系统（IPS）、安全审计系统等安全设备和技术手段。同时，企业还应加强员工的安全意识和培训教育，提高员工对黑客攻击的防范意识和应对能力。

企业应制订完善的应急预案和恢复计划，确保在系统崩溃或黑客攻击等突发事件发生时能够迅速响应和恢复。应急预案应包括备份数据的恢复、系统的快速重建、业务的快速恢复等方面。同时，企业还应定期进行应急演练和测试工作，确保应急预案的可行性和有效性。

三、员工对新系统的操作不当可能导致的风险

（一）概述

随着企业信息化建设的不断深入，新系统的引入和应用已成为推动企业发展的重要手段。然而，新系统的引入不仅带来了高效、便捷的工作体验，同时也带来了操作风险。其中，员工对新系统的操作不当是导致风险产生的重要因素之一。

（二）员工对新系统操作不当的原因

新系统的引入往往伴随着全新的操作界面、功能和流程，如果员工没有接受充分的培训，就很难掌握新系统的正确操作方法。缺乏培训的员工在操作过程中可能会遇到各种困难，甚至因为操作不当而引发风险。员工在长期的工作中形成了自己的操作习惯，这些习惯在新系统面前可能并不适用，如果员工没有及时调整自己的操作习惯，而是继续沿用旧有的习惯性思维，就可能导致操作不当。

员工在操作过程中可能会因为疏忽大意而引发风险。例如，忘记保存重要数据、误删文件、未进行必要的备份等，这些操作都可能给企业带来不可挽回的损失。新系统往往集成了许多先进的技术和功能，如果员工的技术能力不足，就很难充分利用新系统的优势。同时，技术能力不足的员工在操作过程中也更容易出错，从而引发风险。

（三）员工对新系统操作不当可能导致的风险

员工对新系统的操作不当可能导致数据丢失或泄露。例如，误删重要

文件、未进行必要的备份、使用不安全的网络连接等，都可能导致数据丢失。同时，如果员工在操作过程中泄露了敏感信息，如客户资料、财务数据等，将给企业带来严重的损失。员工对新系统的操作不当也可能导致系统崩溃或故障。例如，在不了解系统性能的情况下进行大量数据操作、随意更改系统配置等，都可能导致系统崩溃或故障。系统崩溃或故障将影响企业的正常运营，甚至导致业务中断。

员工对新系统的操作不当还可能导致合规性问题。例如，在处理客户数据时未遵守相关法律法规，或在进行跨境数据传输时未进行必要的审查和批准等，都可能使企业面临合规风险。合规性问题将影响企业的声誉和信誉，甚至可能导致法律纠纷和罚款。

员工对新系统的操作不当还可能导致工作效率下降。如果员工无法熟练掌握新系统的操作方法，就需要花费更多的时间和精力来完成工作，这不仅会影响员工的工作效率，还可能影响企业的整体运营效率。

（四）防范策略

企业应在新系统引入前对员工进行充分的培训，确保员工能够熟练掌握新系统的操作方法。培训内容应包括系统的基本功能、操作流程、注意事项等，同时还应进行实际操作演练，帮助员工更好地掌握新系统的操作技巧。企业应制定详细的操作规范，明确员工在使用新系统时应遵守的规则和流程，操作规范应包括数据的输入、输出、保存、备份等方面的要求，同时还应明确禁止的行为和可能引发的风险。通过制定操作规范，可以帮助员工形成正确的操作习惯，降低操作风险。

企业应提供必要的技术支持，帮助员工解决在使用新系统过程中遇到的问题。技术支持可以通过在线帮助文档、视频教程、电话咨询等方式提供，确保员工在遇到问题时能够及时得到帮助和解答。企业应加强对员工使用新系统的监督和检查，确保员工遵守操作规范和要求。监督和检查可以通过定期抽查、系统日志分析等方式进行，对发现的问题及时进行纠正和处理。同时，企业还应建立奖惩机制，对遵守操作规范的员工进行奖励，对违反操作规范的员工进行惩罚。

企业应加强数据安全管理，确保员工在使用新系统时不会泄露敏感信息。数据安全管理可以通过数据加密、访问控制、安全审计等方式实现，确保数据在传输和存储过程中的安全性和完整性。

四、数字化可能加剧市场波动，增加财务风险

（一）概述

随着科技的快速发展，数字化已经成为推动经济和社会进步的重要力量。然而，数字化在带来便利和效率的同时，也可能对市场波动和财务风险产生深远的影响。

（二）数字化对市场波动的影响

数字化时代，信息传播的速度大大加快，信息的获取和传递变得更为便捷。然而，这种加速也带来了信息的不确定性和复杂性。大量信息的涌现使得市场参与者难以分辨真伪，增加了市场的噪音和波动。信息的快速传播也使得市场反应更为敏感，任何一点风吹草动都可能引发市场的剧烈波动。数字化时代，算法交易和自动化交易在市场中占据越来越重要的地位，这些交易方式基于复杂的数学模型和算法，能够在短时间内进行大量的交易。当市场环境发生变化时，这些算法可能会在短时间内产生大量的同方向交易指令，从而引发市场的踩踏效应，导致流动性迅速枯竭、市场价格剧烈波动。

数字化使得全球市场更加紧密地联系在一起，形成了"你中有我、我中有你"的互联互通格局，这种互联互通在带来更多机遇和效益的同时，也使得市场风险在全球范围内迅速传播和放大。一旦某个市场发生波动，其影响将迅速波及全球其他市场，形成连锁反应。

（三）数字化对财务风险的影响

数字化时代，企业的运营和管理越来越依赖于信息技术。然而，信息技术本身存在着一定的风险，如系统崩溃、数据泄露、黑客攻击等，这些风险一旦发生，将给企业的财务安全带来严重威胁。例如，系统崩溃可能导致企业无法正常运营，数据泄露可能导致企业敏感信息被泄露，黑客攻击可能导致企业资产被盗取。

数字化时代，市场信息的快速传播和算法的普及使得市场波动更加剧烈，这种波动可能给企业带来巨大的市场风险。例如，在金融市场中，数字化可能加剧价格的波动性和不确定性，使得投资者难以判断市场趋势和风险。此外，数字化也可能导致市场参与者之间的信息不对称性加剧，从而增加了企业的交易成本和风险。

数字化时代，监管环境的变化也给企业带来了合规风险。随着数字化技术的不断发展，监管机构对企业的监管要求也越来越高，企业需要遵守的法律法规和监管规定越来越多，稍有不慎就可能触犯相关规定，面临法律诉讼和罚款等风险。

（四）应对策略

企业应加强信息安全管理，确保企业信息系统的稳定性和安全性。这包括加强系统的防护能力、加强数据的加密和备份、建立风险监控和预警机制等。同时，企业还应加强员工的信息安全意识培训，提高员工对信息安全的认识和应对能力。企业应建立完善的风险管理机制，对可能面临的市场风险、技术风险、合规风险等进行全面评估和监控。企业应制定科学的风险评估标准和流程，及时发现和评估风险，并采取相应的措施进行应对。同时，企业还应建立风险应对预案和恢复计划，确保在风险发生时能够迅速响应和恢复。

企业应加强合规管理，确保企业的运营和管理符合法律法规和监管规定。企业应建立完善的合规管理制度和流程，确保企业的各项业务都符合相关规定。同时，企业还应加强员工的合规意识培训，提高员工对合规的认识和重视程度。企业应加强内部控制，确保企业各项业务的合规性和规范性。企业应建立完善的内部控制制度和流程，确保各项业务的审批、执行和记录都符合相关规定。同时，企业还应加强内部审计和监督，及时发现和纠正可能存在的问题和隐患。

第二节　合规性要求与数字化转型的平衡

一、了解并遵守与财务管理相关的法规和政策

财务管理作为企业运营的核心环节，其规范性和合法性直接关系到企业的生存和发展。随着全球经济一体化的深入和我国市场经济的不断完善，与财务管理相关的法规和政策也日益复杂和严格。因此，了解和遵守这些法规和政策，对于企业的财务管理人员来说，是一项至关重要的任务。

（一）了解财务管理法规和政策的重要性

财务管理法规和政策是规范企业财务行为、保障企业财务安全、维护市场经济秩序的重要法律文件。它们涵盖了企业资金的筹集、使用、分配等各个环节，为企业的财务管理提供了明确的指导和依据。了解和遵守这些法规和政策，有助于企业规范财务行为，避免违法违规操作，减少法律风险，提高企业的财务管理水平。

同时，了解和遵守财务管理法规和政策也是企业履行社会责任、树立良好形象的重要体现。一个遵守法规、规范经营的企业，不仅能够获得政府和社会的认可和支持，还能够赢得客户的信任和尊重，为企业的发展创造有利的环境。

（二）财务管理相关的主要法规和政策

我国与财务管理相关的法规主要包括《中华人民共和国会计法》《中华人民共和国公司法》《企业财务通则》等。这些法规和政策对企业的会计核算、财务报告、资金管理、利润分配等方面都做出了明确的规定。

《中华人民共和国会计法》是我国会计工作的基本法律，它规定了会计核算的基本原则、会计信息的质量要求、会计人员的职责和权利等，为企业的会计工作提供了法律保障。

《中华人民共和国公司法》是我国企业的基本法律，它规定了公司的设立、组织、运营、解散等方面的内容，其中也包括了对公司财务管理的规定。例如，公司法要求公司必须设立财务部门，负责公司的财务管理和会计核算工作；公司必须按照法定程序进行利润分配等。

《企业财务通则》是我国企业财务管理的基本规范，它规定了企业财务管理的基本原则、财务管理制度、财务监督等方面的内容。例如，通则要求企业必须建立健全的财务管理制度，明确财务管理的职责和权限；企业必须加强财务监督，确保财务信息的真实、准确、完整等。

此外，还有一些与财务管理相关的行政法规、部门规章和地方性法规等，如《企业会计准则》《税收征收管理法》等，这些法规和政策也为企业的财务管理提供了重要的指导和依据。

（三）如何了解和遵守财务管理法规和政策

了解和遵守财务管理法规和政策需要企业从多个方面入手。

加强法规政策的学习和培训。企业应该定期组织财务管理人员学习相关的法规和政策，提高他们的法律意识和专业水平。同时，企业还可以通过邀请专家进行讲座、组织内部培训等方式，加强对法规政策的理解和掌握。

建立健全财务管理制度。企业应该根据自身的实际情况和法规政策的要求，建立健全的财务管理制度，明确财务管理的职责和权限，规范财务行为。同时，企业还应该加强对财务管理制度的执行情况的监督和检查，确保制度的有效执行。

加强财务信息的披露和透明度。企业应该按照法规政策的要求,及时、准确、完整地披露财务信息,提高财务信息的透明度。这有助于企业树立良好的形象,增强投资者的信心,促进企业的健康发展。

加强与政府和监管机构的沟通和合作。企业应该积极与政府和监管机构进行沟通和合作,了解最新的法规政策动态和要求,及时调整自身的财务管理策略。同时,企业还应该配合政府和监管机构的检查和监督,确保自身的财务行为符合法规政策的要求。

二、在数字化转型过程中制定符合法规的合规策略

随着科技的飞速发展,数字化转型已成为企业提升竞争力、优化运营效率的关键途径。然而,在数字化转型的过程中,企业也面临着日益复杂的法规和政策环境。为确保企业合规经营,降低法律风险,制定符合法规的合规策略显得至关重要。

(一)数字化转型与合规性的关系

数字化转型是指企业利用数字技术改变其业务运营、客户互动和内部流程的方式。这一过程中,企业会涉及大量的数据收集、处理、存储和传输,而这些活动都受到严格的法规和政策监管。因此,合规性是数字化转型过程中不可忽视的重要方面。

合规性要求企业在开展业务活动时,必须遵守国家法律法规、行业规范以及国际惯例。在数字化转型的背景下,合规性不仅涉及传统的财务、税务、劳动法规等方面,还涉及数据保护、网络安全、知识产权等新型法规领域。因此,企业需要制定全面的合规策略,确保在数字化转型过程中不违反任何法规要求。

（二）制定符合法规的合规策略的重要性

合规策略可以帮助企业识别潜在的法律风险，并采取相应的措施进行防范和应对，有助于企业避免因违法违规行为而面临罚款、诉讼等法律风险。遵守法规、规范经营的企业更容易获得政府、客户和合作伙伴的信任和认可，这有助于企业树立良好的品牌形象，提升市场竞争力。合规策略可以指导企业优化内部流程，确保各项业务活动符合法规要求。这有助于提高企业的运营效率，降低成本。

在数字化转型过程中，数据是企业最重要的资产之一。合规策略可以确保企业采取适当的数据保护措施，防止数据泄露、滥用等风险。

（三）制定符合法规的合规策略的步骤

企业需要全面了解与数字化转型相关的法规和政策环境，包括国家法律法规、行业规范以及国际惯例等。这有助于企业识别潜在的法律风险，为制定合规策略提供依据。

企业需要对自身的业务运营、数据管理和网络安全等方面进行全面评估，了解自身在合规性方面存在的问题和不足。在了解法规环境和评估企业现状的基础上，企业需要制定符合法规的合规策略，合规策略应明确企业的合规目标、原则、措施和责任人等要素，确保各项业务活动符合法规要求。

企业需要将合规策略付诸实施，并建立相应的监控机制，确保各项措施得到有效执行。同时，企业还需要对合规策略的执行情况进行定期评估和调整，以适应法规环境的变化和企业发展的需要。企业需要加强对员工的合规培训，提高员工的合规意识和法律素养。同时，企业还需要加强合规宣传，向员工和客户传递合规经营的理念和价值。

（四）制定符合法规的合规策略的关键点

在数字化转型过程中，企业需要综合考虑多种法规要求，包括数据保护、网络安全、知识产权等方面的法规。因此，企业需要建立跨部门的合规团队，协调各部门的合规工作。随着法规环境的变化和企业发展的需要，合规策略需要不断调整和完善，因此，企业需要制定灵活的合规策略，以适应法规环境的变化和企业发展的需要。

企业需要与监管机构保持密切沟通与合作，了解最新的法规政策动态和要求，以便及时调整自身的合规策略。同时，企业还需要配合监管机构的检查和监督，确保自身的合规性。在数字化转型过程中，数据保护是企业最重要的合规任务之一，企业需要采取适当的数据保护措施，包括加密、备份、访问控制等手段，确保数据的安全性和完整性。

企业需要建立合规文化，将合规理念融入企业的核心价值观和经营理念中。这有助于企业形成全员参与、共同维护合规性的良好氛围。

三、提高员工对合规要求的认知和遵守意识

在当今复杂多变的商业环境中，合规性已成为企业稳健发展的基石。员工作为企业的核心力量，其对合规要求的认知和遵守意识直接关系到企业的合规水平和整体运营风险。因此，提高员工对合规要求的认知和遵守意识，成为企业管理层需要高度重视和着力解决的问题。

（一）员工合规意识的重要性

员工合规意识是指员工对企业合规政策、法规要求以及道德标准的认知和遵守程度。一个具备高度合规意识的员工，不仅能够自觉遵守企业的规章制度，还能够主动识别和防范潜在的风险，为企业创造更大的价值。相反，如果员工缺乏合规意识，就可能导致企业面临各种合规风险，甚至引发严重的法律后果。

首先，提高员工合规意识有助于降低企业的法律风险。员工在日常工作中如果能够严格遵守法规要求，就能够有效避免违法违规行为的发生，从而降低企业因违法行为而面临的罚款、诉讼等法律风险。

其次，提高员工合规意识有助于维护企业的声誉和形象。一个合规经营的企业能够赢得客户、合作伙伴和监管机构的信任，进而树立良好的品牌形象，而员工作为企业的代表，其合规行为也会直接影响到企业的声誉和形象。

最后，提高员工合规意识有助于提升企业的整体运营效率。当员工都具备高度的合规意识时，企业的内部管理和流程就能够更加顺畅和高效，从而降低管理成本，提高运营效率。

（二）当前员工合规意识存在的问题

部分员工对企业合规政策、法规要求以及道德标准的了解不够深入，导致在实际工作中难以准确把握合规要求。有些员工虽然了解合规要求，但在实际工作中却往往因为个人利益或其他原因而忽视合规要求，存在侥幸心理。企业往往忽视对员工进行合规培训的重要性，导致员工缺乏必要的合规知识和技能。一些企业缺乏浓厚的合规文化氛围，员工难以形成对合规要求的共同认知和遵守习惯。

（三）提高员工合规意识的方法与措施

企业应定期组织员工进行合规培训，让员工深入了解企业的合规政策、法规要求以及道德标准。培训内容可以包括法规解读、案例分析、风险防范等，以提高员工的合规意识和技能。企业应积极营造浓厚的合规文化氛围，将合规理念融入企业的核心价值观和经营理念中。企业可以通过宣传栏、内部网站、员工手册等渠道向员工传递合规信息，让员工时刻牢记合规要求。

企业可以设立合规奖励机制，对在合规方面表现突出的员工进行表彰和奖励。这不仅可以激励员工自觉遵守合规要求，还能够增强员工的归属感和荣誉感。企业应建立健全合规监督与检查机制，定期对员工的合规行为进行检查和评估。对于发现的违规行为，企业要及时进行纠正和处理，并加强对相关人员的合规教育。

企业应鼓励员工积极参与合规管理，让员工成为合规管理的参与者和推动者。企业可以设立合规建议箱或热线电话等渠道，让员工随时提出合规建议和意见。企业可以引入外部合规专家，为员工提供专业的合规咨询和指导。外部合规专家具有丰富的合规经验和专业知识，能够帮助企业识别潜在的风险并提出有效的解决方案。

（四）案例分析

为了更好地说明提高员工合规意识的重要性和方法，我们可以借鉴一些成功企业的案例。例如，某金融机构通过加强合规培训、建立合规文化和设立合规奖励机制等措施，成功提高了员工的合规意识。该机构定期组织员工进行合规培训，邀请外部合规专家为员工授课；同时，该机构还设立了合规文化周和合规之星评选等活动，鼓励员工积极参与合规管理。这些措施的实施使得该机构的员工合规意识得到了显著提升，为企业的稳健发展奠定了坚实的基础。

四、建立有效的合规监测和报告机制

（一）概述

在全球化、信息化的时代背景下，企业面临的合规风险日益复杂多样。合规监测和报告机制作为企业风险管理体系的重要组成部分，对于确保企业遵守法律法规、行业规范，以及维护企业声誉和利益具有至关重要的作用。

（二）合规监测和报告机制的重要性

合规监测和报告机制是指企业通过建立一套完整的流程和制度，对企业内部各项业务活动进行实时监控，确保企业遵守法律法规和行业规范，并及时发现、报告和纠正潜在的合规风险。其重要性主要体现在以下几个方面：

预防合规风险：通过实时监测和报告，企业能够及时发现潜在的合规风险，并采取有效措施进行预防和控制，避免违规行为的发生。

提高合规意识：合规监测和报告机制能够促使企业员工增强合规意识，自觉遵守法律法规和行业规范，形成全员参与、共同维护合规的良好氛围。

维护企业声誉：合规监测和报告机制有助于企业树立良好的品牌形象，赢得客户、合作伙伴和监管机构的信任和支持。

促进企业可持续发展：有效的合规监测和报告机制能够降低企业的法律风险和经济损失，保障企业的稳健发展。

（三）建立有效的合规监测和报告机制的策略

1. 明确合规监测和报告的目标和范围

企业应明确合规监测和报告的目标和范围，确保监测和报告的内容与企业的业务需求、法律法规和行业规范相契合。同时，企业应根据自身业务特点和风险状况，确定监测和报告的重点领域和关键环节。

2. 建立完善的合规监测体系

企业应建立完善的合规监测体系，包括制定合规监测计划、建立合规监测指标、实施合规监测措施等。具体而言，企业可以采取以下措施：

（1）制定合规监测计划：企业应根据业务特点和风险状况，制定详细的合规监测计划，明确监测的时间、频率、方式等要素。

（2）建立合规监测指标：企业应建立科学、合理的合规监测指标，以量化评估企业的合规状况和风险水平。指标可以包括合规培训覆盖率、违规事件发生率、内部举报数量等。

（3）实施合规监测措施：企业应通过内部审计、外部审计、风险评估等手段，对企业的各项业务活动进行实时监测和评估。同时，企业还应建立合规风险评估机制，定期对企业面临的合规风险进行评估和预测。

3. 建立高效的合规报告机制

企业应建立高效的合规报告机制，确保合规风险得到及时、准确的报告和处理。具体而言，企业可以采取以下措施：

（1）明确报告流程和责任人：企业应明确合规报告的流程和责任人，确保合规风险得到及时、准确的报告和处理。同时，企业还应建立合规报告的责任追究机制，对未履行报告职责的人员进行追责。

（2）建立合规报告平台：企业应建立合规报告平台，方便员工随时报告合规风险。平台应具备匿名举报、实时反馈等功能，以鼓励员工积极参与合规管理。

（3）加强合规报告的培训和教育：企业应加强对员工的合规报告培训和教育，提高员工的合规意识和报告能力。培训可以包括合规报告流程、报告内容、报告方式等方面的内容。

4. 加强合规监测和报告机制的持续改进

企业应定期对合规监测和报告机制进行评估和改进，以适应法律法规和行业规范的变化以及企业业务的发展。具体而言，企业可以采取以下措施：

（1）定期评估合规监测和报告机制的有效性：企业应定期对合规监测和报告机制进行评估，分析机制在运行过程中存在的问题和不足，并提出改进措施。

（2）关注法律法规和行业规范的变化：企业应密切关注法律法规和行业规范的变化，及时调整合规监测和报告机制的内容和方式，确保企业始终符合法律法规和行业规范的要求。

（3）加强与其他部门的协同合作：合规监测和报告机制需要与其他部门密切协同合作，共同推进企业的合规管理工作。因此，企业应加强与法务、财务、人力资源等部门的沟通和协作，形成合力共同推进合规管理工作。

第三节 信息安全与数字财务管理

一、建立多层次的信息安全防护体系

（一）概述

随着信息技术的迅猛发展，信息安全已成为企业乃至国家安全的重要组成部分。信息安全防护体系的建设，不仅是保护企业信息资产和商业秘密的需要，更是维护国家信息安全、促进经济社会稳定发展的必然要求。

（二）多层次信息安全防护体系的重要性

信息安全防护体系是指为保障信息资产的安全而建立的一系列安全防护措施和机制。多层次信息安全防护体系强调从多个角度、多个层面进行安全防护，确保信息系统的完整性、可用性和保密性。

多层次安全防护体系通过采取物理隔离、数据加密、访问控制等手段，有效防止信息泄露，保护企业商业秘密和国家安全。通过部署防火墙、入侵检测、安全审计等设备，多层次安全防护体系能够及时发现并抵御网络攻击，保障信息系统的稳定运行。多层次安全防护体系能够降低系统故障率，提高系统的稳定性和可用性，确保业务连续性和服务质量。随着技术的不断发展，新的安全威胁层出不穷，多层次安全防护体系能够灵活应对各种安全威胁，保障信息资产的安全。

（三）建立多层次信息安全防护体系的策略

1. 物理安全层

物理安全层是信息安全防护体系的基础，主要通过控制物理环境来保障信息安全。具体措施包括：

（1）建立安全的机房环境：机房应具备良好的防盗、防火、防雷、防

水等能力，确保设备的安全运行。

（2）实行严格的门禁管理：对机房进行严格的门禁管理，只允许授权人员进入，防止未经授权的访问。

（3）保护线缆和设备：对机房内的线缆和设备进行保护，防止被破坏或窃听。

2. 网络安全层

网络安全层是信息安全防护体系的核心，主要通过部署网络设备来保障信息安全。具体措施包括：

（1）部署防火墙：防火墙是网络安全的第一道防线，能够有效隔离内外网，防止非法访问和攻击。

（2）实施入侵检测：通过部署入侵检测系统，实时监测网络流量，发现异常行为并及时报警。

（3）配置安全设备：如虚拟专用网络（VPN）、安全路由器等，提供端到端的安全通信。

（4）部署安全审计系统：记录网络访问和操作行为，为事后追查提供依据。

3. 系统安全层

系统安全层主要关注操作系统和应用软件的安全防护。具体措施包括：

（1）安装防病毒软件：定期更新病毒库，确保防病毒软件的有效性。

（2）进行安全漏洞扫描：定期对系统进行安全漏洞扫描，发现并及时修复潜在的安全隐患。

（3）设置访问控制策略：通过身份认证、权限管理等手段，限制对系统的非法访问和操作。

（4）加强日志管理：记录系统操作日志，为安全审计和故障排查提供依据。

4. 数据安全层

数据安全层是信息安全防护体系的关键，主要关注数据的安全存储、传输和处理。具体措施包括：

（1）数据加密：对敏感数据进行加密处理，防止数据在传输和存储过程中被窃取或篡改。

（2）数据备份与恢复：定期对重要数据进行备份，确保数据在发生意外时能够迅速恢复。

（3）建立数据访问控制机制：限制对数据的非法访问和操作，防止数据泄露。

（4）使用安全的数据存储和传输技术：如使用 SSL/TLS（SSL：安全套接层；TLS：传输层安全性协议）协议进行数据传输，使用安全的存储介质存储数据等。

5. 安全管理层

安全管理层是信息安全防护体系的保障，主要通过制定安全管理制度、加强安全培训等手段来提高员工的安全意识和操作技能。具体措施包括：

（1）制定安全管理制度：明确信息安全管理的目标、原则、职责和流程等，为信息安全防护提供制度保障。

（2）加强安全培训：定期对员工进行安全培训，提高员工的安全意识和操作技能。

（3）建立安全应急响应机制：制定应急预案，明确应急响应流程和责任人，确保在发生安全事件时能够及时响应和处理。

（4）开展安全检查和评估：定期对信息安全防护体系进行检查和评估，发现存在的问题并及时整改。

二、采用加密、备份等技术手段保护财务数据

（一）概述

在数字化时代，财务数据作为企业最重要的资产之一，其安全性直接关系到企业的运营和发展，如何有效地保护财务数据成为企业面临的重要课题。加密和备份作为两种常见的技术手段，在保护财务数据方面发挥着至关重要的作用。

（二）财务数据保护的重要性

财务数据是企业运营和决策的重要依据，涵盖了企业的资产、负债、收入、支出等重要信息。财务数据一旦泄露或丢失，将对企业造成巨大的经济损失和声誉损害，因此，保护财务数据的安全性和完整性至关重要。

（三）加密技术在财务数据保护中的应用

加密技术是一种通过将信息转换为一种编码形式来保护信息的方法，只有拥有密钥的人才能解密并访问原始信息。在财务数据传输过程中，采用加密技术可以确保数据在传输过程中不被非法截获和窃取。通过使用SSL/TLS等安全协议，对数据进行加密传输，可以有效防止数据在传输过程中被篡改或泄露。

数据存储加密是将财务数据在存储时进行加密处理，只有拥有相应密钥的人员才能访问和读取数据。这可以防止未经授权的访问和数据泄露。在数据库中，可以采用字段级加密、行级加密或表级加密等不同的加密粒度，根据实际需求选择合适的加密方式。对于存储在本地或移动存储设备上的财务数据文件，可以采用文件加密技术进行保护。通过使用加密软件或加密硬件，对文件进行加密处理，确保文件在传输、存储和使用过程中的安全性。

（四）备份技术在财务数据保护中的应用

备份技术是指将财务数据复制到另一个存储介质或位置，以防止数据丢失或损坏。企业应定期对财务数据进行备份，以防止数据丢失或损坏。备份的频率应根据企业的实际需求和数据变化量来确定，一般建议每天或每周进行一次备份。备份数据应存储在安全可靠的地方，如专用的备份服务器或云端存储。

除了定期备份外，企业还可以采用增量备份和差异备份的方式。增量备份只备份自上次备份以来发生更改的数据，可以节省存储空间和提高备份效率。差异备份则备份自上次完全备份以来发生更改的数据，同样可以提高备份效率。

为了进一步提高数据的安全性，企业可以采用远程备份的方式。通过将备份数据存储在远程的服务器或数据中心，可以确保数据在本地发生灾难时不会丢失。远程备份还可以实现数据的实时同步和恢复，提高数据的可用性。备份数据的可靠性和可用性需要通过验证和测试来确保。企业应定期对备份数据进行验证和恢复测试，确保备份数据的完整性和可恢复性。同时，企业还应建立备份数据的恢复计划和流程，以便在数据丢失或损坏时能够迅速恢复数据。

（五）加密与备份技术的结合应用

加密和备份技术在财务数据保护中可以相互结合应用，以提高数据的安全性和可靠性。具体来说，企业可以在数据传输和存储过程中采用加密技术，确保数据在传输和存储过程中的安全性；同时，对加密后的数据进行备份，以防止数据丢失或损坏。在恢复数据时，先对备份数据进行解密操作，再将其恢复到原始状态，这样可以确保数据在整个生命周期内都得到有效的保护。

三、定期对财务系统进行安全评估和漏洞扫描

(一)概述

在数字化时代,财务系统作为企业运营的核心,其安全性直接关系到企业的资金安全、经营决策以及市场声誉。因此,对财务系统进行定期的安全评估和漏洞扫描,成为企业确保财务数据安全、维护系统稳定运行的必要措施。

(二)定期对财务系统进行安全评估和漏洞扫描的重要性

财务系统中可能存在的安全漏洞和隐患,如果不及时发现和处理,将给企业的资金安全带来严重威胁。通过定期的安全评估和漏洞扫描,可以及时发现系统中存在的安全隐患,为企业的风险防控提供有力支持。安全评估和漏洞扫描是对财务系统安全性能的一次全面检查,通过评估系统的安全配置、权限管理、数据加密等方面,可以全面了解系统的安全状况,进而采取相应的安全加固措施,提高系统的安全性。

随着国家对信息安全法规的不断完善,企业对财务系统的安全要求也越来越高。定期进行安全评估和漏洞扫描,可以确保企业的财务系统符合国家相关法规的要求,避免因安全漏洞导致的法律风险。财务系统是企业运营的重要支撑,一旦系统遭受攻击或发生故障,将对企业的正常运营造成严重影响,通过定期的安全评估和漏洞扫描,可以及时发现并修复潜在的安全问题,保障企业业务的连续性。

(三)实施策略

1. 制订评估计划

企业应根据自身的实际情况,制订定期的安全评估和漏洞扫描计划。计划应包括评估的时间周期、评估的内容、评估的方法以及评估结果的处理等。

2. 选择合适的评估工具

选择一款功能强大、操作简便的安全评估和漏洞扫描工具是实施安全评估的关键。企业应根据自身的需求和预算，选择一款适合的工具，并确保工具能够覆盖到财务系统的所有关键部分。

3. 开展安全评估

在安全评估过程中，企业应重点关注以下几个方面：

（1）系统安全配置：检查财务系统的安全配置是否符合要求，如防火墙、入侵检测、数据加密等是否已正确配置。

（2）权限管理：检查财务系统的权限管理是否完善，是否存在越权访问的风险。

（3）数据安全：检查财务系统中的数据是否得到了有效保护，如敏感数据是否进行了加密处理。

（4）应用安全：检查财务系统中的应用程序是否存在安全漏洞，如SQL注入、跨站脚本攻击等。

4. 漏洞扫描与修复

在评估过程中，如发现存在安全漏洞或隐患，企业应及时进行漏洞扫描和修复。通过漏洞扫描工具对系统进行全面扫描，找出存在的漏洞并制定相应的修复方案。同时，企业还应建立漏洞修复跟踪机制，确保所有发现的漏洞都能得到及时修复。

5. 评估结果报告

安全评估完成后，企业应编制详细的评估结果报告。报告应包括评估的过程、发现的问题、问题的严重程度以及修复建议等内容。企业应将评估结果报告提交给相关部门和领导审阅，以便及时采取相应的措施。

6. 持续改进

安全评估和漏洞扫描是一个持续改进的过程。企业应定期对财务系统进行安全评估和漏洞扫描，并根据评估结果不断完善和优化系统的安全性能。同时，企业还应加强员工的安全意识培训和技术培训，提高员工对财务系统安全性的重视程度和操作能力。

（四）预期效果

通过定期的安全评估和漏洞扫描，企业可以及时发现并修复财务系统中存在的安全漏洞和隐患，提高系统的安全性。安全评估和漏洞扫描有助于企业全面了解财务系统的安全状况，及时发现潜在的安全风险并采取相应措施进行防控。

定期的安全评估和漏洞扫描可以确保企业的财务系统符合国家相关法规的要求，避免因安全漏洞导致的法律风险。通过及时修复财务系统中存在的安全问题，可以保障企业业务的连续性和稳定性，避免因系统故障或攻击导致的业务中断或损失。

四、制定安全事件应急预案，及时响应和处理安全事件

（一）概述

在信息化日益深入的今天，企业面临的安全风险也日益增多。特别是财务系统，作为企业运营的核心，一旦遭遇安全事件，后果不堪设想。因此，制定一套完善的安全事件应急预案，确保在安全事件发生时能够迅速响应、有效处理，成为企业保护财务数据安全、维护正常运营秩序的必然选择。

（二）制定安全事件应急预案的必要性

安全事件往往具有突发性和紧急性，制定应急预案可以在事件发生时迅速启动应急响应机制，减少损失。应急预案提供了处理安全事件的流程和方法，有助于企业有序、高效地应对安全事件。

通过对安全事件的分析和总结，企业可以找出安全漏洞和隐患，及时修复，避免类似事件再次发生。迅速、有效地处理安全事件，有助于企业树立负责任、可信赖的形象，提升市场竞争力。

（三）制定安全事件应急预案的步骤

企业应成立由安全专家、技术人员、管理人员等组成的应急小组，负责应急预案的制定、修订和执行。企业应全面分析财务系统可能面临的安全事件风险，如黑客攻击、数据泄露、系统故障等，并评估各种风险的危害程度和发生概率。

根据风险分析结果，企业应制定详细的应急响应流程，包括事件发现、报告、评估、处置、恢复等各个环节。同时，要明确各个环节的责任人和执行时间。企业应提前准备好应急所需的资源，如备份数据、应急设备、专业工具等。同时，要确保这些资源在需要时能够迅速获取和使用。

将应急预案的流程、资源、责任人等内容整理成文档，供相关人员查阅和使用。文档应简洁明了、易于理解，并定期进行更新和维护。企业应定期对员工进行安全事件应急培训，提高员工的应急意识和处置能力。同时，要定期组织应急演练，检验应急预案的有效性和可操作性。

（四）安全事件应急预案的执行

当发现安全事件时，员工应立即按照预案中的流程进行报告。报告内容应包括事件类型、发生时间、影响范围等关键信息。应急小组在接到报告后，应立即对事件进行评估，确定事件的危害程度和处置优先级。同时，根据预案中的处置措施进行处置，如隔离受影响的系统、恢复备份数据等。

在事件得到控制后，应急小组应对事件进行总结和分析，找出事件的根本原因和漏洞所在，并制定相应的修复和预防措施。同时，要对预案进行更新和完善，提高预案的针对性和有效性。

（五）提升安全事件应急响应能力的策略

企业应定期向员工普及安全知识，提高员工的安全意识和防范能力。同时，要建立健全的安全管理制度和流程，确保员工在日常工作中遵守安全规定。企业应积极引入先进的安全技术，如防火墙、入侵检测、数据加密等，提高财务系统的安全防护能力。同时，要加强对安全技术的研究和应用，不断探索新的安全防护手段。

企业应与政府部门、安全机构等建立合作机制，共同应对安全事件。在发生安全事件时，可以及时获取相关资源和支持，提高应急响应的效率和质量。企业应定期对安全事件应急预案进行评估和改进，不断完善预案的内容和流程。同时，要加强对预案的培训和演练，提高员工的应急响应能力和处置水平。

第四节 法规和政策变化对数字化转型的影响

一、密切关注与财务管理相关的法规和政策变化

（一）概述

随着全球化和市场经济的不断发展，财务管理作为企业管理的核心部分，面临着日益复杂和多变的环境。其中，法规和政策的变化对于财务管理的影响尤为显著。为了确保企业的财务活动合法合规，并抓住市场机遇，企业需密切关注与财务管理相关的法规和政策变化。

（二）法规和政策变化对财务管理的影响

随着国家法律法规的不断完善，企业在财务管理方面需要遵守的规范也在不断增加。这些法规和政策的变化可能涉及会计准则、税收政策、反洗钱和反恐怖融资等方面，要求企业及时调整财务管理流程和制度，以适应新的法规要求。如果企业未能及时了解和适应这些变化，就可能面临合规风险，甚至受到法律制裁。政策的变化可能涉及财政政策、货币政策、产业政策等方面，这些变化将直接影响企业的融资环境、投资方向以及市场环境。如果企业能够敏锐地捕捉到政策变化中的市场机遇，就能为企业的发展创造有利条件。

（三）如何密切关注与财务管理相关的法规和政策变化

企业应建立专门的信息收集和分析机制，负责收集和整理与财务管理相关的法规和政策信息。这些信息可以来自政府官网、行业协会、专业媒体等渠道。企业可以指定专人负责信息的收集工作，并定期对收集到的信息进行整理和分析，以便企业及时了解和掌握法规和政策的变化趋势。企业应加强内部培训和宣传工作，提高员工对法规和政策变化的认识和重视程度。企业可以通过组织培训、发放宣传资料等方式，向员工普及最新的法规和政策要求，并强调合规意识的重要性。同时，企业还可以鼓励员工积极参与法规和政策的学习和讨论，提高员工的法规意识和政策敏感性。

企业应建立健全的财务管理制度，确保财务管理活动的合法合规。财务管理制度应涵盖会计核算、资金管理、税务管理等方面，并明确各项业务的操作流程和风险控制措施。同时，企业应定期对财务管理制度进行审查和更新，以适应法规和政策的变化。企业可以借助外部专业机构的支持，如会计师事务所、律师事务所等，以获取更加全面和专业的法规和政策信息，这些机构通常具有丰富的经验和专业的知识，能够为企业提供及时、准确的法规和政策解读以及咨询服务。通过与这些机构的合作，企业可以更好地了解和掌握法规和政策的变化趋势，为企业的发展提供有力支持。

（四）应对法规和政策变化的策略

企业应制订详细的合规计划，明确企业在法规和政策变化中需要遵守的规范和要求。合规计划应涵盖企业的所有业务领域和财务活动，并明确各项业务的合规要求和风险控制措施。同时，企业应定期对合规计划进行审查和更新，以确保其符合最新的法规和政策要求。企业应加强内部控制建设，确保财务活动的合法合规。内部控制应涵盖企业的各个方面，包括财务审批、内部审计、风险管理等。通过加强内部控制建设，企业可以及时发现和纠正财务管理中的违规行为，降低合规风险。

企业应根据法规和政策的变化趋势，及时调整经营策略。如果政策变化为企业提供了新的市场机遇,企业应及时调整投资方向和业务布局,以抓住市场机遇。同时,如果法规变化对企业产生了负面影响,企业也应积极寻求应对策略,降低风险损失。企业应加强与政府、行业协会等外部机构的沟通协调工作,通过与这些机构的沟通协调,企业可以及时了解最新的法规和政策动态,并获取相关的指导和支持。同时,企业还可以借助这些机构的资源和平台,拓展业务领域和市场份额。

二、法规变化对数字化转型的具体影响

(一)概述

在当今这个信息化、数字化的时代,数字化转型已经成为企业发展的必然趋势。然而,随着法规环境的变化,企业在推进数字化转型过程中面临着新的挑战和机遇。

(二)法规变化对数字化转型的具体影响

随着数据保护法规的日益完善,企业在数字化转型过程中需要更加注重数据安全和隐私保护,这对企业的数据收集、存储、处理和使用等方面都提出了新的要求。企业需要投入更多的资源和精力来确保数据安全和隐私保护,这可能会增加企业的成本。从另一方面来看,数据保护法规的完善也为企业的数字化转型提供了机遇。企业可以通过遵守法规要求,提高数据安全和隐私保护水平,赢得用户的信任和认可,这将有助于企业建立良好的品牌形象,提高市场竞争力。

网络安全法规要求企业在数字化转型过程中加强网络安全防护,确保企业信息系统和数据的安全。随着网络攻击手段的不断升级和变化,企业面临着越来越大的网络安全风险。网络安全法规要求企业采取一系列措施,如加强网络安全防护、定期进行安全审计等,以确保企业信息系统的安全稳定运行。网络安全法规的变化对企业的数字化转型提出了更高的要求,

企业需要投入更多的资金和人力资源来加强网络安全防护，这可能会增加企业的运营成本。然而，从长期来看，加强网络安全防护将有助于提高企业的信息安全水平，降低因网络安全事件而带来的损失。

电子商务法规的变化对企业的数字化转型也产生了重要影响。随着电子商务的快速发展，国家出台了一系列法规来规范电子商务市场秩序。这些法规要求企业在开展电子商务业务时必须遵守相关规定，如保护消费者权益、打击假冒伪劣商品等。电子商务法规的变化要求企业在数字化转型过程中更加注重合规经营。企业需要了解并遵守相关法规要求，确保在开展电子商务业务时符合法律规定。同时，企业还需要加强与消费者的沟通和服务，提高消费者满意度和忠诚度。

税收法规的变化也对企业的数字化转型产生了影响。随着数字经济的发展，传统的税收法规已经难以适应新的经济形态，因此，国家出台了一系列新的税收法规来规范数字经济的税收秩序。税收法规的变化要求企业在数字化转型过程中关注税收合规问题。企业需要了解并遵守新的税收法规要求，确保在纳税方面符合法律规定。同时，企业还需要加强税务筹划和风险管理，降低税务风险和成本。

（三）应对法规变化对数字化转型影响的策略

企业应加强对相关法规的学习和研究，了解法规的变化趋势和要求。通过深入学习和研究法规，企业可以更好地掌握法规对数字化转型的影响和要求，为企业的数字化转型提供有力支持。企业应完善内部管理制度，确保在数字化转型过程中符合法规要求。企业可以制定详细的数字化转型计划和方案，明确数字化转型的目标、任务和措施，并建立相应的内部控制和风险管理机制。

企业可以加强与外部机构的合作，如政府部门、行业协会等，以获取更多的法规信息和支持。通过与外部机构的合作，企业可以及时了解最新的法规动态和要求，并获取专业的咨询和指导服务。企业在数字化转型过程中应注重合规经营和风险管理。企业需要遵守相关法规要求，确保在数字化转型过程中符合法律规定。同时，企业还需要加强风险管理，建立完善的风险预警和应对机制，降低因法规变化而带来的风险损失。

三、根据法规变化调整数字化转型的战略规划

（一）概述

在数字化时代，企业的数字化转型已成为提升竞争力的关键。然而，随着法规环境的不断变化，企业在推进数字化转型时，必须充分考虑法规因素，确保转型过程合法合规。

（二）法规变化对数字化转型战略规划的影响

随着数据保护法规的加强，企业在处理用户数据时，必须严格遵守数据保护和隐私规定，这要求企业在数字化转型战略规划中充分考虑数据安全和隐私保护的需求。例如，在规划数据收集、存储和使用流程时，应确保符合数据保护法规的要求，避免因违规操作而面临法律风险。

网络安全法规要求企业加强网络安全防护，确保信息系统的安全稳定运行。在数字化转型战略规划中，企业应充分考虑网络安全因素，投入必要的资源加强网络安全建设。例如，规划网络安全防护措施、制定网络安全应急预案等，以确保数字化转型过程中企业信息系统的安全。

电子商务和电子签名等法规的出台，规范了电子商务市场秩序和电子签名的法律效力。企业在数字化转型战略规划中，应充分考虑这些法规的要求，确保在开展电子商务业务和使用电子签名时，符合法律规定。例如，在规划电子商务业务流程时，应确保消费者权益得到保护，避免因违规行为而引发法律纠纷。

（三）根据法规变化调整数字化转型战略规划的策略

企业应设立专门的法务团队或委托专业机构，持续关注和研究相关法

规的变化。通过深入了解法规内容，企业可以及时调整数字化转型战略规划，确保转型过程合法合规。在了解法规变化的基础上，企业应制定合规的数字化转型战略，包括明确数字化转型的目标、任务和措施，并确保在战略规划中充分考虑法规要求。例如，在规划数据采集和使用流程时，应确保符合数据保护法规；在规划网络安全措施时，应符合网络安全法规的要求。

企业应加强内部员工的法规培训和宣传工作，提高员工对法规变化的认识和重视程度。通过培训和宣传，使员工在推进数字化转型过程中，始终牢记法规要求，避免因违规行为而给企业带来法律风险。企业应建立合规监督机制，定期对数字化转型过程进行审查和监督。通过监督机制，企业可以及时发现并纠正违规行为，确保数字化转型过程始终符合法规要求。

企业可以与外部专业机构合作，获取专业的法律咨询和支持。外部专业机构可以帮助企业更好地理解和应对法规变化，为企业的数字化转型提供有力的法律保障。

（四）实践案例分析

以某电商企业为例，该企业在进行数字化转型时，充分考虑了法规变化对战略规划的影响。在数据保护方面，该企业严格遵守数据保护法规，对用户数据进行加密处理，并制定了严格的数据使用和管理规定。在网络安全方面，该企业投入大量资源加强网络安全建设，制定了完善的网络安全防护措施和应急预案。同时，该企业还积极与外部专业机构合作，获取法律咨询和支持，确保数字化转型过程的合规性。

四、根据法规要求优化财务系统的功能和设置

（一）概述

在数字化和合规化日益成为企业运营重要趋势的背景下，财务系统作

为企业管理的核心,其功能和设置的优化显得尤为重要。随着法规要求的不断更新,越来越严格,企业需要确保财务系统能够满足这些要求,以保证财务信息的准确性、完整性和合规性。

(二)法规对财务系统的影响和要求

许多法规要求企业保存一定期限的财务数据,并能够按照规定的格式和内容进行报告,这要求财务系统具备强大的数据存储和查询功能,以及灵活的报告生成工具,以便企业能够迅速、准确地提供所需数据。法规通常要求企业建立有效的内部控制体系,以确保财务信息的准确性和完整性。财务系统应能够支持这些内部控制流程,如权限管理、审批流程、数据校验等。此外,审计要求也促使财务系统具备可审计性,即能够记录和保存所有交易和修改历史,以便审计人员追溯和验证。

税法法规对企业的税务合规提出了严格要求。财务系统需要支持各种税务计算和报告,包括增值税、所得税、关税等。同时,系统还需要具备灵活的税务配置功能,以适应不同国家和地区的税法差异。为了打击洗钱和欺诈行为,法规要求企业建立严格的客户身份识别和交易监控机制。财务系统应能够支持这些机制,如客户身份验证、交易风险评估、可疑交易报告等。

(三)根据法规要求优化财务系统的功能和设置

为满足数据保存和报告要求,财务系统应提供以下功能:大容量数据存储功能,支持长时间的历史数据保存。高效的数据查询工具,允许用户快速检索所需数据。灵活的报告生成工具,支持自定义报告模板和报告参数。报告导出功能,支持将报告导出为 PDF、Excel 等格式。在系统设置中,可以通过配置数据保存期限、报告模板和导出格式等参数来满足法规要求。

为加强内部控制和审计功能,财务系统应提供以下功能:严格的权限管理功能,确保只有授权人员才能访问和修改财务数据;审批流程管理功能,支持自定义审批流程和审批条件;数据校验功能,对输入的数据进行自动校验和验证；交易日志记录功能，记录所有交易和修改历史以供审计。在系统设置中，可以配置权限管理规则、审批流程模板、数据校验规则等参数来加强内部控制和审计功能。

为满足税务合规要求，财务系统应提供以下功能：多种税务计算方法支持，包括增值税、所得税、关税等。灵活的税务配置功能，允许用户根据国家和地区税法差异进行配置；税务报告生成功能，支持自定义报告模板和报告参数；税务数据导出功能，支持将税务数据导出为税务部门要求的格式。在系统设置中，可以配置税务计算方法、税务配置参数、报告模板和导出格式等参数来满足税务合规要求。

为加强反洗钱和反欺诈功能，财务系统应提供以下功能：客户身份验证功能，支持多种身份验证方式如身份证、护照等；交易风险评估功能，对交易进行自动风险评估和预警；可疑交易报告功能，允许用户标记和报告可疑交易；监控和报告工具支持，提供实时交易监控和报告功能。在系统设置中，可以配置身份验证规则、风险评估模型、可疑交易报告流程等参数来加强反洗钱和反欺诈功能。

五、加强合规管理，确保数字化转型符合法规要求

（一）概述

随着科技的飞速发展，数字化转型已成为企业提升竞争力、实现持续发展的重要途径。然而，在数字化转型的过程中，企业面临着诸多挑战，其中最为关键的是如何确保数字化转型符合法规要求，避免因违规操作而引发的法律风险和经营困境。

（二）数字化转型中的法规要求概述

数字化转型涉及企业运营的各个方面，包括业务流程、数据管理、技术应用等。随着数据保护法规的日益严格，企业在数字化转型过程中需要

确保用户数据的安全和隐私，避免数据泄露和滥用。

网络安全法规要求企业加强网络安全防护，确保信息系统的安全稳定运行，防止黑客攻击和数据泄露。

税务法规要求企业按照规定的税率和税种进行纳税，确保税务合规。

反洗钱和反欺诈法规要求企业建立严格的客户身份识别和交易监控机制，防止洗钱和欺诈行为的发生。

（三）加强合规管理，确保数字化转型符合法规要求的策略

企业应建立完善的合规管理体系，明确合规管理的目标、原则、流程和责任。合规管理体系应涵盖企业运营的各个方面，确保所有业务活动都符合法规要求。同时，企业应设立专门的合规管理部门或委员会，负责合规管理的具体工作。企业应加强对法规的学习和培训，提高员工对法规的认识和重视程度。通过定期举办法规培训、分享会等活动，让员工了解最新的法规动态和合规要求，确保员工在数字化转型过程中始终遵守法规。

企业应制定符合法规要求的合规政策和流程，明确各项业务的合规标准和操作规范。合规政策和流程应涵盖数据保护、网络安全、税务合规、反洗钱和反欺诈等方面，确保企业在数字化转型过程中始终符合法规要求。

企业应建立有效的内部控制体系，对数字化转型过程中的各个环节进行监督和检查。通过内部审计、风险评估等手段，及时发现和纠正违规行为，确保数字化转型的合规性。同时，企业应建立与监管机构的沟通机制，及时了解监管要求和动态，确保企业的合规管理工作与监管机构的要求保持一致。在数字化转型过程中，企业与外部合作伙伴之间的协作也至关重要。企业应选择具有合规意识的合作伙伴，与其建立长期稳定的合作关系。同时，企业应与合作伙伴共同制定合规政策和流程，确保双方在合作过程中始终遵守法规要求。

随着法规的不断变化和更新，企业的合规管理体系也需要持续改进和更新。企业应定期对合规管理体系进行评估和审查，及时发现和纠正存在的问题和不足。同时，企业应积极借鉴行业内的先进经验和做法，不断完善和优化合规管理体系，提高企业的合规管理水平。

第五节　风险管理的工具与方法

一、利用风险评估工具识别、评估和管理财务风险

（一）概述

在复杂的经济环境中，企业面临着各种财务风险，如市场风险、信用风险、流动性风险等。为了有效应对这些风险，企业需要利用风险评估工具来识别、评估和管理财务风险。

（二）财务风险识别

财务风险的识别是风险管理的基础，它要求企业能够全面、准确地识别出可能对企业财务状况产生不利影响的因素。通过分析企业的财务报表，如资产负债表、利润表和现金流量表，可以了解企业的财务状况和经营成果，从而发现潜在的财务风险。

通过了解行业的整体发展趋势、竞争格局和政策法规，可以预测企业可能面临的行业风险，如市场需求变化、竞争加剧等。通过调查企业的内部运营情况、管理水平和企业文化等方面，可以发现企业内部的财务风险隐患，如管理漏洞、员工违规等。

在识别财务风险的过程中，企业应充分利用风险评估工具，如财务比率分析、风险矩阵等，以量化或定性的方式描述风险的特征和程度。

（三）财务风险评估

财务风险评估是对已识别出的财务风险进行量化和分析的过程，以便确定风险的优先级和应对策略。在评估财务风险时，企业可以采用以下几

种方法：

定量评估：通过收集历史数据和预测数据，运用统计和数学方法计算出风险的可能性和影响程度。例如，可以使用概率论和数理统计方法来评估市场风险的大小。

定性评估：在缺乏足够数据或数据难以量化的情况下，可以采用定性评估方法。这种方法通常依赖于专家的经验和判断，通过小组讨论、专家访谈等方式来评估风险的可能性和影响程度。

敏感性分析：通过分析某些关键变量（如利率、汇率、原材料价格等）的变化对企业财务状况的影响程度，可以评估企业对这些变量的敏感性，从而识别出潜在的风险点。

在评估财务风险时，企业应选择合适的评估工具和方法，如风险矩阵、蒙特卡洛模拟等，以便更准确地量化风险的大小和影响程度。同时，企业还应考虑不同风险之间的关联性和相互影响，以便更全面地评估企业的整体财务风险。

（四）财务风险管理

财务风险管理是企业在识别和评估财务风险后，采取措施来降低或消除风险的过程。在财务风险管理过程中，企业可以采取以下几种策略：

风险规避：对于某些风险较高或难以控制的业务或投资项目，企业可以选择不参与或退出，以避免潜在的损失。

风险降低：通过加强内部控制、优化业务流程、提高员工素质等措施来降低风险发生的可能性和影响程度。例如，企业可以加强财务审批流程、建立风险管理机制等。

风险转移：通过购买保险、签订风险分担协议等方式将风险转移给第三方。例如，企业可以购买信用保险来降低信用风险的发生概率和损失程度。

风险接受：对于某些不可避免或可承受的风险，企业可以选择接受并制定相应的应对措施。例如，企业可以设定一定的坏账准备金来应对信用风险的发生。

在财务风险管理过程中，企业应综合运用各种风险管理工具和技术，如风险地图、应急计划等，以便更好地应对财务风险。同时，企业还应建立完善的风险管理体系和内部控制机制，确保风险管理工作的有效实施。

（五）案例分析

为了更好地说明如何利用风险评估工具识别、评估和管理财务风险，我们可以结合一个具体的案例进行分析。例如，某家制造企业面临原材料价格波动风险和汇率风险，为了应对这些风险，企业可以利用以下风险评估工具和方法：

对于原材料价格波动风险，企业可以运用敏感性分析方法分析原材料价格变化对企业成本和利润的影响程度。同时，企业还可以采用定量评估方法预测原材料价格波动的可能性和幅度，并据此制定相应的采购策略和库存策略。

对于汇率风险，企业可以运用蒙特卡洛模拟方法预测不同汇率变动情景下企业的外汇损益情况。同时，企业还可以考虑购买外汇期货或期权等金融工具来锁定汇率成本并降低汇率风险的影响程度。

通过综合运用这些风险评估工具和方法，企业可以更准确地识别、评估和管理财务风险，从而提高企业的财务稳健性和竞争力。

二、建立内部控制体系，确保财务活动的合规性和准确性

（一）概述

在当今复杂的商业环境中，财务活动的合规性和准确性对于企业的持续稳健发展至关重要。一个健全的内部控制体系，能够有效确保企业财务活动的合法合规、准确无误，提高企业的经济效益和市场竞争力。

（二）内部控制体系的重要性

内部控制体系是企业管理的重要组成部分，它通过对企业内部各项业务流程的规范、监督和管理，确保企业各项活动的合规性和准确性。在财务领域，内部控制体系的作用尤为突出。它可以帮助企业及时发现和纠正财务活动中的错误和舞弊行为，防止财务损失和声誉损害，保障企业的财务安全和稳定。

（三）建立内部控制体系的原则

在建立内部控制体系时，企业应遵循以下原则：

全面性原则：内部控制体系应覆盖企业所有财务活动，确保各项财务活动都受到有效的监督和管理。

重要性原则：企业应重点关注高风险领域和关键控制点，确保这些领域的内部控制措施得到有效执行。

制衡性原则：内部控制体系应实现不同部门和岗位之间的制衡和约束，防止权力滥用和舞弊行为的发生。

适应性原则：内部控制体系应随着企业内外部环境的变化而不断调整和完善，确保其始终符合企业的实际需求和法规要求。

（四）建立内部控制体系的步骤

企业应明确内部控制的目标，即确保财务活动的合规性和准确性。这包括确保财务报告的真实、完整、准确和及时，防止和发现财务舞弊行为，保障企业资产的安全和完整等。企业应全面梳理财务活动的业务流程，包括收入、成本、费用、资产、负债等各个环节。在梳理过程中，应重点关注高风险领域和关键控制点，如资金收付、发票管理、存货管理等。

在梳理业务流程的基础上，企业应识别出各个环节中可能存在的风险点，如欺诈、错误、疏忽等。对于识别出的风险点，企业应制定相应的控制措施来降低风险的发生概率和影响程度。针对识别出的风险点，企业应设计相应的控制措施，这些措施应具有可操作性和有效性，能够确保财务活动的合规性和准确性。控制措施可以包括制度规范、流程控制、权限管理、内部审计等方面。在设计好控制措施后，企业应将其付诸实施，包括制定详细的内部控制制度和流程、明确各岗位的职责和权限、加强培训和宣传等。同时，企业还应建立内部控制执行情况的监督和检查机制，确保控制措施得到有效执行。内部控制体系是一个动态的过程，需要随着企业内外部环境的变化而不断调整和完善。企业应定期对内部控制体系进行评估和审查，发现存在的问题和不足，并制定相应的改进措施。同时，企业还应关注行业内外最新的法规要求和最佳实践，不断完善自身的内部控制体系。

（五）内部控制体系的关键要素

企业应制定详细的财务管理制度和业务流程规范，明确各项财务活动的操作标准和要求。企业应建立清晰的业务流程和审批流程，确保各项财务活动都经过适当的审批和复核。企业应明确各岗位的职责和权限，确保不相容职务的分离和制衡。同时，企业还应建立权限变更和审批机制，防止权力滥用和舞弊行为的发生。

企业应设立独立的内部审计部门或委员会，负责对企业内部控制体系的监督和检查。内部审计部门应具有独立的审计权力和足够的资源支持，能够及时发现和纠正内部控制体系中存在的问题和不足。企业应建立风险管理机制，对财务活动中可能存在的风险进行识别、评估和控制。风险管理机制应与企业内部控制体系相衔接，确保企业能够有效地应对各种财务风险。

三、利用审计工具对财务活动进行定期审计和检查

（一）概述

在现代企业管理中，财务活动的合规性和准确性对于企业的持续健康发展至关重要。为了确保财务活动的透明度和准确性，企业需要利用审计

工具对财务活动进行定期审计和检查。

（二）审计工具的重要性

审计工具是审计过程中所使用的各种方法和手段的总称，包括审计软件、数据分析工具、调查问卷等。这些工具能够帮助审计人员更加高效、准确地发现财务活动中的问题和风险，为企业的财务管理提供有力支持。

通过审计工具，审计人员可以全面检查企业的财务活动是否符合国家法律法规和会计准则的要求，确保企业的财务活动合法合规。审计工具可以帮助审计人员快速、准确地分析财务数据，发现数据中的异常和错误，提高财务信息的准确性和可靠性。审计工具可以帮助企业识别潜在的风险点，评估风险的大小和影响程度，为企业的风险管理提供决策依据。通过定期审计和检查，企业可以向外部利益相关者展示其财务活动的透明度和准确性，提升企业的信誉度和市场形象。

（三）利用审计工具进行定期审计和检查的步骤

在进行定期审计和检查之前，审计人员需要明确审计的目标和范围。审计目标通常包括财务活动的合规性、财务信息的准确性、风险控制等。审计范围则根据企业的实际情况和审计目标来确定，可以涵盖企业的财务报表、内部控制、业务流程等方面。根据审计目标和范围，审计人员需要选择合适的审计工具。审计工具的选择应考虑到企业的行业特点、业务规模、数据复杂性等因素。常用的审计工具包括审计软件、数据分析工具、调查问卷等。这些工具可以帮助审计人员更加高效、准确地完成审计任务。

在确定了审计目标和范围以及选择了合适的审计工具之后，审计人员需要制订详细的审计计划和时间表。审计计划应包括审计的具体步骤、方法、人员分工等内容。时间表则明确了审计的起始时间、结束时间以及关键节点的安排。按照审计计划和时间表，审计人员开始执行审计程序。在执行过程中，审计人员需要充分运用所选的审计工具，对企业的财务活动进行全面的检查和分析。同时，审计人员还需要保持与企业的沟通，确保审计工作的顺利进行。

  在完成审计程序后，审计人员需要编制详细的审计报告。报告应包括审计的结果、发现的问题、风险评估以及建议等内容。审计报告应客观、公正地反映企业的财务活动状况，为企业的管理层和外部利益相关者提供有价值的参考信息。审计报告中的建议是企业改进财务管理和风险控制的重要依据。因此，审计人员需要跟踪审计建议的落实情况，确保企业能够真正采纳并实施这些建议。同时，审计人员还需要关注企业在改进过程中遇到的问题和困难，提供必要的支持和帮助。

（四）提高审计效率和准确性的策略

  审计人员是审计工作的核心力量。企业应加强对审计人员的培训和能力提升，使其掌握先进的审计技术和方法，提高审计工作的效率和准确性。随着信息技术的不断发展，新的审计工具和技术不断涌现。企业应积极引入这些先进的工具和技术，提高审计工作的自动化水平和智能化程度，降低人为错误和疏漏的风险。

  审计工作的顺利进行离不开企业的支持和配合。审计人员应加强与企业的沟通和合作，建立良好的工作关系，确保审计工作的顺利进行。同时，审计人员还需要关注企业的实际情况和需求，提供有针对性的审计服务。审计流程和方法是审计工作的重要组成部分。企业应持续优化审计流程和方法，提高审计工作的效率和质量。例如，可以采用风险评估的方法来确定审计的重点和范围，采用数据分析技术来快速发现财务数据中的异常和错误等。

四、构建全面的风险管理框架，指导风险管理活动

（一）概述

  在全球化经济环境中，企业面临的风险日益复杂多样。为了确保企业

第五章　风险管理与合规性

的稳健运营和持续发展，构建全面的风险管理框架显得尤为重要。

（二）风险管理框架的重要性

一个全面的风险管理框架是企业有效管理风险的基础，它能够帮助企业识别潜在的风险因素，评估风险的可能性和影响程度，制定相应的风险应对策略，并对风险进行持续地监控和报告。通过构建风险管理框架，企业可以更加系统地管理风险，降低风险对企业运营的影响，提高企业的竞争力和市场地位。

（三）构建风险管理框架的步骤

在构建风险管理框架之前，企业需要明确风险管理的目标。这些目标通常包括降低风险对企业运营的影响、确保企业遵守法律法规和行业标准、保护企业的声誉和资产等。明确目标有助于企业更好地制定风险管理策略和措施。识别风险因素是风险管理框架的第一步。企业需要对内外部环境进行全面分析，识别可能对企业运营产生影响的潜在风险因素，这些风险因素可能来自市场、竞争、技术、法律、政策等多个方面。通过识别风险因素，企业可以更加全面地了解自身面临的风险状况。

在识别风险因素后，企业需要对每个风险因素触发的可能性和影响程度进行评估，可以通过使用风险评估工具和方法来实现，如风险矩阵、风险评分卡等。评估结果有助于企业了解每个风险因素的优先级和重要性，为制定风险应对策略提供依据。根据风险评估的结果，企业需要制定相应的风险应对策略，这些策略可以包括风险避免、风险降低、风险转移和风险接受等。企业应根据自身情况和风险因素的特点选择合适的策略，并制定相应的实施方案和措施。

在制定风险应对策略后，企业需要积极实施相应的风险管理措施，包括建立风险管理组织体系、制定风险管理政策和流程、加强内部控制和风险管理培训等。同时，企业还需要对风险管理措施的执行情况进行监督和检查，确保其有效性和合规性。在风险管理过程中，企业需要对风险进行持续的监控和报告，这可以通过建立风险监控机制和报告制度来实现。企业应定期收集和分析风险信息，对潜在的风险进行预警和提醒，并向管理层和利益相关者报告风险管理的情况和成果。

（四）风险管理框架的关键要素

风险管理文化是企业风险管理框架的重要组成部分，它要求企业全员参与风险管理活动，树立风险意识，培养风险管理能力和素质。企业应通过培训、宣传等方式加强风险管理文化的建设，提高员工对风险管理的认识和重视程度。风险管理组织体系是企业风险管理框架的支撑，企业应建立专门的风险管理部门或委员会，负责全面管理和协调风险管理活动。同时，企业还需要明确各部门在风险管理中的职责和权限，确保风险管理的有效实施。

风险管理制度和流程是企业风险管理框架的规范。企业应制定完善的风险管理制度和流程，明确风险管理的各个环节和步骤，规范风险管理活动的执行和操作。同时，企业还需要根据内外部环境的变化及时调整和完善风险管理制度和流程。风险监控和报告机制是企业风险管理框架的保障，企业应建立风险监控机制，对潜在的风险进行实时预警和提醒。同时，企业还需要建立风险报告制度，定期向管理层和利益相关者报告风险管理的情况和成果。通过风险监控和报告机制，企业可以及时发现和解决风险管理中的问题，提高风险管理的效果和效率。

第六章 经济效益与绩效评估

第一节 数字化转型对企业经济效益的影响

一、通过数字化转型优化财务流程,提高运营效率

(一)概述

在当今日新月异的商业环境中,数字化转型已成为企业实现可持续发展的必然选择。特别是对于财务领域而言,数字化转型不仅能够优化财务流程,提高运营效率,还能为企业带来更加精准、高效的数据支持,助力企业做出更为明智的决策。

(二)数字化转型对财务流程的影响

数字化转型通过引入先进的技术和工具,对财务流程进行全方位的改造和优化,使得传统的财务操作变得更加智能、高效。数字化转型使得许多重复、烦琐的财务操作可以通过自动化系统来完成,大大减轻了财务人员的工作压力,提高了工作效率。

数字化转型促进了财务数据的集成和共享,使得企业能够实时获取到各个部门的财务数据,为企业的决策提供更为全面、准确的数据支持。数字化转型通过引入先进的风险管理工具和技术,使得企业能够更加精准地识别、评估和控制财务风险，确保企业的稳健运营。

数字化转型为企业的财务管理提供了强大的数据分析功能，使得企业决策者能够根据数据分析结果做出更为科学、合理的决策。

（三）数字化转型优化财务流程的策略

在启动数字化转型之前，企业需要明确数字化转型的目标，包括优化财务流程、提高运营效率、降低财务风险等。明确目标有助于企业制定有针对性的转型计划，确保转型工作的顺利进行。数字化转型需要借助先进的数字化工具和技术来实现，企业需要根据自身的实际情况和需求，选择适合自己的数字化工具和技术，如自动化财务软件、大数据分析工具、云计算技术等。选择合适的数字化工具和技术是数字化转型成功的关键。

数字化转型需要企业建立完善的数字化财务体系，包括财务数据采集、处理、分析和报告等环节。企业需要制定详细的数字化财务体系建设计划，明确各个环节的职责和要求，确保数字化财务体系的顺利运行。数字化转型需要员工具备相应的数字化技能和素养，企业需要加强员工培训和能力提升，提高员工的数字化水平，使员工能够熟练掌握数字化工具和技术的使用方法，为数字化转型提供有力的人才保障。

数字化转型是一个持续的过程，企业需要不断优化和改进财务流程，以适应市场变化和企业发展的需要。企业可以通过引入新的数字化工具和技术、优化财务流程设计、加强内部控制等方式来持续优化和改进财务流程。

二、减少人工干预和纸质文档的使用，降低运营成本

（一）概述

随着科技的不断进步和数字化时代的到来，企业面临着巨大的机遇与挑战。其中，减少人工干预和纸质文档的使用已成为降低运营成本、提升竞争力的关键策略之一。

（二）减少人工干预的重要性

人工干预往往伴随着大量的重复性工作，容易出错且效率低下。通过引入自动化和智能化技术，可以减少人工干预，实现快速、准确的数据处理，提高工作效率。人工操作往往难以避免疏漏和错误，而自动化和智能化系统能够按照预设的规则和流程进行工作，大大降低错误率，提高工作质量。

减少人工干预意味着企业可以将更多的人力资源投入到更有价值的任务中，如创新、研发和市场拓展等，从而提高企业的整体竞争力。

（三）减少纸质文档使用的必要性

纸质文档在制造和使用过程中会产生大量的废弃物和污染，减少纸质文档的使用有助于降低对环境的负面影响，实现绿色办公。纸质文档容易丢失、损坏或被篡改，而电子文档则具有更高的安全性和可追溯性。通过数字化存储和管理，企业可以更好地保护其重要数据。

纸质文档需要占用大量的物理空间进行存储和管理，而电子文档则可以通过云计算等技术实现高效、低成本的存储和备份。

（四）实施方法

企业可以通过引入自动化生产线、机器人、智能识别系统等技术来减少人工干预。例如，在生产线上使用机器人进行物料搬运和组装；在办公环境中使用智能识别系统来自动分类和处理文档等。企业可以推动数字化办公的普及和应用，将纸质文档转化为电子文档进行管理，可以通过采用电子签名、电子审批、云存储等技术来实现。同时，企业还可以开发或购买适用于自身业务的数字化办公系统，提高办公效率。

减少人工干预和纸质文档的使用需要员工具备一定的技能和知识，因此，企业应加强员工培训和教育，提高员工的数字化素养和操作能力。这可以通过组织培训课程、分享会等形式进行。企业可以制定相关政策和标准来规范员工的行为和操作流程。例如，制定数字化办公流程规范、数据安全管理规定等，确保员工能够按照统一的标准进行工作。

三、通过精准的数据分析和预测，提高盈利能力和市场竞争力

（一）概述

在当今的商业环境中，数据已经成为企业决策的重要依据。通过精准的数据分析和预测，企业可以更加准确地把握市场趋势、客户需求以及竞争对手的动态，从而制定出更加科学、有效的经营策略，进而提高盈利能力和市场竞争力。

（二）精准数据分析的重要性

精准的数据分析可以帮助企业深入了解市场趋势，包括消费者需求、行业变化以及政策法规等方面的信息。通过对这些数据的分析，企业可以更好地把握市场发展方向，从而制定出符合市场需求的经营策略。

客户是企业发展的核心。通过精准的数据分析，企业可以深入了解客户的消费习惯、偏好以及需求变化等信息。这些信息对于企业制定产品策略、优化服务以及提高客户满意度等方面都具有重要意义。

了解竞争对手的动态是企业制定竞争策略的关键。精准的数据分析可以帮助企业获取竞争对手的产品信息、营销策略以及市场份额等方面的数据。通过对这些数据的分析，企业可以更好地把握竞争对手的优劣势，从而制定出更加有针对性的竞争策略。

（三）精准数据预测的作用

精准的数据预测可以帮助企业提前预测市场发展趋势，从而提前规划市场布局。企业可以根据预测结果调整产品策略、优化销售渠道以及加大市场推广力度等，以更好地满足市场需求，提高市场占有率。精准的数据预测可以降低企业的经营风险。通过对市场趋势、客户需求以及竞争对手动态的预测，企业可以及时发现潜在的风险因素，并采取相应的措施进行防范，这有助于企业保持稳健的经营状态，降低经营风险。

精准的数据预测可以提高企业的盈利能力，通过预测市场需求和竞争态势，企业可以更加精准地制定价格策略、促销策略以及成本控制策略等，从而提高产品的利润率和市场占有率。同时，企业还可以通过预测客户需求和偏好，开发出更加符合市场需求的新产品，进一步拓展市场份额。

（四）实现精准数据分析和预测的策略

实现精准的数据分析和预测需要建立完善的数据收集系统。企业需要收集包括市场趋势、客户需求、竞争对手动态等方面的数据，并确保数据的准确性和完整性。同时，企业还需要关注数据的实时更新和动态变化，以便及时调整经营策略。为了实现精准的数据分析和预测，企业需要选择合适的数据分析工具和技术，这些工具和技术应该具备强大的数据处理能力、分析能力和预测能力，能够帮助企业快速、准确地获取有价值的信息。同时，企业还需要关注这些工具和技术的易用性和可扩展性，以便更好地满足企业的实际需求。

精准的数据分析和预测需要专业的数据分析团队来支持。企业需要培养一支具备数据分析技能、市场洞察力和创新思维的数据分析团队，以便更好地挖掘数据背后的价值，为企业的决策提供有力支持。为了实现精准的数据分析和预测，企业需要加强数据驱动的决策文化，这意味着企业需要树立以数据为依据的决策理念，将数据分析结果作为制定经营策略的重要依据。同时，企业还需要鼓励员工积极参与数据分析过程，提高整个组织的数据意识和数据应用能力。

四、利用数字化手段优化资源配置，提高资源利用效率

（一）概述

随着信息技术的迅猛发展和数字化转型的深入推进，数字化手段已经成为优化资源配置、提高资源利用效率的重要工具。无论是企业运营、政

府管理还是社会服务，数字化手段都发挥着越来越重要的作用。

（二）数字化手段在资源配置中的优势

数字化手段能够实现信息的快速传递和共享，使得资源信息更加透明化。企业、政府和社会组织可以通过数字化平台获取到各种资源信息，包括库存、需求、价格等，从而更加准确地把握市场动态和资源分布情况。数字化手段能够提供丰富的数据支持，帮助决策者更加科学地制定资源配置方案。通过对历史数据、实时数据以及预测数据的分析，决策者可以更加准确地预测市场趋势和资源需求，从而制定出更加合理的资源配置计划。

数字化手段能够实现资源配置的自动化和智能化。通过引入智能算法、机器学习等技术，系统能够自动分析资源需求、优化资源配置方案，并实时调整资源分配，从而实现资源的高效利用。

（三）数字化手段在优化资源配置中的应用

在供应链管理中，数字化手段可以实现供应链的透明化和智能化。通过引入物联网技术，企业可以实时追踪产品的生产、运输和销售情况，从而更加准确地预测市场需求和库存情况。同时，数字化平台还可以实现供应链的协同管理，促进各个环节之间的信息共享和协作，提高整个供应链的效率和响应速度。在能源管理中，数字化手段可以实现能源使用的监测和优化。通过安装智能传感器和监测设备，企业可以实时获取到能源使用数据，包括电量、水量、燃气量等。同时，数字化平台还可以对能源使用数据进行分析和挖掘，发现能源浪费和节能潜力，并给出相应的优化建议。这些措施的实施可以帮助企业降低能源成本、提高能源利用效率。

在人力资源管理中，数字化手段可以实现人力资源的优化配置。通过引入人才管理系统、招聘平台等数字化工具，企业可以更加高效地管理人力资源信息，包括员工档案、培训记录、绩效数据等。同时，数字化平台还可以实现人才的精准匹配和推荐，帮助企业找到更加合适的人才，提高人力资源的利用效率。

（四）提高资源利用效率的措施

为了充分利用数字化手段优化资源配置和提高资源利用效率，需要加强数字化基础设施的建设，包括建设高速稳定的网络、完善的数据中心和云计算平台等。只有建立了完善的数字化基础设施，才能确保数字化手段的稳定运行和高效应用。

数字化手段的应用需要具备一定的技术能力和专业知识，因此，企业需要加强数字化人才的培养和引进，可以通过开展内部培训、引进外部专家等方式提高员工的数字化素养和技能水平。同时，政府和社会组织也可以加强数字化人才的培养和扶持力度，为数字化发展提供有力的人才支持。

在利用数字化手段优化资源配置和提高资源利用效率的过程中，需要加强数据安全和隐私保护。企业需要建立完善的数据安全管理制度和技术防护措施，确保数据的安全性和完整性。同时，还需要加强用户隐私保护意识的培养和宣传教育工作，提高用户的隐私保护意识。

五、数字化转型使企业更加灵活、高效，增强企业竞争力

（一）概述

在当今这个信息化、数字化的时代，数字化转型已成为企业发展的重要趋势。数字化转型不仅改变了企业的运营方式，更使得企业能够在快速变化的市场环境中保持灵活、高效的运营状态，从而显著增强企业的竞争力。

（二）数字化转型的概念与内涵

数字化转型，简而言之，就是企业利用数字技术改变其业务运营方式、客户交互方式以及产品和服务提供方式的过程。这一转型涉及企业运营的各个方面，包括流程、组织、文化和技术等。数字化转型的核心在于利用数字技术打破传统业务模式的局限，为企业创造新的价值和竞争优势。

（三）数字化转型使企业更加灵活

数字化转型使企业能够实时获取和分析市场数据，从而更准确地预测市场趋势和客户需求，这使得企业能够迅速调整业务策略，快速响应市场变化。例如，通过社交媒体和大数据分析，企业可以及时发现消费者的反馈和需求变化，从而快速调整产品设计或营销策略。

数字化转型使得供应链管理更加透明和高效。企业可以利用物联网、云计算等技术实时追踪物料、产品和运输情况，优化库存管理和物流效率。同时，数字化平台可以实现供应链各环节的协同工作，降低沟通成本，提高整体效率。

数字化转型打破了传统组织架构的局限性，使得企业可以更加灵活地调整组织结构以适应市场需求。例如，企业可以采用扁平化的组织架构，减少决策层级，提高决策效率。同时，数字化技术也使得远程办公和分布式团队成为可能，进一步提高了组织的灵活性。

（四）数字化转型使企业更加高效

数字化转型推动了生产自动化和智能化的发展。通过引入工业机器人、物联网等技术，企业可以实现生产过程的自动化监控和优化，提高生产效率和产品质量。同时，智能算法和机器学习技术可以辅助企业进行生产决策和预测，进一步提高生产效率。数字化转型使得企业可以更加精准地了解客户需求和偏好，从而制定更加有针对性的营销策略和客户服务方案。通过大数据分析，企业可以分析客户的购买历史、浏览行为和社交互动等信息，为客户提供个性化的推荐和服务。同时，数字化平台也可以实现客户服务的自动化和智能化，提高客户满意度和忠诚度。

数字化转型使得财务管理更加高效和透明。通过引入云计算、人工智能等技术，企业可以实现财务数据的自动化处理和分析，提高财务决策的准确性和及时性。同时，数字化平台还可以实现财务流程的自动化和协同工作，降低人工错误和沟通成本。

（五）数字化转型增强企业竞争力

数字化转型使得企业可以更加精准地把握市场需求和客户需求，从而提供更加符合市场需求的产品和服务。同时，自动化和智能化生产可以提高产品质量和生产效率，降低生产成本。这些因素都有助于提高企业的市场竞争力。数字化转型通过优化供应链管理、提高生产效率和降低财务成本等方式降低企业的运营成本，提高了企业的盈利能力，使企业在价格竞争中占据优势地位。

数字化转型使得企业可以更加灵活地调整业务策略和市场布局，拓展新的市场和业务。通过数字化平台，企业可以更加便捷地进入新的市场领域或开展新的业务类型，从而扩大市场份额和提高市场影响力。

第二节　绩效评估体系的建立

一、根据企业战略目标确定绩效评估的目标和指标

（一）概述

在企业的运营和发展过程中，绩效评估是不可或缺的一环。它不仅是衡量企业运营成果的重要工具，更是推动企业战略目标实现的关键手段。如何根据企业的战略目标来确定绩效评估的目标和指标，是每个企业必须面对的重要课题。

（二）企业战略目标的制定

企业战略目标是企业发展的指南针，它明确了企业未来的发展方向和重点。通过对市场趋势、竞争对手、客户需求等因素进行深入分析，明确企业在市场中的定位和发展方向。评估企业的内部资源，包括人力资源、技术、资金等，以确定企业能够支撑的战略目标。考虑企业的文化和价值

观，确保战略目标与企业的核心价值观相契合。

基于以上因素，企业可以制定出具有针对性、可行性和挑战性的战略目标。这些目标应该具有明确性、可衡量性和可达成性，以便为绩效评估提供明确的指导。

（三）根据企业战略目标确定绩效评估目标

绩效评估目标是评估企业运营成果和战略目标实现程度的具体化表现。在确定绩效评估目标时，需要确保这些目标与企业的战略目标紧密相关，能够全面反映企业运营的各个方面。具体来说，可以从以下几个方面来确定绩效评估目标：

财务目标：包括营业收入、利润、成本控制等指标，这些指标直接反映了企业的经济效益和盈利能力。

市场目标：包括市场份额、客户满意度、品牌知名度等指标，这些指标反映了企业在市场中的竞争力和地位。

运营目标：包括生产效率、产品质量、交货期等指标，这些指标反映了企业的运营效率和生产能力。

创新目标：包括新产品开发、技术创新、专利申请等指标，这些指标反映了企业的创新能力和持续发展潜力。

在确定绩效评估目标时，还需要注意以下几点：

目标要具有可衡量性：确保每个目标都能够通过具体的指标来量化评估。

目标要具有挑战性：设置具有一定挑战性的目标可以激发员工的积极性和创造力。

目标要具有可操作性：确保目标能够在企业的实际运营中得到有效执行。

（四）根据绩效评估目标确定评估指标

评估指标是衡量绩效目标实现程度的具体标准。在确定评估指标时，需要确保这些指标与绩效目标紧密相关,能够全面、准确地反映企业的运营成果和战略目标实现程度。具体来说,可以从以下几个方面来确定评估指标:

财务指标:包括营业收入增长率、净利润率、成本降低率等具体指标,用于衡量企业的经济效益和盈利能力。

市场指标:包括市场份额增长率、客户满意度调查结果、品牌知名度指数等具体指标,用于衡量企业在市场中的竞争力和地位。

运营指标:包括生产效率提升率、产品合格率、交货准时率等具体指标,用于衡量企业的运营效率和生产能力。

创新指标:包括新产品开发数量、技术创新成果数量、专利申请数量等具体指标,用于衡量企业的创新能力和持续发展潜力。

在确定评估指标时,还需要注意以下几点:

指标要具有代表性:确保所选指标能够全面反映绩效目标的实现程度。

指标要具有可比性:确保所选指标能够在不同时间、不同部门或不同项目之间进行横向比较。

指标要具有可获取性:确保所选指标的数据能够方便地获取和收集。

二、制定具体、可衡量的评估标准和指标

(一)概述

在企业管理中,评估标准和指标是企业决策的重要依据,它们能够帮助企业明确目标、监测进展、衡量绩效并作出相应的调整。一个具体、可衡量的评估体系不仅有助于提升企业的运营效率,还能确保企业资源得到合理分配,从而推动企业的持续发展。

(二)评估标准和指标的重要性

评估标准和指标在企业管理中发挥着至关重要的作用。首先,它们能

够帮助企业明确目标，为企业的决策和行动提供指导。其次，通过评估标准和指标，企业可以实时监测业务的进展情况，及时发现问题并采取相应的措施。此外，评估体系还能客观衡量企业的绩效，为企业的奖惩和激励提供依据。最后，一个完善的评估体系还有助于企业识别自身的优势和不足，从而制定针对性的改进计划。

（三）制定具体、可衡量的评估标准和指标的原则

明确性原则：评估标准和指标应该清晰明确，避免产生歧义。企业应确保所有员工都能准确理解评估体系的要求和期望。

可衡量性原则：评估指标应该具有可衡量性，即能够通过具体的数据或指标进行量化评估。这有助于企业客观、准确地衡量绩效和进展。

相关性原则：评估标准和指标应该与企业的战略目标紧密相关，能够反映企业战略目标的实现程度。同时，它们也应该与企业的日常运营活动紧密相关，以便员工能够明确自己的工作方向。

可操作性原则：评估体系应该具有可操作性，即员工能够按照评估体系的要求进行工作。企业应确保评估体系易于理解和执行，避免给员工带来过大的压力。

（四）制定具体、可衡量的评估标准和指标的步骤

确定战略目标：企业应首先明确自身的战略目标，包括长期目标和短期目标。这些目标应该具有明确性、可衡量性和可达成性，以便为评估体系的制定提供指导。

分析关键成功因素：企业应分析实现战略目标的关键成功因素，包括市场、客户、产品、技术、人力资源等方面。这些因素将直接影响企业的绩效和进展。

设计评估指标：根据关键成功因素，企业应设计具体的评估指标。这些指标应该具有可衡量性，能够客观反映企业的绩效和进展。同时，指标的设计应考虑到数据的可获取性和可靠性。

制定评估标准：企业应制定具体的评估标准，明确每个指标的评估要求和期望。评估标准应该具有明确性、可操作性和公正性，以确保评估结果的客观性和准确性。

设定权重和阈值：企业应根据每个指标的重要性设定相应的权重，并根据实际情况设定合理的阈值。权重和阈值的设定将有助于企业更加准确地衡量绩效和进展。

试点运行和调整：在制定完评估体系后，企业应在部分部门或项目中进行试点运行。通过试点运行，企业可以检验评估体系的可行性和有效性，并根据实际情况进行调整和优化。

（五）实践建议

鼓励跨部门合作：评估标准和指标的制定应涉及多个部门和员工，以确保评估体系的全面性和公正性。企业应鼓励跨部门合作，共同制定和完善评估体系。

定期回顾和调整：市场环境和企业内部条件都在不断变化，因此评估体系也需要不断适应这些变化。企业应定期回顾和调整评估体系，确保其始终保持与战略目标的一致性。

培训和宣传：评估体系的成功实施需要员工的支持和配合。企业应加强对员工的培训和宣传，确保员工能够充分理解评估体系的要求和期望，并积极参与其中。

激励与惩罚机制：评估体系应与企业的激励与惩罚机制相结合，以激发员工的积极性和创造力。对于表现优秀的员工和部门应给予相应的奖励和激励；对于表现不佳的员工和部门则应有相应的惩罚措施。

持续改进：评估体系是一个不断完善的过程。企业应持续关注评估体系的运行情况，及时发现问题并进行改进。通过持续改进，评估体系将更加完善、更加有效地支持企业的战略目标实现。

三、建立定期、系统的绩效评估机制

(一) 概述

在当今竞争激烈的市场环境中,企业的成功与否往往取决于其是否能够持续改进和优化自身的运营效率和创新能力。而要实现这一目标,一个定期、系统的绩效评估机制是必不可少的。绩效评估机制不仅能够帮助企业及时了解自身的运营状况和员工绩效,还能为企业制定科学的战略规划和提供决策支持。

(二) 绩效评估机制的重要性

绩效评估机制对于企业的运营和发展具有重要意义。首先,绩效评估机制能够客观、公正地评估员工的绩效,为企业的奖惩和激励提供依据,从而激发员工的工作积极性和创造力。其次,绩效评估机制能够帮助企业及时发现运营中存在的问题和不足,为企业制定改进措施和提供决策支持。此外,绩效评估机制还能够加强企业内部的沟通和协作,促进员工之间的互相了解和信任,提高企业的凝聚力和向心力。

(三) 建立绩效评估机制的步骤

首先,企业需要明确绩效评估的目标,即评估的目的是什么,要评估哪些内容。评估目标应该与企业的战略目标和日常运营活动紧密相关,确保评估结果能够为企业带来实际价值。

企业需要根据评估目标设计具体的评估指标。评估指标应该具有可衡量性、可获取性和可比较性,能够客观反映员工的绩效和企业的运营状况。同时,评估指标的设计应考虑到企业的实际情况和未来发展需求。企业需要制定具体的评估标准,明确每个指标的评估要求和期望。评估标准应该具有明确性、可操作性和公正性,以确保评估结果的客观性和准确性。

企业需要确定绩效评估的周期,包括评估的频率和时间节点。评估周期应该根据企业的实际情况和评估目标来确定，以确保评估的及时性和有效性。企业可以选择多种评估方法来进行绩效评估，如自评、互评、上级评等。评估方法的选择应根据评估目标和实际情况来确定，以确保评估结果的全面性和准确性。

企业需要按照评估标准和方法，对员工的绩效和企业的运营状况进行定期评估。评估过程中应注重数据的收集和分析，确保评估结果的客观性和准确性。企业需要将评估结果及时反馈给员工和相关部门，并根据评估结果制定改进措施和提供决策支持。同时，企业还应建立持续改进的机制，不断优化评估体系和方法。

（四）实施绩效评估机制的方法

企业应组建专业的绩效评估团队，负责绩效评估的组织、实施和管理工作。团队成员应具备相关的专业知识和经验，能够独立完成评估工作。企业应制定详细的评估流程，包括评估前的准备、评估过程中的实施和评估后的反馈与改进等环节。评估流程应明确各个环节的职责和要求，确保评估工作的顺利进行。

企业应加强内部沟通和协作，促进员工之间的互相了解和信任。在评估过程中，企业应积极听取员工的意见和建议，确保评估结果的客观性和准确性。企业应建立完善的激励与约束机制，根据评估结果对员工进行奖惩和激励。同时，企业还应建立约束机制，对绩效不佳的员工进行辅导和改进。

企业应注重数据分析在绩效评估中的应用，通过收集和分析数据来客观评估员工的绩效和企业的运营状况。数据分析可以帮助企业发现潜在问题和改进方向，为企业的决策提供有力支持。

四、收集与评估相关的数据和信息

（一）概述

在企业的绩效评估过程中，数据和信息的收集是至关重要的一环。无论是评估员工的绩效，还是分析企业的运营状况，都需要依赖准确、全面的数据和信息。这些数据和信息不仅能够帮助我们了解现状和发现问题，还能为制定改进措施和决策提供支持。因此，如何有效地收集与评估相关的数据和信息，成为每个企业都需要面对的重要问题。

（二）数据和信息收集的重要性

在绩效评估中，数据和信息是评估的基础和依据。它们能够客观地反映员工的绩效和企业的运营状况，帮助我们了解实际情况和发现潜在问题。数据和信息是客观的，不受主观因素的影响，它们能够真实地反映员工的绩效和企业的运营状况，为评估提供可靠的依据。

通过对数据和信息的深入分析，我们可以发现运营中存在的问题和不足，从而制定相应的改进措施。同时，数据和信息还能帮助我们找到改进的方向和重点。数据和信息是决策的重要依据，在绩效评估中，我们需要根据数据和信息来制定奖惩措施、调整战略规划等决策。只有基于准确的数据和信息，我们才能做出明智的决策。

（三）数据和信息收集的原则

收集的数据和信息应该尽可能全面，包括员工绩效、企业运营状况、市场环境等各个方面，只有全面的数据和信息才能帮助我们全面了解实际情况。收集的数据和信息应该准确无误，避免出现偏差或错误，只有准确的数据和信息才能为评估提供可靠的依据。

收集的数据和信息应该具有实时性，能够及时反映实际情况，只有及时的数据和信息才能帮助我们及时发现问题并制定相应的改进措施。在收集数据和信息时,我们需要遵守相关的法律法规和道德规范,确保数据的合法性和合规性。

(四)数据和信息收集的方法

通过设计问卷并邀请员工、客户进行填写,了解他们的需求和意见。问卷调查可以收集到大量的数据和信息,有助于我们全面了解实际情况。与员工、客户进行面对面的交流,深入了解他们的想法和看法。访谈可以获取更加详细和深入的信息,有助于我们发现潜在的问题和改进方向。

通过观察员工的工作过程、企业的运营状况,了解实际情况。观察法可以获取到真实、直观的数据和信息,有助于我们发现问题和改进方向。通过收集和分析企业内部和外部的数据,发现潜在的问题和改进方向。数据挖掘可以帮助我们挖掘出隐藏在数据背后的信息和价值,为评估提供有力的支持。

(五)数据和信息收集的实施步骤

首先,我们需要明确收集数据和信息的目的和范围,确定需要收集哪些数据和信息。根据收集目标和范围,设计相应的收集工具和方法,如问卷、访谈提纲等。

按照设计好的收集工具和方法,实施收集工作。在收集过程中,需要注意数据的准确性和实时性。将收集到的数据和信息进行整理和分析,提取出有用的信息和结论。在整理和分析过程中,需要注意数据的完整性和准确性。将分析结果及时反馈给相关部门和人员,并根据结果制定相应的改进措施和决策。同时,还需要将分析结果应用到实际工作中,不断优化和改进评估机制。

五、对评估结果进行分析和解读,为决策提供支持

(一)概述

在企业的绩效评估过程中,对评估结果进行深入的分析和解读是至关

重要的一环。评估结果不仅反映了员工和企业的当前状态，还隐藏着改进的方向和未来发展的潜力。通过对评估结果的科学分析和合理解读，我们可以为企业的决策提供有力的支持，推动企业不断向前发展。

（二）评估结果分析方法

首先，我们需要对收集到的评估数据进行整理与分类。这包括将数据进行清洗、去重、排序等操作，以确保数据的准确性和一致性。同时，根据评估目标，我们可以将数据分为不同的类别，如员工绩效数据、客户满意度数据、市场占有率数据等，以便进行有针对性的分析。

趋势分析是评估结果分析的重要方法。通过对比不同时间点的数据，我们可以发现数据的变化趋势，从而了解员工绩效、企业运营状况等方面的改善或恶化情况。趋势分析有助于我们预测未来的发展趋势，为企业的战略规划提供参考。

对比分析是将评估结果与行业标准、竞争对手或历史数据进行比较的方法。通过对比分析，我们可以了解企业在行业中的位置和竞争优势，以及员工绩效的优劣程度，这有助于企业明确自身的优势和不足，为制定改进措施提供依据。因果分析是探究评估结果产生原因的方法，通过对评估结果的深入分析，我们可以找出影响员工绩效和企业运营状况的关键因素，如市场环境、内部管理、员工素质等，这有助于企业针对问题根源制定有效的改进措施。

（三）评估结果解读要点

在解读评估结果时，我们应重点关注关键指标，这些指标通常与企业的战略目标和核心业务密切相关，如销售额、利润率、客户满意度等。通过对关键指标的分析和解读，我们可以了解企业的整体运营状况和核心竞争力。对评估结果的解读不仅要关注优点和成绩，还要善于识别问题和机会。问题可能包括员工绩效不佳、客户满意度下降、市场占有率降低等；机会可能包括市场需求增长、竞争对手失误等。通过对问题和机会的识别和解读，我们可以为企业制定改进措施和抓住发展机遇提供参考。

在解读评估结果时，我们应充分考虑内外因素的影响。内部因素如企业文化、组织架构、管理制度等；外部因素如市场环境、政策法规、技术趋势等。对内外因素的考虑有助于我们全面了解评估结果产生的原因，为制定改进措施提供依据。评估结果的解读应结合企业的实际情况进行。不同企业之间的运营模式、业务模式、组织结构等方面可能存在较大差异，因此，在解读评估结果时，我们应充分考虑企业的实际情况，避免将其他企业的经验或做法简单套用到自己企业上。

（四）为决策提供支持

通过对评估结果的分析和解读，我们可以发现员工绩效、企业运营状况等方面存在的问题和不足。针对这些问题和不足，我们可以制定相应的改进措施，如加强员工培训、优化业务流程、改进产品质量等。这些改进措施有助于提高员工绩效和企业运营效率，推动企业不断发展。评估结果的分析和解读还可以为企业的战略规划提供参考。通过了解企业在行业中的位置和竞争优势以及市场需求和趋势等信息，我们可以对企业的战略规划进行调整和优化。例如，根据市场需求增长情况调整产品线或市场布局；根据竞争对手的失误抓住发展机遇等。

评估结果的分析和解读还有助于企业优化资源配置。通过了解不同部门、不同项目之间的绩效差异和贡献程度等信息，我们可以对资源进行重新分配和优化配置，这有助于提高资源利用效率和企业整体绩效水平。最终，对评估结果的分析和解读将为企业的决策提供有力的支持。通过深入分析和解读评估结果中蕴含的信息，我们可以为企业制定科学合理的决策提供参考依据，这有助于降低决策风险并提高决策效果，推动企业实现可持续发展。

第三节　数据驱动的财务决策与绩效改善

一、基于数据分析结果制定财务决策

（一）概述

在现代企业管理中，财务决策是企业运营的核心环节之一。随着信息技术的快速发展和数据分析技术的广泛应用，基于数据分析制定财务决策已成为企业管理的重要趋势。通过对财务数据进行深入分析，企业可以更加准确地把握市场趋势、评估投资风险、优化资源配置，从而做出更加科学合理的财务决策。

（二）数据分析在财务决策中的应用

通过对历史财务数据的分析，企业可以预测未来的市场趋势。例如，分析销售额、利润率、市场份额等关键指标的变化趋势，可以预测未来市场的增长潜力和竞争态势，有助于企业制定更加符合市场需求的产品策略和营销策略。

在投资决策过程中，企业需要评估投资项目的风险和收益。通过数据分析，企业可以对投资项目的盈利能力、偿债能力、运营效率等方面进行全面评估，从而更加准确地判断投资项目的风险水平，避免盲目投资，降低投资风险。企业的资源是有限的，如何合理配置资源以实现最大效益是财务决策的重要任务，通过数据分析，企业可以了解各部门、各项目的资源使用情况和效益水平，从而调整资源分配，将资源投向效益更高的领域。这有助于企业提高资源利用效率，增强企业的竞争力。

（三）基于数据分析的财务决策制定步骤

在制定财务决策之前，企业需要明确决策目标。这有助于企业确定需要收集和分析哪些数据，以及如何使用这些数据来支持决策。根据决策目标，企业需要收集相关的财务数据，这些数据可能来自企业内部的财务报表、会计记录等，也可能来自外部的市场研究报告、行业数据等。收集到的数据可能存在缺失、错误或不一致等问题，需要进行清洗和预处理，包括去除重复数据、填补缺失值、纠正错误数据等操作，以确保数据的准确性和一致性。运用适当的数据分析方法对清洗后的数据进行深入分析，包括描述性统计分析、预测分析、因子分析等方法的应用，以发现数据中的规律和趋势。

根据数据分析结果，解读数据背后的含义和趋势，并结合企业的实际情况制定财务决策，包括确定投资策略、优化资源配置、调整产品价格等具体措施。制定决策后，企业需要不断监控决策的执行情况，并根据实际情况进行调整，这有助于确保决策的有效性和适应性，提高企业财务管理的效率和效益。

二、通过数字化手段优化财务决策流程

（一）概述

随着信息技术的快速发展，数字化已成为企业提高效率、优化流程的重要工具。在财务管理领域，传统的财务决策流程往往存在着信息滞后、决策效率低下等问题。通过数字化手段优化财务决策流程，对于提升企业财务管理的整体效能具有重要意义。

（二）财务决策流程的问题分析

传统的财务决策流程通常包括数据收集、分析、决策制定、执行与监控等环节。传统的数据收集方式主要依赖于手工录入和纸质文档，这种方式不仅效率低下，而且容易出错。同时，由于数据分散在多个部门和系统中，难以进行有效的整合和分析。

由于信息沟通不畅，财务部门往往难以获取其他部门的关键信息，导致决策信息的不对称，这可能导致决策失误或错失商机。传统的财务决策流程往往需经历多个环节和审批流程，导致决策效率低下。在快速变化的市场环境中，这种低效的决策流程可能使企业错失发展机会。

（三）数字化手段在财务决策中的应用

数字化手段的应用可以为财务决策流程带来革命性的变革。通过大数据技术，企业可以收集、整合和分析来自多个渠道的数据，包括内部财务数据、市场数据、客户数据等。云计算则提供了强大的数据存储和计算能力，支持大规模数据的实时处理和分析。这些技术可以帮助企业获取更全面的信息，提高决策的准确性。人工智能和机器学习技术可以应用于财务预测、风险评估等领域，通过对历史数据的分析，这些技术可以预测未来的财务趋势和风险点，为决策提供有力支持。区块链技术可以提供去中心化、透明、不可篡改的数据记录方式，有助于确保财务数据的真实性和完整性。同时，区块链技术还可以提高财务交易的效率和安全性。移动应用和数字化平台可以为企业提供便捷的财务管理工具。通过这些工具，企业可以实时查看财务数据、进行财务分析、制定财务决策等，提高决策效率和响应速度。

（四）优化财务决策流程的策略

通过整合大数据、云计算、人工智能等技术，建立一个数字化的财务决策平台，该平台应具备数据收集、整合、分析、预测等功能，为财务决策提供全面、准确的信息支持。加强财务部门与其他部门之间的沟通与协作，打破信息壁垒，实现信息共享，这有助于财务部门获取更全面的信息，提高决策的准确性。

利用人工智能和机器学习技术，开发智能化的财务分析工具，这些工具可以自动进行数据分析、预测和风险评估，为财务决策提供有力支持。通过数字化手段简化财务决策流程，减少不必要的审批环节。同时，利用移动应用和数字化平台提高审批效率,确保决策能够迅速得到执行。

(五)实施与持续改进

明确实施目标、步骤和时间表,确保各项任务能够按计划进行。对员工进行数字化技能培训,提高员工的数字化素养。同时,加强宣传引导,让员工充分认识到数字化手段在优化财务决策流程中的重要性。定期对财务决策流程进行评估和改进,确保数字化手段能够持续为财务决策提供支持。同时,关注新技术的发展动态,及时将新技术应用于财务决策中。

第四节 成本效益分析与数字化转型投资回报

一、对数字化转型的投资成本进行准确计算

(一)概述

企业数字化转型并非一蹴而就的过程,它涉及企业多个层面的变革,包括技术、组织、文化等多个方面。对数字化转型的投资成本进行准确计算,对于企业制定科学的预算、规划合理的资源分配具有重要意义。

(二)数字化转型投资成本的构成

数字化转型需要采购和更新硬件设备,如服务器、存储设备、网络设备、终端设备等,这些设备的购置成本是数字化转型投资成本的重要组成部分。数字化转型需要采购或开发相关的软件系统,如 ERP 系统、CRM 系统、数据分析工具等。软件系统的许可费、开发费、维护费等也是数字化转型投资成本的重要组成部分。

数字化转型需要投入大量的人力资源,包括 IT 人员、业务人员、管理人员等,这些人员的培训费、工资、福利等也是数字化转型投资成本的重要组成部分。在数字化转型过程中,企业可能需要聘请专业的咨询机构提

供咨询服务，包括战略规划、流程设计、项目实施等方面的支持，这些咨询服务费也是数字化转型投资成本的一部分。除了以上几个方面的成本外，数字化转型还可能涉及其他成本，如市场推广费、培训材料费、差旅费等。

（三）数字化转型投资成本的计算方法

首先，企业需要明确数字化转型的目标和范围，确定需要投入哪些方面的资源和成本。根据数字化转型的目标和范围，列出所有相关的成本项目，并对每个项目进行详细的描述和分类。对每个成本项目进行估算，确定其金额，可以通过市场调研、询价、比较等方式进行。将所有成本项目的金额进行汇总，得到数字化转型的总投资成本。在计算数字化转型的投资成本时，还需要考虑风险和不确定性因素。例如，技术更新换代、市场竞争变化等因素可能导致投资成本的增加。因此，在计算总投资成本时，需要预留一定的风险准备金。

（四）影响数字化转型投资成本的因素

企业规模和业务复杂度是影响数字化转型投资成本的重要因素。规模较大、业务较复杂的企业需要投入更多的资源和成本来实施数字化转型。技术选择和实施难度也会影响数字化转型的投资成本。选择先进但实施难度较大的技术可能会增加投资成本；而选择成熟但功能较简单的技术则可能降低投资成本。企业的人力资源状况和培训需求也会影响数字化转型的投资成本。如果企业缺乏具备相关技能和经验的人才，需要投入更多的培训成本；而如果企业已经拥有足够的人才储备，则可以降低培训成本。

市场竞争和行业标准也会对数字化转型的投资成本产生影响。在激烈的市场竞争中，企业需要投入更多的资源和成本来保持竞争优势；而在行业标准较高的行业中，企业需要满足更高的技术要求和安全标准，这也会增加投资成本。

（五）优化数字化转型投资成本的策略

根据企业的实际情况和市场需求，合理规划数字化转型的目标和范围，避免盲目投入和浪费资源。根据企业的实际情况和需求，选择合适的技术和解决方案，避免选择过于复杂或过于昂贵的技术方案。加强对员工的培训和管理，提高员工的技能水平和工作效率，降低人力资源成本。

建立有效的风险管理和应对机制，及时发现和解决潜在的风险和问题，降低风险成本。寻求外部支持和合作，如与咨询公司、技术提供商等建立合作关系，共享资源和经验，降低投资成本。

二、预测数字化转型带来的预期收益和效益

（一）概述

随着科技的快速发展和市场竞争的加剧，数字化转型已经成为企业提升竞争力、实现持续发展的重要战略。数字化转型通过整合技术、数据和业务流程，推动企业在各个层面上的创新和改进。

（二）提高运营效率与降低成本

数字化转型的首要目标是提高企业的运营效率。通过引入自动化、智能化等先进技术，企业可以优化业务流程，减少人工干预，降低运营成本。例如，采用自动化生产线可以大大提高生产效率，减少生产过程中的浪费；通过智能数据分析工具，企业可以实时监控市场变化，快速响应客户需求，提高销售效率。此外，数字化转型还可以降低企业的IT成本，如通过云计算技术实现资源的弹性伸缩，减少硬件和软件的采购和维护成本。

（三）增强客户体验与忠诚度

数字化转型有助于企业更好地了解客户需求，提供更加个性化的产品和服务。通过大数据分析，企业可以深入了解客户的行为、偏好和需求，从而为客户提供更加精准的产品推荐和服务。此外，数字化转型还可以改善客户服务的响应速度和准确性，提高客户满意度和忠诚度。例如，企业可以通过智能客服系统快速响应客户咨询和投诉，提供高效、专业的服务

支持。

（四）促进业务创新与拓展

数字化转型为企业提供了更多的创新机会。通过引入新技术、新模式和新思维，企业可以开发出更加符合市场需求的产品和服务，拓展新的业务领域。例如，利用物联网技术可以实现智能家居、智能穿戴等产品的开发；通过区块链技术可以建立更加安全、透明的供应链管理体系。此外，数字化转型还可以帮助企业拓展国际市场，实现全球化运营。

（五）提高决策效率与准确性

数字化转型有助于企业实现数据驱动的决策。通过整合企业内部和外部的数据资源，企业可以建立全面的数据分析体系，为管理层提供更加准确、全面的决策支持。这种基于数据的决策方式可以避免主观臆断和盲目跟风，降低决策风险。同时，数字化转型还可以提高决策效率，缩短决策周期，使企业能够更快速地响应市场变化。

（六）提升员工满意度与协作效率

数字化转型有助于改善员工的工作环境和工作体验。通过引入数字化工具和平台，企业可以为员工提供更加便捷、高效的工作方式，降低工作压力和疲劳度。此外，数字化转型还可以促进员工之间的协作和交流，提高团队整体的工作效率和创新能力。例如，企业可以通过在线协作平台实现远程办公和在线会议，提高团队之间的沟通效率和协作效率。

（七）预期收益与效益的量化评估

为了更准确地预测数字化转型带来的预期收益和效益，企业需要进行量化评估。量化评估可以通过多种方式进行，如投资回报率（ROI）分析、成本效益分析、净现值分析等。以下是一些可能的量化评估指标：

ROI 分析：ROI 是评估数字化转型投资效益的重要指标之一。通过对数字化转型的投资成本和预期收益进行比较，可以计算出 ROI 值。ROI 值越高，说明数字化转型的投资效益越好。

成本效益分析：成本效益分析可以帮助企业了解数字化转型在降低成本方面的效果。通过对数字化转型前后的成本进行比较，可以计算出成本降低的百分比或绝对值。这有助于企业更直观地了解数字化转型在降低成本方面的作用。

净现值分析：净现值分析是一种基于现金流的评估方法，用于评估数字化转型项目的长期收益。通过预测数字化转型项目在未来几年的现金流情况，可以计算出项目的净现值。净现值越高，说明数字化转型项目的长期收益越好。

第五节　绩效评估的关键指标与方法

一、关键绩效指标（KPI）：确定与财务绩效相关的关键绩效指标

（一）概述

在现代企业管理中，绩效评估是确保组织目标得以实现的重要手段。而关键绩效指标（Key Performance Indicators，简称 KPI）作为绩效评估的核心工具，能够帮助企业识别、量化和监控关键业务活动的成果。在财务绩效的评估中，合理设置和运用 KPI 尤为关键。

（二）财务绩效与关键绩效指标的关系

财务绩效是企业经营状况的直接体现，它反映了企业在一定时期内的盈利能力、偿债能力、运营效率和成长潜力。而关键绩效指标（KPI）则是用于衡量和评估企业绩效的具体、可量化的指标。在财务绩效的评估中，KPI 起到了桥梁和纽带的作用，它将企业的战略目标与具体的业务活动联系起来，确保企业能够按照既定的方向和目标前进。

(三)与财务绩效相关的关键绩效指标

1. 盈利能力指标

盈利能力是衡量企业赚取利润能力的关键指标。与财务绩效相关的盈利能力指标主要包括：

净利润率：反映企业每单位销售收入所带来的净利润水平。

总资产收益率：衡量企业资产的综合利用效率，反映企业资产的盈利能力。

股东权益收益率：反映股东投入资本的获利能力，是投资者关注的重要指标。

2. 偿债能力指标

偿债能力是企业偿还债务的能力的体现。与财务绩效相关的偿债能力指标主要包括：

流动比率：衡量企业流动资产与流动负债之间的比例关系，反映企业短期偿债能力。

速动比率：进一步剔除存货等不易变现的流动资产后，评估企业的短期偿债能力。

资产负债率：反映企业总资产中负债所占的比例，评估企业的长期偿债能力。

3. 运营效率指标

运营效率指标衡量企业资源的配置和利用效率。与财务绩效相关的运营效率指标主要包括：

存货周转率：反映企业存货的周转速度和利用效率。

应收账款周转率：衡量企业应收账款的回收速度和效率。

总资产周转率：反映企业总资产的周转速度和利用效率。

4. 成长潜力指标

成长潜力指标反映企业的未来发展潜力和持续增长能力。与财务绩效相关的成长潜力指标主要包括：

销售收入增长率：反映企业销售收入的增长速度。

净利润增长率：衡量企业净利润的增长速度，反映企业盈利能力的持续增长。

总资产增长率：反映企业总资产的增长速度，评估企业的规模扩张能力。

（四）关键绩效指标的重要性

明确目标导向：KPI能够明确企业的战略目标，并将其转化为具体的业务活动目标，使企业的所有员工都清楚自己的工作任务和目标。

量化评估绩效：KPI能够将企业的绩效进行量化评估，使管理者能够更准确地了解企业的运营状况和员工的工作表现。

监控和预警：通过定期收集和分析KPI数据，企业可以实时监控业务活动的进展情况，及时发现和解决潜在问题，确保企业能够按照既定的目标前进。

激励员工：合理的KPI设置可以激发员工的工作积极性和创造力，促进员工之间的竞争和合作，提高企业的整体绩效。

（五）制定关键绩效指标的方法

明确战略目标：制定KPI的首要任务是明确企业的战略目标，确保KPI与企业的长期发展规划相一致。

识别关键成功因素：分析企业的业务流程和价值链，识别影响企业绩效的关键成功因素，并将其转化为具体的KPI。

量化评估指标：确保KPI有可量化性，方便数据的收集和分析。同时，要确保KPI的设定具有挑战性和可实现性，以激发员工的工作积极性。

设定权重和阈值：根据各KPI对企业绩效的重要性，设定相应的权重和阈值。权重反映了各KPI在总体绩效中的相对重要性，而阈值则是评估KPI是否达到既定目标的基准值。

定期评估和调整：定期评估 KPI 的实施效果，并根据实际情况进行调整和优化。确保 KPI 始终与企业的战略目标和市场环境保持一致。

二、平衡计分卡（BSC）：利用平衡计分卡方法全面评估财务绩效

（一）概述

在企业管理实践中，如何全面、有效地评估财务绩效一直是管理者关注的焦点。传统的财务评估方法往往侧重于财务指标，而忽视了非财务指标对企业绩效的影响。为了更全面地评估企业的财务绩效，平衡计分卡（Balanced Scorecard, BSC）方法应运而生。

（二）平衡计分卡概述

平衡计分卡是一种战略管理工具，旨在帮助企业实现战略目标。它将企业的战略目标分解为具体的绩效指标，并通过四个维度（财务、客户、内部流程、学习与成长）来衡量企业的绩效。其中，财务维度是平衡计分卡的核心，它反映了企业的盈利能力和财务状况。通过平衡计分卡，企业可以全面了解自身在各个维度上的表现，从而制定更加有效的战略决策。

（三）利用平衡计分卡评估财务绩效的优势

全面性：平衡计分卡涵盖了财务、客户、内部业务流程和学习与成长四个维度，能够全面评估企业的绩效。这种全面性的评估方法有助于企业发现自身在各个方面存在的问题，并制定相应的改进措施。

战略性：平衡计分卡以企业的战略目标为导向，将战略目标分解为具体的绩效指标。这使得企业在评估财务绩效时能够紧密围绕战略目标展开，确保企业的各项活动都与战略目标保持一致。

平衡性：平衡计分卡强调财务与非财务指标的平衡，避免了传统财务评估方法过于侧重财务指标的弊端。通过平衡计分卡，企业可以更加全面地了解自身的绩效状况，发现潜在的问题和风险。

（四）利用平衡计分卡评估财务绩效的实施步骤

明确战略目标：首先，企业需要明确自身的战略目标，并将其转化为具体的绩效指标。这些绩效指标应该与企业的战略目标紧密相关，能够反映企业在各个维度上的表现。

设计平衡计分卡：根据企业的战略目标和绩效指标，设计平衡计分卡。平衡计分卡应该包括财务、客户、内部流程和学习与成长四个维度，每个维度下应该包含若干个具体的绩效指标。

收集数据：企业需要收集与平衡计分卡相关的数据，包括财务指标和非财务指标。这些数据应该能够反映企业在各个维度上的表现，并用于评估企业的绩效。

分析数据：对收集到的数据进行分析，了解企业在各个维度上的表现。通过对比分析不同时间段的数据，可以了解企业的绩效变化趋势，发现潜在的问题和风险。

制定改进措施：根据分析结果，制定具体的改进措施。这些措施应该针对企业在各个维度上存在的问题，旨在提高企业的绩效水平。

监控和评估：制定改进措施后，企业需要定期监控和评估其执行情况。通过定期评估平衡计分卡的绩效指标，企业可以了解改进措施的效果，并根据实际情况进行调整和优化。

参 考 文 献

[1] 谢春林. 数字化时代企业财务管理探究 [M]. 长春：吉林文史出版社，2023.

[2] 王利萍，吉国梁，陈宁. 数字化财务管理与企业运营 [M]. 长春：吉林人民出版社，2022.

[3] 尹万军. 企业财务管理数字化转型研究 [M]. 北京：中国商业出版社，2023.

[4] 王宏利，彭程. 企业财务管理数字化转型研究 [M]. 北京：中国财政经济出版社，2021.

[5] 胡晓锋. 企业财务管理数字化转型路径研究与实践 [M]. 北京：原子能出版社，2023.

[6] 姚和平，马苗苗，徐亚文. 企业数字化财务管理 [M]. 北京：人民邮电出版社，2024.

[7] 杨洁. 企业财务管理与财务数字化研究 [M]. 北京：群言出版社，2023.

[8] 陈晨. 财务数字化应用业财一体信息化应用 1+X 证书制度书证融通教材 企业财务管理 [M]. 北京：高等教育出版社，2021.

[9] 周建新，计效园. 铸造企业数字化管理系统及应用 [M]. 北京：机械

工业出版社, 2020.

[10] 刘计华, 张轲, 唐建民. 外贸企业财务综合实训 [M]. 武汉: 华中科技大学出版社, 2020.

[11] 张书玲, 肖顺松, 冯燕梁. 现代财务管理与审计 [M]. 天津: 天津科学技术出版社, 2021.

[12] 周崇沂, 蒋德启. 数字化时代的财务数据价值挖掘 [M]. 北京: 机械工业出版社, 2023.

[13] 鲍凯. 数字化财务 技术赋能财务共享业财融合转型实践 [M]. 北京: 中国经济出版社, 2023.

[14] 徐燕. 财务数字化建设助力企业价值提升 [M]. 广州: 华南理工大学出版社, 2021.

[15] 程淮中, 王浩. 财务大数据分析 [M]. 上海: 立信会计出版社, 2021.

[16] 陆秀芬. 数字经济时代企业智能财务的构建与应用研究 [M]. 天津: 天津科学技术出版社, 2022.

[17] 李晓林, 李莎莎, 梁盈. 财务管理实务 [M]. 武汉: 华中科技大学出版社, 2021.

[18] 杨安. 财务共享模式下企业财务转型研究 [M]. 北京: 中国纺织出版社, 2023.

[19] 张少峰. 企业财务共享服务标准应用指南 [M]. 北京: 中国经济出版社, 2022.

[20] 张金宝. 老板财务管控必修课 [M]. 北京: 中国经济出版社, 2020.

[21] 黄佳泉. 财务公式速查手册 [M]. 北京: 机械工业出版社, 2020.

[22] 张金宝. 一本书看透财务管控 [M]. 沈阳: 辽宁人民出版社, 2021.

[23] 刘乃芬. 智慧财务共享未来 智能技术驱动下企业财务共享体系建设与应用研究 [M]. 长春: 吉林人民出版社, 2022.

[24] 龙敏. 财务管理信息化研究 [M]. 长春: 吉林大学出版社, 2016.

[25] 谷祺，王棣华. 高级财务管理 [M]. 沈阳：东北财经大学出版社，2006.

[26] 豆大帷. 数字化管理 数智技术重塑组织未来竞争力 [M]. 北京：中国经济出版社，2023.

[27] 徐璟，吴国毅，杨巧. 工业企业财务综合实训教学票样 [M]. 武汉：华中科技大学出版社，2020.

[28] 叶秀敏，姜奇平. 数字经济学 管理经济卷 [M]. 中国财富出版社，2020.

[29] 储安全. 出版财务视阈 [M]. 北京：中国农业大学出版社，2018.

[30] 李良霄，肖彧萍，吕晓慧. 服务业财务综合实训 [M]. 武汉：华中科技大学出版社，2020.

[31] 张能鲲，沈佳坤. 老板必知的十大财务管理工具 [M]. 北京：中国经济出版社，2023.

[32] 陈蔚. 成功企业如何做好财务管理 [M]. 北京：企业管理出版社，2006.

[33] 武永梅. 世界500强财务总监管理日志 [M]. 天津：天津科学技术出版社，2017.

[34] 李荣融. 企业财务管理信息化指南 [M]. 北京：经济科学出版社，2001.

[35] 李旭. 图解财务管理 [M]. 北京：中华工商联合出版社，2014.

[36] 祝泽文，熊丽华，廖县生. 数智财务 PowerBI 业财融合实战数据收集+规范+分析+可视化 [M]. 北京：中国铁道出版社，2022.

[37] 刘树密. 财务管理实训教程 [M]. 南京：东南大学出版社，2005.